Wolfgang Hirsch-Weber

Lateinamerika: Abhängigkeit und Selbstbestimmung

Aktuelle Außenpolitik

Schriftenreihe des
Forschungsinstituts der Deutschen Gesellschaft
für Auswärtige Politik

Wolfgang Hirsch-Weber

Lateinamerika: Abhängigkeit und Selbstbestimmung

Leske Verlag Opladen 1972

Die Deutsche Gesellschaft für Auswärtige Politik hat nach ihrer Satzung die Aufgabe, die Probleme der internationalen, besonders der europäischen Politik und Wirtschaft zu erörtern, ihre wissenschaftliche Untersuchung zu fördern, die Dokumentation zu diesen Forschungsfragen zu sammeln und das Verständnis für internationale Probleme durch Vorträge, Studiengruppen und Veröffentlichungen anzuregen und zu vertiefen. Sie unterhält zu diesem Zweck ein Forschungsinstitut und als Publikationsorgan die Zeitschrift »Europa-Archiv«.
Die Deutsche Gesellschaft für Auswärtige Politik bezieht auf Grund ihrer Satzung keine eigene Stellung zu internationalen Problemen. Die in den Veröffentlichungen der Gesellschaft geäußerten Meinungen sind die der Autoren.

Die Herstellung des Manuskriptes dieses Buches wurde durch eine Zuwendung der Fritz-Thyssen-Stiftung ermöglicht, der auch an dieser Stelle für ihre Hilfe gedankt sei.

ISBN 3-7850-0217-3

Gesamtherstellung: Druckerei Dr. Friedrich Middelhauve GmbH, Opladen
Umschlaggestaltung: Hanswerner Klein, Opladen
Printed in Germany

Inhalt

Verzeichnis der Tabellen

Vorwort

Diese Untersuchung handelt von internationalen Beziehungen. Unter internationalen Beziehungen versteht man gemeinhin nicht die Beziehungen zwischen Nationen, sondern die zwischen Staaten, und zwar weniger die wirtschaftlichen und kulturellen als die politischen und militärischen. Auch dieses Buch ist so zu begreifen. Es befaßt sich mit zwischenstaatlichen Beziehungen; um sie zu erklären, wird es allerdings nötig sein, auf bestimmte nationale Haltungen einzugehen, ökonomische Verbindungen zu beschreiben und kulturelle Einflüsse anzudeuten.

Die Studie handelt von zwanzig Republiken und ihrer Hegemonialmacht. In ihrem Hauptteil wird das Verhältnis der Vereinigten Staaten von Amerika zum Subkontinent untersucht, wie es auch im Mittelpunkt der Außenpolitik der lateinamerikanischen Republiken steht. Der Erörterung der ökonomischen und politischen Aspekte dieses Verhältnisses folgen Beschreibungen des nordamerikanischen [1] Sendungsbewußtseins und der iberoamerikanischen Nationalismen. Eine Durchleuchtung innerlateinamerikanischer Beziehungen geht ihr voraus. Von Europa wird wenig gesagt werden. Über die Verbindungen zwischen Iberoamerika und unserem Kontinent bestehen noch zu viele offene Fragen, als daß eine Gesamtanalyse gewagt werden könnte; Darstellungen einzelner Komplexe beabsichtigt der Verfasser in anderen Arbeiten vorzulegen. Hier wird nur ein Blick auf die Geschichte der internationalen Beziehungen Lateinamerikas geworfen; eine historische Abhandlung wird nicht vorgelegt. Vergangenes wird gezeigt, damit die Gegenwart besser erklärt werden könne.

Zu der Untersuchung hat mich Dietrich Mende angeregt. Bei der Arbeit half mir zuerst Peter Schöner, dann Winfried Seelisch, dem auch Personen- und Sachregister zu danken sind. Von Mitgliedern meines Seminars an der Freien Universität Berlin erhielt ich manchen Ansporn. Mein Freund A. R. L. Gurland hat die Untersuchung Satz für Satz

[1] Die Wörter »nordamerikanisch« und »Nordamerikaner« beziehen sich hier und im folgenden auf die Vereinigten Staaten von Amerika und ihre Bürger und nicht auf das gesamte Nordamerika.

durchgearbeitet; ihm danke ich für viele inhaltliche und methodologische Hinweise und für unzählige stilistische Verbesserungen. Maria Neubauer hat die verschiedenen Fassungen des Manuskripts kunstfertig und mit großer Geduld geschrieben; sie hat das Literaturverzeichnis angefertigt.

Ein Wort noch zu den Quellen: Soweit Literatur bewußt benutzt wurde, ist sie zitiert. Manche Veröffentlichungen, aus denen der Verfasser gelernt hat, mag er vergessen haben. Historische Bemerkungen beruhen auf Studien lateinamerikanischer Geschichte in verstreuten Werken, die anzugeben den Anmerkungsapparat und das Literaturverzeichnis (es enthält nur die zitierten Veröffentlichungen) unnötig belasten würde. In die Darstellung der Gegenwart floß ein, was der Verfasser aus Gesprächen mit lateinamerikanischen Politikern erfuhr, und was er als teilnehmender Beobachter erlebte.

Berlin, im August 1971

Erstes Kapitel
Beziehungen zwischen den Staaten Lateinamerikas

Bilaterale Beziehungen

Warum fiel Hispanoamerika, das jahrhundertelang von Madrid und Sevilla aus zentral regiert worden war, dessen herrschende Klassen gemeinsamer Herkunft waren, das eine gemeinsame Religion hatte, eine Sprache sprach und denselben gesellschaftlichen Normen folgte, nach seiner Befreiung vom spanischen Joch in siebzehn Staaten auseinander? Die Anwort ist vielschichtig. Unter der Krone von Kastilien hatten die Vizekönigreiche verwaltungsmäßig streng voneinander abgesonderte Einheiten gebildet; bis in die siebziger Jahre des 18. Jahrhunderts war ihnen sogar verboten, miteinander Handel in einer Reihe von Produkten zu treiben, die das Mutterland aus- oder einführen wollte. Ihre auswärtigen Kommunikationen verbanden sie häufiger mit Spanien und allen Verboten zum Trotz mit England als mit anderen Teilen Amerikas, die unteren Verwaltungseinheiten gravitierten zu ihren Bezirkshauptstädten, waren den Vizekönigen gegenüber relativ selbständig [2]. Wo Verbindungen zwischen Nachbarprovinzen bestanden, gaben sie häufig Anlaß zu Rivalitäten. Die kreolischen Oberschichten [3] ähnelten einander zwar in Abstammung und Lebensweise, hielten aber – außer bei Besuchen an den Höfen der Vizekönige – wenig Kontakt miteinander; oft hatten sie auch – wie die Kaufleute von Lima, Buenos Aires und Santiago – entgegengesetzte ökonomische Interessen. Die indianischen Unterschichten waren Völker mit eigenen Sprachen und Sitten. Die Räume, in denen sie vor Kolumbus gesiedelt hatten, blieben in vielen Fällen auch später getrennt: die spanischen Verwaltungsgrenzen hielten sie auseinander. Das entsprach nicht bloß dem Willen der Krone. Was die einzelnen Regionen voneinander isolierte, waren riesige Entfernungen (von Mexiko ist es ebenso weit nach Kap Hoorn

[2] Zum Verwaltungsaufbau des kolonialen Iberoamerika s. Richard Konetzke, Süd- und Mittelamerika, I. Die Indianerkulturen Altamerikas und die spanisch-portugiesische Kolonialherrschaft (Fischer Weltgeschichte, Bd. 22), Frankfurt a. M., 1965, S. 126 ff.

[3] Kreolen – criollos – nannten sich die in Lateinamerika geborenen Nachkommen von Europäern. Sie waren in der Regel rein spanischer bzw. portugiesischer Abkunft, zählten aber nicht selten auch Indianerinnen oder Negerinnen zu ihren Ahnen.

wie nach Gibraltar), fast unpassierbare Gebirge, undurchdringliche Regenwälder, Steppen und Wüsten.

Man löste sich vom Mutterland in Kriegen, die von den patriotas als gemeinsame Sache empfunden wurden und in denen man sich einander unter die Arme griff. Aber auch schon diese Kriege wurden von verschiedenen Zentren in eigener Hoheit geführt. Aus den Vizekönigreichen und Provinzen entstanden Republiken, und einige von ihnen teilten sich nach dem Sieg über die Anhänger der Krone weiter. Auch die neu entstehenden Gebilde waren wenig homogen. Regionale Animositäten im Innern der Staaten dauern bis heute fort.

Die Bildung der Republiken ging nicht überall ohne Reibungen vonstatten. Buenos Aires widersetzte sich 1811, kaum daß die Unabhängigkeit erklärt war, mit Waffengewalt der Herauslösung Paraguays aus dem Verband des ehemaligen Virreinato Río de la Plata (wie es auch die Verselbständigung Uruguays und Boliviens zu verhindern suchte); später beanspruchte es die Vorherrschaft über das Land zwischen dem Paraná und dem Pilcomayo, die ihm zu verschiedenen Zeiten auch gewährt wurde, noch einmal nach dem zweiten Weltkrieg. Peru und Bolivien vereinigten sich in den dreißiger Jahren des 19. Jahrhunderts zu einer Konföderation, in der sich die Kerngebiete des alten Vizekönigreichs von Peru vorübergehend wieder zusammenschlossen. Die Vereinigten Provinzen von Zentralamerika lösten sich 1838 in die Bestandteile Guatemala, Honduras, El Salvador, Nikaragua und Kostarika auf, die dann in Grenzstreitigkeiten miteinander gerieten, aber unzählige Male auch wieder versuchten, zu einer Union zurückzukehren. Jeder von ihnen mischte sich ständig in die inneren Angelegenheiten jedes anderen. An die Wiedervereinigungsbemühungen, die nie ganz aufgegeben wurden, knüpfte 1960 die Gründung der Zentralamerikanischen Wirtschaftsgemeinschaft an. Auch panamerikanische Bestrebungen setzten früh ein.

Seit ihrer Entstehung folgte das Verhalten der lateinamerikanischen Staaten ähnlichen Antrieben wie das der europäischen Mächte. Sie wehrten Bedrohungen ihrer Sicherheit ab, wollten ihre Territorien bewahren oder vergrößern, suchten Prestige, Macht, Einflußsphären. Ihre außenpolitischen Entscheidungen wurden mitunter durch innenpolitische Erwägungen bedingt, und manchmal erwuchsen sie ideologischen Vorstellungen. Oft waren sie von nationalistischen Emotionen begleitet. Manchen ihrer internationalen Beziehungen lagen ökonomische Interessen zugrunde.

In der Kolonialzeit wurden die Grenzen zwischen den spanischen Verwaltungsdistrikten über weite Strecken, vor allem wo sie durch unerschlossene Räume führten, nicht klar gezogen. Strittig waren auch die Rechte der Portugiesen im Westen und Süden des von ihnen in Besitz genommenen Territoriums. Das hatte zur Folge, daß es nach der Emanzipation zu Auseinandersetzungen über die Ausdehnung der Staatsgebilde kam, auch dann noch, als man sich 1830 einig geworden war, nach dem Grundsatz uti possidetis 1810 zu verfahren (d. h. am Besitzstand festzuhalten, der sich vor den Unabhängigkeitserklärungen herausgebildet hatte). Alle Staaten Südamerikas, jeder Staat des mittelamerikanischen Festlandes, Haiti und die Dominikanische Republik trugen Grenzkontroversen mit einem oder mehreren Nachbarn aus [4]. Nicht immer freilich ging es um Land, dessen Zugehörigkeit unter der Krone unentschieden geblieben war. Nur einen kleinen Teil der Wüste von Atacama, die Chile im Pazifik-Krieg (1879–84) den Nachbarn Bolivien und Peru entriß, hätte Chile, die Republik, als Nachfolgerin des Generalkapitanats Chile, beanspruchen können. Nur wenige der Gebiete, die Brasilien in stetiger Expansion Venezuela, Kolumbien, Ekuador, Bolivien, Paraguay, Argentinien und Uruguay abnahm, hatte der König von Portugal für sein eigen erklärt.

Zahlreiche Konflikte wurden friedlich, in zweiseitigen Verhandlungen oder im Rückgriff auf Schlichtungsverfahren, andere gewaltsam gelöst. Vor dem ersten Weltkrieg riefen die lateinamerikanischen Republiken gewöhnlich europäische Staatsoberhäupter – die Könige von Spanien und Großbritannien, den Präsidenten von Frankreich –, auch die Regierung der Schweiz oder den Papst als Schiedsrichter an, nach dem Schwund an Ansehen der europäischen Mächte wandten sie sich noch in einigen Fällen an die Vereinigten Staaten und an den Völkerbund. Eigentliche Schiedsverfahren allerdings wurden selten, während Vermittlungsaktionen befreundeter Republiken an Bedeutung gewannen. Bereits im 19. Jahrhundert hatten lateinamerikanische Regierungen an Streitigkeiten zwischen ihren Nachbarn Anteil genommen; seit Gründung der Organisation der Amerikanischen Staaten verfügten sie über einen institutionellen Rahmen für Vermittlungsbemühungen. Die USA leiteten bereits vor der Jahrhundertwende aus ihrem Anspruch auf Hegemonie über den Subkontinent die Verpflichtung ab, den Ausbruch bewaffneter Konflikte zu verhindern, beziehungsweise für ein schnelles Ende von Feindseligkeiten zu sorgen. Eigene bewaffnete Eingriffe in die inneren Angelegenheiten ihrer Nachbarn schienen ihnen voll vereinbar zu sein mit der Aufgabe, Frieden zwischen den Völkern Amerikas zu stiften. (Über die Gründe ihres Verhaltens wird noch zu spre-

[4] Dazu s. Gordon Ireland, Boundaries, Possessions, and Conflicts in South America, Cambridge, Mass., 1938; ders., Boundaries, Possessions, and Conflicts in Central and North America and the Caribbean, Cambridge, Mass., 1941.

chen sein.) In der Tat wurden sie auch als Schlichter zwischenstaatlicher Differenzen von Regierungen anerkannt, die die Expeditionen der Marineinfanterie im karibischen Raum mit Leidenschaft ablehnten [5].

Viele Gebiete, um die man sich stritt, waren klein, andere hatten beträchtlichen Umfang. Manche der Landstriche, um die man kämpfte, bargen wirtschaftliche Einnahmequellen; aus anderen konnten die Parteien kaum unmittelbaren Nutzen ziehen. In der Wüste von Atacama lagen die größten Salpetervorkommen der Welt; schon vor der Eroberung der Wüste durch Chile waren hier Firmen mit chilenischem Kapital und chilenischem Personal am Werk. Am Salpeter von Atacama zeigten auch Großbritannien, das auf seiten Chiles stand, und die Vereinigten Staaten, die Peru unterstützten, lebhaftes Interesse. Der Sieg im Pazifik-Krieg brachte Chile wirtschaftlichen Wohlstand; er stärkte seine Machtposition unter den südamerikanischen Staaten. Bolivien verlor außer den Salpeterlagern den Zugang zum Meer: Chile verleibte sich das südliche peruanische und das gesamte bolivianische Küstengebiet ein. In einer Reihe von Verträgen zwischen den ehemaligen Kriegsgegnern wurde der Andenrepublik lediglich das Recht auf freien Warenverkehr durch die nunmehr chilenischen Häfen Arica und Antofagasta sowie durch den peruanischen Hafen Mollendo zugestanden. Außerdem verpflichtete sich Chile, auf seine Kosten eine Eisenbahn von Arica nach La Paz zu legen (sie ist 1913 fertiggestellt worden) und ihren bolivianischen Streckenabschnitt dem Nachbarn zu übereignen, sowie 5 % der Ausgaben für eine Erweiterung bestimmter innerbolivianischer Schienenverbindungen zu tragen [6]. Die Freihäfen und die für die wirtschaftliche Entwicklung des Landes bedeutsamen Eisenbahnen ließen Bolivien die verlorene Küste nur kurze Zeit vergessen. Seit Jahrzehnten fordert es unablässig einen eigenen Zugang zum Meer. Chile, das wenig Neigung zeigt, Bolivien einen Korridor durch sein Staatsgebiet zu überlassen, wäre wohl bereit, einen schmalen Küstenstreifen an seiner Grenze mit Peru nördlich von Arica an Bolivien abzutreten. Gemäß früherer vertraglicher Abmachungen bedarf es dazu aber des Einverständnisses von Peru, und Peru weigert sich, seine Zustimmung zu geben.

Der Schmerz über den Verlust der Küste ließ Bolivien empfindlich reagieren, als Chile sich auch noch anschickte, für Bewässerungs-

[5] Vgl. Bryce Wood, The United States and Latin American Wars 1932–1942, New York und London, 1966, S. 1 ff., der allerdings den humanitären Aspekt der Schlichtungsbemühungen der Vereinigten Staaten zu einseitig hervorhebt.

[6] Zu den verschiedenen Verträgen s. die entsprechenden Kapitel in Gerhard Lang, Boliviens Streben nach freiem Zugang zum Meer. Ein Beitrag zur Geschichte des neueren Völkerrechts und der Diplomatie, Hamburg, 1966.

zwecke einen Teil der Wassermenge des Lauca-Flusses abzuleiten, der durch das Gebiet beider Staaten fließt. Die Proteste Boliviens hatten keinen Erfolg. Als Chile 1962 die Kanäle am Lauca öffnete, brach La Paz die diplomatischen Beziehungen zu Santiago ab; es hat sie noch nicht wiederaufgenommen.

Bolivien mußte im Laufe seiner an inneren Unruhen reichen Geschichte unter diplomatischem Druck oder als Folge verlorener Kriege an alle seine Nachbarn Land abgeben, zuletzt an Paraguay. Schon vor hundert Jahren, als in seinen trockenen Pampas und Buschwäldern nur einige kleine Indianerstämme hausten, rauften Bolivien und Paraguay um den Chaco Boreal. Über die aus den Demarkationslinien der Kolonialzeit erwachsenen Rechte gingen ihre Auffassungen auseinander (Bolivien konnte wohl die älteren Titel vorweisen); mehrere Versuche, den Grenzverlauf vertraglich festzulegen, blieben ohne Ergebnis. Für Paraguay, dessen Hauptstadt ungeschützt an der Mündung der Flüsse Pilcomayo und Paraguay lag und dessen Hauptsiedlungsgebiet mit dem Chaco unmittelbar verbunden war, hatte das in Frage stehende Territorium größere Bedeutung als für Bolivien, dessen Bevölkerung auf die Kordilleren zentriert war. Nach dem Verlust der Pazifikküste begann das Andenland indes, auf den Rîo Paraguay als Wasserweg zum Atlantischen Ozean zu blicken. Als in den frühen zwanziger Jahren Erdöl am nordöstlichen Rande des Chaco gefunden wurde, erhöhte sich das Interesse beider Staaten an diesem Raum. Sie trieben den Bau von Forts in der menschenleeren Ebene voran. Im Dezember 1928 zerstörten die Paraguayer eine Festung des Gegners, kurz darauf eroberten die Bolivianer eine paraguayische Anlage. Die Regierungen der USA, Mexikos, Kubas, Kolumbiens und Uruguays versuchten zu vermitteln. Eine »neutrale Kommission« aus Vertretern dieser Länder erreichte, daß die Feindseligkeiten eingestellt und die Forts zurückgegeben wurden, aber ihr Vorschlag, den ganzen Sreit in einem Schiedsverfahren zu regeln, fand kein Echo.

Im Juni 1932 brach der Krieg aus. Sein unmittelbarer Anlaß war weder die Suche der Andenrepublik nach einer Flußverbindung mit dem Atlantik noch das paraguayische Bedürfnis nach Erdöl. Vielmehr hoffte die bolivianische Regierung, in einem Krieg würden innenpolitische Antagonismen überwunden werden, und der Gewinn des Chaco könnte das in vielen früheren Niederlagen gebrochene Selbstbewußtsein der Nation wieder aufrichten. Die bolivianischen Offiziere erwarteten einen schnellen Sieg über das kleine Paraguay. Er sollte ihr Prestige erhöhen, das verlorene Kriege und blutige Militärdiktaturen geschmälert hatten. (Kein Volk Lateinamerikas achtet seine Militärs so hoch wie Chile, das Land, in dem die Streitkräfte seit 140 Jahren

– von einer kurzen Unterbrechung abgesehen – die Verfassung wahren und die Institutionen des Staates schützen.) Zudem herrschten in Bolivien wie Paraguay solch »patriotische« Stimmungen, daß den Regierungen jede Konzession an den Gegner verwehrt zu sein schien.

Die neutrale Kommission bemühte sich bis zu ihrer Auflösung im Jahre 1933, die Feinde zum Einlenken zu bringen. Daneben unternahmen die Regierungen der Nachbarstaaten Argentinien, Chile, Brasilien und Peru, sowie die der USA einzelne und gemeinsame Vermittlungsaktionen[7]. Argentinien ergriff bei multilateralen Verhandlungen die Partei Paraguays, das es zu seiner ökonomischen und politischen Einflußsphäre rechnete, es lieferte ihm auch Waffen und gewährte ihm Anleihen. Chile hingegen unterstützte, allerdings etwas vorsichtiger, Bolivien, wohl weil es dessen Hinwendung zum Atlantik nicht ungern sah und weil es eine Stärkung der Machtposition seines alten Rivalen Argentinien verhindern wollte. Brasilien, das sich neutral verhielt, aber eher Bolivien zuneigte, hatte im Stromgebiet des Paraná strategische und ökonomische Interessen, die den Interessen Argentiniens entgegengesetzt waren. Auch der Völkerbund versuchte zu schlichten, obschon die USA sein Eingreifen in eine südamerikanische Auseinandersetzung anfangs ablehnten. Er hatte keinen Erfolg.

Die Kämpfe dauerten bis zum Juni 1935. Sie kosteten Bolivien mehr als 60 000, Paraguay mehr als 40 000 Tote. Die paraguayischen Streitkräfte drangen in bolivianisches Gebiet ein, stießen bis an den Rand des Gebirges vor. Erst als sie dort auf den festen Widerstand der Bolivianer trafen, gelang es einer Gruppe amerikanischer Staaten, einen Waffenstillstand zu vermitteln. Die Friedenskonferenz fand in Buenos Aires statt. Sie dauerte drei Jahre. Neben den Kriegführenden nahmen die USA, Argentinien, Brasilien, Chile, Peru und Uruguay an ihr teil. Der Chef der nordamerikanischen Delegation verhandelte mit einer Mischung aus Zurückhaltung und Festigkeit. Nur unter Schwierigkeiten vermochten er und die anderen Neutralen eine Lösung zu finden, die von beiden Seiten akzeptiert werden konnte. Paraguay, der militärische Sieger, erhielt den größten Teil des Chaco zugesprochen. Die Ölfelder verblieben bei Bolivien. Boliviens Zugang zum Rio Paraguay jedoch wurde auf ein Sumpfgebiet eingegrenzt, in dem es nahezu unmöglich ist, einen Hafen anzulegen. Der Gegner war lediglich bereit, in der eroberten Zone Bolivien einen Freihafen zu belassen und ihm ungehinderten Warenverkehr durch paraguayisches Staatsgebiet zuzusichern.

[7] Zu den Schlichtungsversuchen der Vereinigten Staaten, in zweiter Linie auch zu denen der lateinamerikanischen Republiken s. Wood, The United States . . ., S. 20 ff., und die von ihm angegebene Literatur.

Brasilien und Argentinien hatten Bolivien bereits 1867 freie Schifffahrt auf dem Amazonas und dem Rîo de la Plata gewährt, wie auf deren Nebenflüssen, soweit diese Ströme ihre Staatsgebiete durchziehen. Brasilien räumte Bolivien 1958 auch Freihäfen mit Zollstationen ein. Im Jahre 1963 stellte Argentinien Bolivien am Paraná einen Freihafen zur Verfügung. Der paraguayische wie der argentinische Hafen sind für die bolivianische Wirtschaft fast wertlos. Von Bedeutung sind hingegen die Eisenbahnlinien, die seit 1925 das Hochland und seit den späten fünfziger Jahren die südöstlichen Andenrandgebiete Boliviens bis hinauf nach Santa Cruz mit Buenos Aires verbinden. Von Santa Cruz geht seit 1955 auch eine Eisenbahn nach dem brasilianischen Atlantikhafen Santos. Die Linien nach Santa Cruz wurden mit brasilianischen und argentinischen Krediten gebaut, die mit Erdöllieferungen zu begleichen sind. Schon im 19. Jahrhundert waren Schienenverbindungen geplant. Daß sie jetzt innerhalb kurzer Zeit gebaut worden sind, hängt mit der Konkurrenz Argentiniens und Brasiliens um Einfluß im Osten Boliviens zusammen. Argentinien und Brasilien sind am Erdöl des Andenrandes und an den reichen Eisenlagern nahe den Ufern des Paraguay interessiert. Das Eisenerz wurde in den vierziger Jahren auf der bolivianischen Seite der Grenze gefunden, die der Friedensvertrag festgelegt hat. (Paraguay besiedelt den von ihm gewonnenen Chaco Boreal. Man hatte angenommen, er sei für landwirtschaftliche Nutzung zu trocken; aber er birgt Grundwasser im Überfluß.)

Dem Chaco-Krieg ähnelt ein Konflikt zwischen Peru und Kolumbien um das sogenannte Leticia-Trapez: Leticia besaß für Kolumbien den symbolischen Wert, ein Hafen am Amazonas zu sein – zu dem Kolumbien ohnehin über die schiffbaren Nebenflüsse Putumayo und Caquetá Zugang hatte. Mit dem Besitz von Leticia konnte sich Kolumbien zu den Amazonas-Staaten zählen. Für den Warenverkehr hatte die kleine Niederlassung tief im Dschungel geringe Bedeutung. Das Trapez war Kolumbien in einem 1925 ratifizierten Grenzvertrag zugesprochen worden. Der Staat unterhielt in Leticia eine Garnison von sechs Mann, als der Flecken 1932 von einem bewaffneten Haufen aus der peruanischen Nachbarprovinz ohne Blutvergießen eingenommen wurde. (Die Einwohner der Nachbarprovinz hatten bis zum Abschluß des Grenzvertrages die Urwälder zwischen Amazonas und Putumayo als ihnen gehörig betrachtet.) Die Vereinigten Staaten erhoben in Lima nachdrückliche Vorstellungen gegen den Überfall [8]. Sie beriefen sich auf

[8] S. Wood, ebda., S. 169 ff.

[9] Der 1928 abgeschlossene Vertrag ächtete den Krieg als Werkzeug der nationalen Politik und gebot, Streitfälle durch friedliche Mittel beizulegen.

den Briand-Kellog-Pakt [9], dem Peru beigetreten war. Auch Brasilien wollte vermitteln. Aber die peruanische Regierung weigerte sich, den Hafen zurückzugeben. Über Land führte kein Weg nach Leticia. So sandte Kolumbien eine Flottille von fünf Schiffen mit 1000 Mann zur Mündung des Amazonas (auf dem es das Recht der freien Schiffahrt genoß) und flußaufwärts in das Konfliktgebiet. Dort nahm das Expeditionskorps nach kurzem Gefecht Tarapacá ein, ein von Peruanern besetztes Dorf am Putumayo im Norden des Trapezes. Peru und Kolumbien verfügten über wenige Kriegsschiffe; sie gingen jetzt daran, ihre kleinen Flotten aufzurüsten. Schon vor der Einnahme von Tarapacá hatte der Völkerbund zu vermitteln begonnen. Seine Intervention traf diesmal nicht auf den Widerstand der USA, deren eigene Einwirkungsversuche in Lima als Begünstigung Kolumbiens angesehen wurden. Daß Peru Leticia schließlich zurückgab und sich 1935 mit Kolumbien aussöhnte, war teils den Maklerdiensten des Völkerbundes und des brasilianischen Außenministers zu danken, teils war es die Folge eines Regierungswechsels in Lima. Der neue Präsident, Militär wie sein Vorgänger, war friedfertiger als dieser gesonnen. Auch kannte er die Zone von Leticia und Tarapacá gut genug, um zu wissen, welch geringer wirtschaftlicher und strategischer Wert ihr zukam.

Zum Einlenken Perus trug vermutlich auch bei, daß es fürchtete, in einem Krieg würde Ekuador auf die Seite Kolumbiens treten. Mit Ekuador lag es um Gebiete im Streit, die um ein Mehrfaches größer waren als das Leticia-Trapez. Es handelte sich um einen schmalen Landstrich von den Anden zum Pazifik und um rund 300 000 Quadratkilometer Waldgebiete zwischen dem Gebirge, Leticia und dem Marañón. Auch Ekuador wollte bis an die Ufer der großen Ströme reichen, wollte Amazonas-Staat sein. Die Meinungsverschiedenheiten begannen 1829. In ihrem Verlauf gab es kleine Zusammenstöße, Anläufe zu Schiedsverfahren, Vermittlungsaktionen. Die Grenzen blieben fließend. Freilich ließ sich kaum ein Ekuatorianer in der Amazonasebene nieder, während Peruaner vereinzelte Siedlungen gründeten und Iquitos zu einem kleinen Handelszentrum entwickelten. Im Jahre 1936 wurde eine vorläufige Demarkationslinie festgelegt, die vom damaligen Besitzstand – im Urwald weit verstreuten peruanischen Niederlassungen und Militärposten – ausging. Die Spannung verschärfte sich aber bald wieder und es kam zu Grenzzwischenfällen [10]. Im Jahre 1941 brach ein kurzer Krieg aus. Das Heer und die Luftwaffe Perus waren den Streitkräften Ekuadors weit überlegen (Peru mobilisierte rund 15 000, Ekuador 3000 Mann). Sie warfen den Gegner nieder, drangen am Pazifik in

[10] Auch zum Konflikt zwischen Peru und Ekuador s. Wood, S. 255 ff.

die Provinz El Oro ein und besetzten einige Flecken in den östlichen Urwäldern. Schon drohten sie, Guayaquil einzunehmen, als es den gemeinsamen Anstrengungen Brasiliens, Argentiniens und der USA gelang, einen Waffenstillstand herbeizuführen. Auf der Interamerikanischen Konferenz von Rio de Janeiro im Januar 1942 vermittelten die drei Neutralen einen Friedensvertrag. Die in ihm vereinbarte Grenze stimmte am Pazifik mit der Demarkationslinie von 1936 überein. Im Osten korrigierte sie die Linie zugunsten Perus. Ekuador mußte in den Abkommen von 1936 und 1942 beinahe drei Viertel der strittigen Gebiete dem Stärkeren zugestehen. Es verzichtete auf seine Forderung, bis zu den Ufern des Marañón und des Amazonas zu reichen, erhielt aber von Peru freie Schiffahrt auf diesen Flüssen zugesichert.

Der Chaco-Krieg und der Disput um Leticia haben keine Ressentiments hinterlassen. Doch wie Bolivien sich nicht mit dem Gedanken versöhnt, vom Meer abgeschnitten zu sein, so hat Ekuador die Niederlage nicht verschmerzt. Ungenauigkeiten im Protokoll von Rio erlauben Zweifel über den Verlauf der Grenze an zwei Stellen. Im Jahre 1960 erklärte die ekuatorianische Regierung den Vertrag für null und nichtig, weil er unter Druck zustande gekommen sei und das Recht Ekuadors auf einen eigenen Zugang zum Marañón mißachte. Von Zeit zu Zeit kommt es an der Grenze zu Zwischenfällen.

Lateinamerikanische Republiken kämpften um die Ufer von Flüssen, auf denen sie keinen Handel trieben, oder die ihnen ohnehin für den freien Durchgangsverkehr offenstanden. Länder, deren Territorien groß und deren Einwohnerzahl gering war, stritten um weit abgelegene Urwälder, Steppen und Gebirgskämme, die weder Naturschätze zu beherbergen schienen noch in absehbarer Zukunft besiedelt werden sollten. Warum? Die politischen Prozesse, in denen die Entscheidungen getroffen wurden, wären noch zu untersuchen. Allgemein läßt sich historischen Darstellungen entnehmen: nicht viel anders als europäische Staaten haben die lateinamerikanischen ihre Gebietsgrenzen mitunter gleichsam um ihrer selbst willen als rechtmäßigen Besitz verteidigt; schon die Ausdehnung des Staatsgebiets war ihnen ein Konstituens der Macht und des nationalen Prestiges. Für die politisch regierenden Gruppen war das mitunter eine Existenzfrage – im Hinbick auf die innere Politik.

Die Kategorie Staatsprestige hatten die Hispanoamerikaner von den Kolonisatoren geerbt. Während der iberischen reconquista, der Eroberung der maurischen Gebiete, hatten die Spanier eine kriegerische Kultur entwickelt. Bei der Eroberung der Neuen Welt waren ihnen Herrschaft über Menschen, Ehre und Ruhm nicht minder erstrebenswert als Reichtum. (Und natürlich verleiht auch Reichtum seinerseits

Macht und Prestige.) Von der Kolonialzeit bis auf den heutigen Tag hat prestigio (im Sinne von Status und Prestige), ob durch Abstammung geerbt, ob aus Herrschaft und Eigentum abgeleitet oder durch Leistung erworben, das gesellschaftliche Gepräge stärker geformt als purer Reichtum. Im Verkehr der Staaten untereinander steigerte sich das Gebot, Status und Prestige der Nation zu wahren, nicht selten zu Überempfindlichkeit und extremem Nationalismus.

Macht- und Prestigebedürfnis manifestierten sich nicht bloß in Grenzkontroversen, sondern auch im Streben der stärkeren Staaten um regionale oder subkontinentale Vorherrschaft. Guatemala und Nikaragua konkurrierten um den Vorrang in Zentralamerika südlich von Mexiko. Zu seiner eigenen Interessensphäre zählte Mexiko schon zu Beginn seiner Geschichte als unabhängiger Staat und dann wieder um die Jahrhundertwende die karibische Welt: die mittelamerikanischen Staaten, die einst zum selben Vizekönigreich gehört hatten, und die benachbarten karibischen Inseln. Die mexikanische Revolution von 1910–1917 hat auf den Subkontinent eine stärkere geistige Wirkung ausgeübt als vier Jahrzehnte später die kubanische. Sobald Mexiko die nachrevolutionären Wirren überwunden und ökonomische und politische Stabilität gewonnen hatte, wurde es neben Argentinien zum energischsten Vorkämpfer für das Selbstbestimmungsrecht der lateinamerikanischen Republiken gegenüber den USA. Es ging auch daran, seinen Anspruch auf die Führung in der Politik des Subkontinents geltend zu machen.

Sobald Chile seine Unabhängigkeit errungen hatte, strebte es den Vorrang unter den Ländern am Pazifik an. Im Jahre 1836 wurden Bolivien und Peru zu einer Konföderation vereinigt. Zusammen zählten die beiden Länder fast viermal so viel Einwohner wie Chile. Chile sah denn auch in dieser Union eine Bedrohung seines Übergewichts, jedenfalls aber seiner Sicherheit und sandte Heer und Flotte nach Norden. Es besiegte die bolivianischen und peruanischen Streitkräfte. Es besetzte Lima. Es zwang die Konföderation zur Selbstauflösung. Nachdem Chile auch noch im Krieg von 1879–1884 Peru und Bolivien geschlagen hatte, flößte seine Marine sogar den USA Respekt ein (die damals nur eine kleine Flotte unterhielten), und das chilenische Heer galt als das beste des Subkontinents. Die Hegemonie Chiles an der südamerikanischen Pazifik-Küste blieb solange unbestritten, wie sein wirtschaftlicher Wohlstand anhielt: Bis die Salpeterpreise stürzten, als mit dem Haber-Bosch-Verfahren die Gewinnung von Stickstoff aus der Luft möglich geworden war.

Seit ihrer Gründung rivalisierten Argentinien und Brasilien miteinander um die Hegemonie an der Atlantik-Küste und mit Chile um den

Vorrang in Lateinamerika. (Hin und wieder traten die drei, die »ABC-Staaten«, auch gemeinsam auf, schlichteten gemeinsam Kontroversen zwischen schwächeren Staaten.) Nach dem Rückschlag in der wirtschaftlichen Entwicklung Chiles, das ohnehin die geringste Einwohnerzahl hatte und geographisch am wenigsten begünstigt war, trat Santiago in den Hintergrund. Nunmehr konkurrierten die beiden großen Staaten am Atlantik allein und mit wechselndem Erfolg um die führende Stellung in Südamerika. Die traditionell freundschaftlichen Beziehungen zwischen Brasilien und Chile wurden jetzt so eng, daß zeitweise von einer »Achse Rio–Santiago« die Rede war: gegen Argentinien und gegen Peru.

Die Beziehungen der unabhängigen Staaten Argentinien und Brasilien haben eine Vorgeschichte in der Kolonialzeit. In ihrem stetigen Vormarsch nach Westen bedrängten die Portugiesen seit dem frühen 17. Jahrhundert das Gouvernement von Asunción. Zuerst fielen die bandeirantes in den Jesuitenmissionen ein, um für brasilianische Plantagen und Bergwerke Indianersklaven zu jagen. Dann kamen die Siedler und ließen sich auf spanischem Territorium nieder. (Die Republik Paraguay, Nachfolgerin des Gouvernements, sollte Grenzkonflikte mit Brasilien erben.) Im Süden gelangten die Portugiesen an das Ufer des La Plata-Flusses. Die Gründung, im Jahre 1776, des Vizekönigreiches vom Rio de la Plata mit Buenos Aires als Hauptstadt hing mit dem Aufeinanderprallen der beiden Kolonialmächte zusammen: Die wirtschaftlichen und militärischen Ressourcen von Hochperu – des heutigen Bolivien – wurden mit denen der Gouvernements von Asunción, Tucumán und Buenos Aires vereinigt, damit die Portugiesen vom La Plata vertrieben werden konnten.

Während der Revolution gegen Spanien trennte sich außer Bolivien und Paraguay auch das heutige Uruguay von Buenos Aires. Neun Jahre lang, von 1811 bis 1820, kämpften dort Gaucho-Guerillas um die Unabhängigkeit vom Mutterland wie von Argentinien. Sie mußten auch gegen Brasilien kämpfen: Uruguayische Monarchisten hatten das Kaiserreich zu Hilfe gerufen. Brasilien war siegreich, es verleibte sich Uruguay ein. Im Jahre 1825 aber setzte ein Trupp argentinischer Guerillas über den La Plata und rief das Volk zu den Waffen. Der neue Gaucho-Aufstand löste einen Krieg zwischen Brasilien und Argentinien aus. Der Krieg dauerte drei Jahre. Er erschöpfte die wirtschaftlichen Kräfte Argentiniens – es errang den militärischen Sieg –, das gerade begonnen hatte, sich von den Schäden der Revolution zu erholen. An seinem Ende – Großbritannien vermittelte den Frieden – erkannten beide Republiken Uruguay als unabhängigen Staat an. Bald darauf griff jedoch der argentinische Diktator Juan Manuel de Rosas mit Waffengewalt in die inneren Angelegenheiten Uruguays ein. Seine Intervention im Nachbarland trug dazu bei, daß 1838 Frankreich allein, und 1845 Frankreich und England gemeinsam Kriegsschiffe auf den Rio de la Plata schickten. Die europäischen Mächte wollten ihren Handel und ihre in Buenos Aires und Montevideo ansässigen Bürger schützen sowie die Unabhängigkeit Uruguays als eines Pufferstaates zwischen Brasilien und Argentinien retten. Ihre Flotten und ihre Landungstruppen wurden von Argentinien abgewehrt.

Nach dem Sturz von Rosas träumte man in Buenos Aires nur noch selten davon, die Grenzen des ehemaligen Vizekönigreichs wiederherzustellen. Der gewaltige wirtschaftliche Aufschwung der zweiten Jahrhunderthälfte indessen gab manchem Argentinier die Hoffnung ein, sein Staat werde zu einer Großmacht heranwachsen und im Süden Amerikas die gleiche Rolle spielen wie die USA im Norden.

Nach dem zweiten Weltkrieg gelang es Buenos Aires vor allem unter Perón, mit verschiedenen Mitteln Einfluß auf die Innen- und Außenpolitik der Nachbarstaaten zu nehmen. Argentiniens Hegemonialpolitik hatte ideologische Dimensionen. Sie verflocht sich mit Peróns persönlichen Ambitionen als mächtigem Oberhaupt einer Allianz nationalistischer Regierungen. Persönliche Machtbestrebungen von caudillos hatten schon unmittelbar nach der Lösung von Spanien eine Rolle gespielt: als Großkolumbien in die Länder Ekuador, Kolumbien und Venezuela auseinanderbrach, und als sich die mittelamerikanischen Staaten voneinander lösten. Persönlicher Machtwille war im Spiel, als der absolute Herrscher Paraguays, der Theologe und Jurist José Gaspar Tomás Rodríguez de Francia, zwischen 1821 und 1840 seinen Staat fast völlig von der Außenwelt isolierte. Ähnlich ließ sich ein späterer Diktator Paraguays, General Francisco Solano López, von dem Wunschtraum leiten, den Radius seiner Herrschaft auszudehnen, sein Ansehen und seinen Status zu heben. Er wollte Schwiegersohn des Kaisers von Brasilien werden und vielleicht selbst (darüber sind sich die Historiker nicht einig) – wie sein Vorbild Napoleon III. – einen Kaiserthron besteigen. Die Einheirat sollte an die Stelle der Feindschaft ein Bündnis treten lassen. Mit der Allianz hoffte Solano López Schiedsrichter über die Innen- und Außenpolitik Uruguays und Argentiniens zu werden und Paraguay zur großen Schutzmacht am Río de la Plata zu machen. Aber die Hand der brasilianischen Prinzessin wurde ihm verweigert und zudem sein Wunsch abgeschlagen, in die verwickelten und aufs äußerste gespannten Beziehungen zwischen Argentinien, Uruguay und Brasilien ordnend einzugreifen. War das nicht ein Anschlag auf sein Prestige und eine Nichtachtung Paraguays? Um der Welt zu zeigen, »welcher Rang ... unter den südamerikanischen Republiken« Paraguay zukomme [11], führte Solano López 1864 sein kleines Volk in den Kampf gegen Brasilien und 1865 gegen Uruguay und Argentinien. Der Krieg dauerte sechs Jahre; in seiner letzten Phase, als in Paraguay fast keine Männer mehr lebten, schlugen sich Frauen und Kinder, an seinem Ende war die Einwohnerzahl des Landes von 1,3 Millionen auf rund 230 000 gesunken.

Bei anderen Anlässen läßt sich die Tendenz beobachten, interne Probleme durch eine Wendung nach außen zu lösen; sie spielte, wie erwähnt, mit, als sich die bolivianische Regierung zum Krieg gegen Paraguay entschloß. Diese Tendenz und der Machtwille von caudillos sind freilich nicht die einzigen innenpolitischen Faktoren, die auf die Außenpolitik lateinamerikanischer Staaten einwirken. Wichtiger sogar sind die Bindungen von Parteien und Regierungen an bestimmte soziale und politische Leitbilder, über die einiges noch zu sagen sein wird.

Unterschiede in der Dichte der Besiedlung und im Lebensstandard zwischen Nachbarländern führen in manchen Regionen zu Wanderbewegungen landloser Bauern und arbeitsloser Städter. In Mittelamerika zogen seit dem ausgehenden 19. Jahrhundert der Panamakanal, Eisenbahnbauten und Bananenplantagen ausländische Arbeiter an. Bolivien nahm im 19. und im ersten Drittel des 20. Jahrhunderts Chilenen auf, die sich in seinen Bergwerken als Vorarbeiter verdingten. Während des Pazifikkrieges trat Chile Patagonien an Argentinien ab, das schon lange Anspruch darauf erhoben hatte; die Regierung in Santiago wollte vermeiden, daß Argentinien sich mit Peru und Bolivien verbündete. Heute gehören zu den Bewohnern Patagoniens viele Chilenen. Wie hoch ihr Anteil an der Gesamtbevölkerung ist, weiß man nicht genau, denn manche von ihnen sind illegal in die menschenleere Provinz gekommen. In den Zuckerplantagen von Nordargentinien finden Bolivianer Arbeit, von denen ein Teil nach der Ernte in die Heimat zurückkehrt, ein anderer Teil sich auf Dauer niederläßt. Mehrere Hunderttausend der fast 8 Millionen Einwohner von Buenos Aires stammen aus Bolivien, Paraguay und Chile. Die Absicht der argentinischen Regierung, die Einwanderung zu kontrollieren, ist nicht leicht auszuführen. Indes bringen die Migrationen nach Patagonien, Tucumán und Buenos Aires keine so heiklen Probleme mit sich wie die Wanderbewegungen in die Dominikanische Republik und nach Honduras.

[11] »Tal vez sea la ocasión de mostrar lo que realmente somos, y el rango en qué por nuestra fuerza y progreso debemos ocupar entre las Repúblicas sudamericanas.« So wiedergegeben bei Efraím Cardozo, Breve Historia del Paraguay, Buenos Aires, 1965, S. 95. Ob das falsche »en« ein Druckfehler bei Cardozo ist oder von Solano López stammt, läßt sich nicht feststellen.

Die Fehden zwischen Haiti und der Dominikanischen Republik begannen mit der Unabhängigkeit von Frankreich und Spanien. Von 1822 bis 1844 hielten die Haitianer das Nachbarland besetzt. Die nächsten hundert Jahre ihrer Geschichte waren von überaus grausamen politischen Kämpfen im Innern der beiden Republiken und von gelegentlichen Scharmützeln an ihren Grenzen erfüllt. Zwar einigten sie sich 1935 über den Verlauf ihrer Grenzen, aber sie veranstalteten auch später noch militärische Exkursionen. Von größerer Bedeutung nämlich als unterschiedliche Auffassungen über die rechtmäßige Grenzziehung war der Bevölkerungsdruck in Haiti. Der westliche Teil der Insel ist dichter besiedelt und ärmer noch als der östliche Teil. Auf der Suche nach Land und Arbeit ziehen Haitianer seit Jahrzehnten illegal über die Grenze. Tausende von ihnen wurden 1937 in ihrer neuen Heimat massakriert. Viele Dominikaner fürchten die Konkurrenz der Einwanderer um ohnehin dürftige Erwerbsquellen. Sie wehren sich gegen das Anwachsen einer Bevölkerungsgruppe, die sich von den Einheimischen durch Sprache und Rasse unterscheidet: Die meisten Dominikaner sind hellhäutiger als die Haitianer, deren Vorfahren einst die weißen Sklavenhalter töteten oder für immer von der Insel vertrieben.

Zum Ausbruch des sogenannten Fußballkrieges zwischen El Salvador und Honduras trug zwar Fußballhysterie bei, sein eigentlicher Grund aber lag tiefer. El Salvador hat eine Fläche von 21 140 qkm und 3,3 Millionen Einwohner. Honduras ist 112 088 qkm groß, wird aber nur von rund 2,5 Millionen Menschen bewohnt. Sein Pro-Kopf-Einkommen liegt niedriger als das des kleineren Staates [12]; dennoch wandern seit langem landlose Bauern aus El Salvador in Honduras ein. Vor Beginn der Feindseligkeiten waren es fast 300 000 geworden, die dort Boden und Arbeit gefunden hatten. Mit dem Ziel, sich der Wanderbewegung entgegenzustemmen, plante die honduranische Regierung eine »Agrarreform«, die es Ausländern verbot, Grund zu erwerben oder zu besitzen. In beiden Völkern herrschte bereits eine gereizte Stimmung, als Anfang Juni 1969 die Nationalmannschaften in Tegucigalpa zum (unentschieden endenden) Ausscheidungsspiel für die Weltmeisterschaft antraten. Beim Wiederholungsspiel in San Salvador gingen einheimische Zuschauer mit Messern und Pistolen gegen Besucher aus Honduras vor, ohne daß die Polizei eingriff. Nun wurden im honduranischen Grenzland Salvadoraner ermordet, die sich dort niedergelassen hatten, Frauen wurden vergewaltigt, Häuser niedergebrannt.

[12] Die Comisión Económica para América Latina schätzt das Pro-Kopf-Einkommen in Honduras Ende der siebziger Jahre auf US-$ 247, das in El Salvador auf US-$ 349. Naciones Unidas, Comisión Económica para América Latina, Estudio Económico de América Latina 1968, New York, 1969, S. 11.

Viele Tausende der Einwanderer gaben ihre Parzellen auf und flüchteten zurück in die Heimat. Nach kleinen Grenzgefechten in den ersten Julitagen marschierte die Armee von El Salvador in Honduras ein. Stark gerüstet, auch zahlenmäßig dem Gegner weit überlegen, drang sie tief in das feindliche Land ein. Die Kämpfe dauerten fast zwei Wochen. Sie wurden durch einen Waffenstillstand beendet, den die Organisation der Amerikanischen Staaten vermittelte, und den vermutlich die USA auch durch direkte Vorstellungen bei den Kriegführenden erwirkte. Es bedurfte aber noch des energischen Drängens der Organisation, der Drohung mit diplomatischen und wirtschaftlichen Sanktionen, bis El Salvador seine Truppen zurückzog.

In einem Staatensystem mit strittigen Grenzen und anderen kriegsträchtigen Konfliktstoffen sind die Regierungen gehalten, in ihren Entscheidungen die Möglichkeit der Gewaltanwendung durch den Gegner zu beachten. Die bloße Vermutung feindseliger Absichten des Nachbarn kann Gewalt auslösen; in diesem Sinne war der erwähnte Krieg Chiles gegen die peruanisch-bolivianische Konföderation eine Präventivaktion; damals sah auch Argentinien seine Sicherheit bedroht: es schickte von sich aus ein Expeditionskorps nach Norden (das geschlagen heimgekehrt ist); Brasilien dagegen glaubte, sich mit einem Protest begnügen zu können. Wann also ist Gewaltanwendung unvermeidlich? Die lateinamerikanische Geschichte kennt nur wenige Präventivkriege. Mit unterschiedlichem Nachdruck wurde eine andere Sicherheitsvorkehrung benutzt: die Rüstung. Alle Staaten hatten kleinere oder größere Armeen, von denen einige verschämt guardias nacionales genannt wurden. Nur Kostarika hat seinen Militärapparat vor zwanzig Jahren unter einem linksdemokratischen Präsidenten abgeschafft. Mit Ausnahme der chilenischen waren die Streitkräfte Institutionen eigener Art; ihr Hauptgeschäft bestand lange Perioden hindurch und besteht vielerorts auch heute noch darin, die Regierung des Landes zu stellen. Manche Heere hatten nicht viel mehr Waffen, als sie brauchten, um die Zivilbevölkerung in Schach zu halten. Mitunter wurde erst aufgerüstet, wenn ein Krieg gerade bevorstand oder schon begonnen hatte. Nicht wenige Armeen verfügten allerdings über ein militärisches Potential, das über das strategisch Nötige weit hinausging. Ihre Ausstattung zeigte Züge, die von Prestigebedürfnis der Militärspezialisten ebenso zeugten wie von ihrem Perfektionismus und ihrem Hang zum Spiel.

Im Jahre 1965 hatten die Vereinigten Staaten im Rahmen ihrer Militärhilfe Argentinien einige Düsenflugzeuge zur Verfügung gestellt. Die Lieferung ließ auch in Nachbarrepubliken den Wunsch nach modernen Militärmaschinen und Kriegsschiffen wach werden. Und da sich die USA gegen einen »Rüstungswettlauf« in Südamerika sperrten, gingen

Kaufgesuche an europäische und kanadische Produzenten. Im amerikanischen Kongreß wurden darob Proteststimmen laut, und es gab wenig freundliche Kritik in der nordamerikanischen und in der europäischen Presse. Ein Krieg zwischen lateinamerikanischen Staaten sei, so hieß es, undenkbar geworden, und gegen einen etwaigen Angriff der UdSSR könne sich aus eigener Kraft ohnehin kein noch so gut bewaffnetes Land des Subkontinents wehren; verschwenderisch also kaufe man unnützes Material, während man zugleich fremde Wirtschaftshilfe suche.

Gouverneur Rockefeller wies 1969 in seinem Bericht an den Präsidenten der Vereinigten Staaten [13] darauf hin, daß die iberoamerikanischen Republiken in ihrer Gesamtheit einen geringeren Anteil ihres Bruttosozialproduktes dem Verteidigungshaushalt zuwenden als die anderen Regionen der Erde, ausgenommen die Staaten Afrikas südlich der Sahara. (Angesichts der Armut breiter Schichten der lateinamerikanischen Bevölkerung kann der Anteil freilich als immer noch viel zu hoch erscheinen.) Der Hauptteil ihres Waffenarsenals sei unmittelbar nach dem zweiten Weltkrieg erworben worden und er sei im Begriff zu veralten. Rockefeller meint, lateinamerikanische Militärs seien sich ihrer herkömmlichen Aufgabe der Landesverteidigung bewußt, sie besäßen einen »verständlichen Berufsstolz«, aus dem ein »ebenso verständlicher Wunsch nach modernen Waffen« hervorgehe [14]. Auch seien die Offiziere dem Druck von Verkäufern aus anderen – westlichen und östlichen – Ländern als den Vereinigten Staaten ausgesetzt. Die USA stünden vor der Frage, wie sie auf legitime Wünsche nach modernem Rüstungsmaterial eingehen könnten, ohne zum Kauf überflüssiger Waffen zu ermutigen, der die begrenzten Mittel für die Wirtschaftsentwicklung weiter vermindern würde.

Fraglos wäre heute jedes lateinamerikanische Land für sich allein – und vermutlich wären auch alle zusammen – viel zu schwach, um einen Krieg gegen die Sowjet-Union (oder die Vereinigten Staaten) zu führen. Als die Waffenkäufe diskutiert wurden, lag der letzte Krieg zwischen iberoamerikanischen Republiken fast drei Jahrzehnte zurück. Feindseligkeiten zwischen Nikaragua und Honduras, Nikaragua und Kostarika, Haiti und der Dominikanischen Republik in den vierziger und fünfziger Jahren hatten schnell beigelegt werden können. El Salvador und Honduras waren sich noch nicht in die Haare geraten. Die

[13] »Quality of Life in the Americas. Statement by President Nixon and Text of the Rockefeller Mission Report«, in: The Department of State Bulletin, 8. Dezember 1969, Vol. LXI, No. 1589, S. 493 ff.

[14] Ebda., S. 516.

Annahme, in Lateinamerika sei die Bereitschaft zu militärischen Konfrontationen zurückgegangen, schien berechtigt zu sein.

Zum einen verbietet den meisten Staaten ihre prekäre wirtschaftliche Lage, einen langen Krieg zu führen. Zum anderen wiegt der zugunsten friedlicher Regelung geltend gemachte Einfluß der USA schwerer als früher. Viele einst brennend wichtige Grenzfragen sind entschieden. In den meisten Fällen ist der Streit im Sinne der auch heute stärkeren Länder ausgegangen; infolgedessen ist auch dort, wo – wie im Streit Boliviens mit Chile – Revision hartnäckig und leidenschaftlich verlangt wird, die Gefahr gewaltsamer Zusammenstöße heute geringer als gestern. Und im übrigen: die Feindschaften zwischen iberoamerikanischen Staaten waren in keinem Falle so tief verwurzelt wie die Konflikte zwischen europäischen Mächten; sie waren auch nie von echten oder geschürten Haßexplosionen begleitet, wie sie für die nationalistische Ideologie des ersten oder die psychologische Kriegführung des zweiten Weltkrieges charakteristisch waren. Wenn Lateinamerikaner von der »traditionellen Freundschaft« mit den Nachbarstaaten, wenn sie von den »Schwesternationen« sprechen, dann meinen sie das meistens auch – selbst dann, wenn sich die Schwestern in den Haaren liegen.

Dennoch wird man auf eine friedliche Zukunft des Subkontinents nicht unter allen Umständen bauen können. Zwischen einigen Staaten bestehen starke Animositäten, auch wenn sie hinter der Abneigung gegen Nordamerika zu verschwinden scheinen. Nicht alle territorialen Probleme sind gelöst. Es ist nicht unmöglich, daß es auch in Zukunft Kriege zwischen lateinamerikanischen Republiken geben wird.

Venezuela und Kolumbien haben sich noch nicht darüber geeinigt, wie die Grenze zwischen ihnen verläuft; Venezuela erhebt außerdem Anspruch auf das Staatsgebiet von Guayana. Zu den Gegensätzen, die geblieben sind, zählt auch der hundertjährige Grenzstreit zwischen Argentinien und Chile. Er flackert von Zeit zu Zeit wieder auf, führt noch immer zu bewaffneten Zwischenfällen in den Anden und zu Flottendemonstrationen in der Magalhães-Straße. (So passiert es denn gelegentlich, daß Bürger Santiagos eine argentinische Invasion für denkbar halten.) Daneben hält die Rivalität zwischen Argentinien und Brasilien an, dauert Perus Groll gegen Chile. Ganz unverständlich ist es nicht, daß Brasilien, Chile und Peru Luftwaffen und Flotten modernisieren wollten, nachdem Argentinien Düsenflugzeuge aus USA ergattert hatte.

Das alles besagt nicht, daß die lateinamerikanischen Republiken bis vor wenigen Jahrzehnten in dauernde Konflikte miteinander verwickelt gewesen seien. Grenzstreitigkeiten zwischen zwei Ländern berührten nicht notwendigerweise das Verhältnis zu den übrigen Staaten, und manche Dispute waren sowieso von kurzer Dauer. Staaten, zwischen denen es ungelöste Probleme gab, lebten oft lange friedlich nebeneinander. Von anhaltenden bitteren Feindschaften blieb man weitgehend verschont. Dafür ging man auch nur wenig enge Bündnisse ein. Ländern gegenüber, mit denen man sich nicht unmittelbar auseinandersetzen mußte, blieb man gleichgültig. Man verehrte gemeinsam Heroen der Freiheitskriege; man las dieselben Dichter und Essayisten; man übernahm das von dem Venezueler Andrés Bello für Chile verfaßte Bürgerliche Gesetzbuch. Argentinische Liberale ließen sich von Chile beeindrucken, wie sie ihrerseits brasilianische Republikaner beeinflußten. Indes war die gegenseitige Beeinflussung schwächer als der Einfluß, den man aus Europa – besonders aus Frankreich –, später auch aus Nordamerika empfing. Buenos Aires, Santiago, Mexiko zogen gewiß Studenten, Exilierte, Touristen aus Nachbarländern an. Aber lieber überquerte man den Atlantik als die Anden. (Der Zustrom chilenischer, paraguayischer und bolivianischer Arbeiter nach Argentinien, oder die Wanderung von den Antillen aufs Festland wirkte sich kulturell verhältnismäßig wenig aus.) Bis zur Einrichtung des Luftverkehrs reiste es sich von vielen Orten des Kontinents leichter in europäische als in manche der lateinamerikanischen Hauptstädte; noch heute ist es umständlicher und kostet mehr Zeit, von Süd- nach Mittelamerika als von Südamerika nach den USA oder nach Europa zu fliegen.

Der Außenhandel war im 19. und 20. Jahrhundert – fast wie in der Kolonialzeit – hauptsächlich Überseehandel. Anleihen und Sachinvestitionen kamen aus den internationalen Finanzzentren. Politische Entscheidungen, die in London und Washington getroffen wurden, waren für den Chilenen oder den Mexikaner fühlbarer, als was die Regierung in Rio de Janeiro tat. Die Zeitungen informierten über heimatliches Geschehen und über Vorkommnisse jenseits der Meere oder des Rio Grande; über gesellschaftliche Strukturen und politische Prozesse in anderen Regionen Lateinamerikas berichteten sie, sofern es sich nicht um Sensationelles handelte, wenig oder nichts. Roosevelt, Churchill (ja auch Hitler), später de Gaulle, Kennedy fesselten die Einbildungskraft stärker als die caudillos der Brüdervölker. Kein Perón konnte sich ihnen ebenbürtig zur Seite stellen. Das ist erst Castro gelungen.

Gewiß hat der Subkontinent ein reiches bilaterales und multilaterales Vertragswerk hervorgebracht [15]. Iberischer Tradition folgend, spielten Juristen in der inneren Verwaltung wie in den auswärtigen Beziehungen der lateinamerikanischen Länder – auch wenn sie von Militärs beherrscht wurden – eine beachtliche Rolle. Namentlich auf den Gebieten der Schiedsgerichtsbarkeit und des Selbstbestimmungsrechts haben die Völkerrechtler immense Arbeit geleistet. Überragende Bedeutung kam den Verträgen zwischen Staaten mit gemeinsamen Grenzen zu. Gegenstände, über die multilaterale Vereinbarungen abgeschlossen wurden, hielten sich in engen Grenzen.

Die panamerikanischen Träume Simón Bolívars waren schnell verflogen. Eine gewisse Begeisterung für den »Amerikanismus« war in den frühen sechziger Jahren des 19. Jahrhunderts auf die freiwillige Rückkehr der Dominikanischen Republik in den spanischen Staatsverband, auf die französisch-britische Intervention in Mexiko und auf die Besetzung peruanischer Inseln durch Spanien (damit sollte die Begleichung überfälliger peruanischer Schulden erzwungen werden) gefolgt; ja der »Amerikanismus« hatte sogar zum chilenisch-spanischen Krieg von 1865/66 geführt. Aber diese Begeisterung ergriff nicht alle Völker und war nicht von langer Dauer. Auch noch nach der Jahrhundertwende fühlten sich nur wenige als »Lateinamerikaner«; man bekannte sich nicht zu einer übergeordneten Gemeinschaft, in der die einzelnen Nationen aufgehoben gewesen wären. Nach der Gründung der »Union der Amerikanischen Republiken« im Jahre 1890 vergingen vier Jahrzehnte, ehe man sich zu mehr als sporadischer Zusammenarbeit bereit fand.

Die Union und ihre Nachfolgerin, die »Organisation der Amerikanischen Staaten«, boten den Regierungen und ihren Vertretern Gelegenheit zu politischer und technischer Zusammenarbeit. Neben ihre Organe traten Institutionen des Völkerbundes, dann der Vereinten Nationen – das Internationale Arbeitsamt, FAO, UNESCO, UNICEF usw. –, in denen Politiker, Beamte und Experten der einzelnen Länder lernten, in übernationaler Sicht Probleme des Erziehungswesens, der Wirtschafts- und der Sozialpolitik gemeinsam zu bearbeiten. Von der »Wirtschaftskommission der Vereinten Nationen für Lateinamerika« kamen die Impulse zur Errichtung der Lateinamerikanischen Freihandelszone und der Zentralamerikanischen Wirtschaftsgemeinschaft.

[15] Über die älteren Verträge unterrichtet Ireland, Boundaries . . . (s. o. Anm. 4). Die wichtigsten multilateralen Verträge der Zeit nach dem zweiten Weltkrieg sind ganz oder auszugsweise abgedruckt in Norman A. Bailey, Latin America in World Politics, New York, 1967, S. 185 ff.

Zollunionspläne hatte es schon in früheren Jahrzehnten gegeben, vor allem am Río de la Plata. Neu war der von EWG und EFTA inspirierte Gedanke, Großregionen des freien Handels zu schaffen: zwischen 1950 und 1962 tauschten die Mitglieder der EWG 34 %, die lateinamerikanischen Staaten nur 8,4 % ihrer Ausfuhr untereinander aus [16]. Dabei konzentrierte sich der Handelsverkehr innerhalb Lateinamerikas vornehmlich auf den Süden und Osten. Etwa zwei Drittel des Warenaustausches zwischen Ländern der späteren Freihandelszone wurden zwischen Argentinien, Brasilien, Chile und Uruguay getätigt [17].

Die Wirtschaftsgemeinschaft gründeten 1960 die mittelamerikanischen Staaten (ohne Kostarika, das 1963 beigetreten ist). Ebenfalls 1960 riefen Mexiko, Brasilien, Paraguay, Uruguay, Argentinien, Chile und Peru die Freihandelszone ins Leben; kurz danach ist der Beitritt Kolumbiens und Ekuadors, dann auch Venezuelas und Boliviens erfolgt. Für die Freihandelszone gelten vereinbarungsgemäß schwächere und später wirksame Liberalisierungsbestimmungen als für die Gemeinschaft. Ihre Mitglieder verzichteten auch auf einige Einrichtungen, die in Mittelamerika geschaffen worden sind und sich dort als nutzbringend erweisen: eine Entwicklungsbank, ein Clearinghaus, ein Technisches Institut und ein Steueranpassungssystem [18].

Die Initiative zur Gründung der Freihandelszone ging von Argentinien, Brasilien, Chile und Uruguay aus. In der zweiten Hälfte der fünfziger Jahre war der Warenaustausch zwischen diesen Staaten stark zurückgegangen. Sie wollten ihm neue Impulse geben, und sie suchten zusätzliche Märkte in anderen lateinamerikanischen Ländern.

[16] S. Siegfried Fietze, Günter Flemig, Karl Heinz Frank, Martin Hoffmeyer, Ute Morgenroth, Torsten Tewes, Auswertung der Dokumentation der Welthandelskonferenz (Wissenschaftliche Schriftenreihe des Bundesministeriums für wirtschaftliche Zusammenarbeit), Stuttgart, 1966, Heft 1, S. 29.

[17] Was alles im Lauf der lateinamerikanischen Geschichte zum wirtschaftlichen Auseinanderrücken der einzelnen Länder beigetragen hat, soll hier nicht näher untersucht werden. Über die Gründe, die einen intensiven Warenaustausch zwischen Entwicklungsländern nicht aufkommen lassen, findet sich manches bei Fietze, Flemig u. a., ebda., S. 30. Über die besonderen Bedingungen in Lateinamerika und über die Ziele der lateinamerikanischen Wirtschaftsintegration s. Alberto Baltra Cortés, Crecimiento Económico de América Latina. Problemas Fundamentales, Santiago de Chile, 1964, S. 249 ff., ferner Victor L. Urquidi, Viabilidad Económica de América Latina, México/Buenos Aires, 1963, S. 125 ff., Sidney Dell, A Latin American Common Market?, London/New York/Toronto, 1966, S. 15 ff., und Marcos Kaplan, »La Crisis de la Asociación Latinoamericana de Libre Comercio«, in: Foro Internacional, Vol. IX (1968), Nr. 1 (Juli/September), S. 20 ff.

[18] Die Verträge der Wirtschaftsgemeinschaft und der Freihandelszone sind abgedruckt in Miguel S. Wionczek, Economic Cooperation in Latin America, Africa, and Asia. A Handbook of Documents, Cambridge, Mass., und London, 1969.

Darüber hinaus erwarteten sie, als Teilhaber einer Freihandelszone ihre Ausfuhr diversifizieren zu können. Vor Abschluß des Vertrages waren zwei Drittel der Waren, die die Unterzeichnerstaaten einander verkauften, die Agrarprodukte Weizen, Holz, Kaffee, Früchte, Zucker und Mate-Tee. Man tauschte landwirtschaftliche Erzeugnisse der gemäßigten gegen solche der tropischen Zone, gegen Erze und Erdöl. Worauf es den Vertragspartnern – ebensowohl wie den Ländern des Gemeinsamen Marktes in Mittelamerika – aber in erster Linie ankam, war, Produkte ihrer Industrien abzusetzen. Von der Ausweitung der Märkte für Industrieerzeugnisse im Gefolge der Wirtschaftsintegration versprach man sich die volle Nutzung bereits vorhandener Kapazitäten und bessere Voraussetzungen für neue, langfristige Investitionen großen Ausmaßes. Dann könnten die beteiligten Länder von gleichgerichteten Industrievorhaben zu Industrialisierungsprojekten übergehen, die einander ergänzten, und dabei ihre Gesamtproduktion auffächern und Importartikel aus hochentwickelten Ländern durch eigene Erzeugnisse ersetzen. Damit hätte die übernationale Zusammenarbeit zu technischem und wissenschaftlichem Fortschritt, zu höherer Produktivität der Arbeit und zur Hebung des Konsums geführt.

Über Erfolg oder Mißerfolg läßt sich noch nicht urteilen. Sichtbar ist immerhin, daß die Integration der kleinen, eng benachbarten mittelamerikanischen Länder, die im Entwicklungsgrad wenig unterschiedlich sind, einfacher sein kann als die Zusammenführung der südamerikanischen Republiken und Mexikos. Hier ist das Gefälle viel größer. Im Gründungsjahr der Freihandelszone hatte Brasilien 65 862 000 Einwohner, Mexiko 34 923 000, Uruguay 2 760 000 [19]. Je Kopf der Bevölkerung betrug im selben Jahr das Bruttosozialprodukt in Venezuela 1 166 Dollar, in Argentinien 623, in Mexiko 336, in Peru 146 Dollar [20]. Der Gütertransport zwischen manchen südamerikanischen Ländern stößt auf schier unüberwindliche Hindernisse [21]. In nicht wenigen Fällen liegen ihre Exportartikel miteinander in Konkurrenz.

In der Tat wuchs der Handel zwischen den Mitgliedern der Freihandelszone von US $ 659 Millionen im Jahre 1961 auf US $ 1.114 Millionen im Jahre 1967 [22]. Insbesondere in den ersten drei Jahren war der

[19] Urquidi, Viabilidad ..., S. 157.

[20] Ebda., S. 161. Für Bolivien, das südamerikanische Land mit dem niedrigsten Volkseinkommen, fehlt für 1960 die Vergleichszahl; der Pro-Kopf-Betrag dürfte sich um 90 Dollar bewegt haben.

[21] Näheres für die Transportschwierigkeiten beim Handel zwischen lateinamerikanischen Staaten bei Dell, S. 100 ff.

[22] Naciones Unidas, Comisión Económica para América Latina, Boletín Económico de América Latina, Vol. XIV (1969), No. 2 (Segundo Semestre), New York, 1969, S. 187.

Anstieg rasch. Von 1965 an verzögerte sich das Wachstum; vor allem der Warenverkehr zwischen Argentinien und Brasilien – sein Wert beläuft sich auf fast 60 % des Gesamtbetrages – weitete sich nun langsamer aus [23].

Die Mitgliedsländer konnten den Absatz ihre Industrieprodukte innerhalb der Freihandelszone beträchtlich steigern. Die Koordinierung von Industrialisierungsvorhaben jedoch ist auf Hindernisse gestoßen. Jeder Staat verfolgt seine eigene Wachstumspolitik, treibt souverän die eigene Industrialisierung voran. Keiner ist geneigt, im Interesse der gemeinsamen Entwicklung nationale Sonderziele hintanzustellen, wenn der Standort neuer Industrien bestimmt werden soll. Die Länder, deren Industrialisierung am weitesten fortgeschritten ist, haben den größten Vorteil von der Liberalisierung des Handels [24]. Obwohl man beim Vertragsabschluß den wirtschaftlich schwächsten Ländern, Paraguay und Ekuador – zu denen später Bolivien trat –, Sonderrechte einräumte [25], ist ihre Industrialisierung eher aufgehalten als gefördert worden. Selbst die »mittleren« Staaten, Chile, Kolumbien, Peru und Uruguay, fühlen sich benachteiligt. Auch sie beklagen, daß die drei »Großen«, Argentinien, Brasilien und Mexiko, auf den geöffneten Märkten der Region ihre Waren zu hohen Preisen absetzen. Im Jahre 1963 erkannten die Vertragspartner an, daß die Produktion mittlerer Länder mit unzureichendem Binnenmarkt zu fördern sei [26], ergriffen aber keine praktischen Maßnahmen. Drei Jahre später legten Chile, Peru, Ekuador, Kolumbien, Venezuela und Bolivien den Grundstein zum Grupo Andino. Sie kamen überein, den gegenseitigen Warenaustausch früher als die übrigen Länder der Freihandelszone vollständig zu liberalisieren und die Gründung von Industrien zu koordinieren. Zu diesem Zweck schufen sie eine Reihe von Institutionen der subregionalen wirtschaftlichen Entwicklung [27]. Ihre Zusammenarbeit schreitet seither viel schneller voran, als die in der gesamten Freihandelszone. Venezuela allerdings hält sich bei Liberalisierungsbeschlüssen zurück, weil seine Unternehmer die Konkurrenz aus Ländern mit niedrigerem Lohnniveau fürchten [28]. (Die Furcht von Interessengruppen,

[23] Ebda.

[24] S. Wionczek, ebda., S. 15 ff. Für die Schwierigkeiten der Freihandelszone s. auch Kaplan, S. 27 ff.

[25] Art. 32 des Vertrags. Wionczek, ebda., S. 51 f.

[26] Ebda.

[27] Der 1968 abgeschlossene Vertrag einer »Entwicklungsgemeinschaft« der Andengruppe ist in englischer Übersetzung bei Wionczek, S. 525 ff., wiedergegeben.

[28] Zum Problem des unterschiedlichen Niveaus von Löhnen und Sozialleistungen bei der lateinamerikanischen Wirtschaftsintegration s. Aníbal Pinto,

sie würden Vorteile verlieren, die sie auf geschützten Märkten genießen, beeinträchtigt auch die Bereitschaft Argentiniens, Brasiliens und Mexikos zu weiteren Liberalisierungen.)

Auch auf dem Gemeinsamen Markt besteht ein Ungleichgewicht: El Salvador ist höher industrialisiert als die anderen Republiken. (Honduras, dem schwächsten Land, wurden besondere Zugeständnisse gemacht.) Doch die Unterschiede der wirtschaftlichen Entwicklung sind geringer als die in der Freihandelszone. Im Jahre 1961 entstanden 46 % des Volkseinkommens der zentralamerikanischen Republiken in der Landwirtschaft, nur 16 % in der Industrie. Mit drei Erzeugnissen: Kaffee, Bananen und Baumwolle bestritten sie 75 % ihres Exports [29]. Da sich die Volkswirtschaften nur wenig ergänzten, dachte man vor dem Abschluß des Vertrages, daß die Möglichkeiten der Zusammenarbeit begrenzt sein würden. Aber die Integration ging schneller voran als in der Freihandelszone. Die Zölle auf Einfuhren aus Drittländern waren bereits 1966 weitgehend vereinheitlicht. Im Handel zwischen den Mitgliedstaaten wurden bis 1968 die Zölle bei 1229 von 1274 Posten der »Gemeinsamen zentralamerikanischen Zolliste« aufgehoben [30]. Für einige weitere Artikel sind Liberalisierungen vereinbart. Bei den Waren, auf die 1968 noch Zölle erhoben wurden, handelt es sich in erster Linie um die traditionellen Ausfuhrprodukte Kaffee, Baumwolle, Zucker, sowie um Zuckerrohrschnaps, Weizen, Mehl, Tabak und Petroleumderivate.

Der Handel innerhalb der Zone wuchs von US $ 37 Millionen im Jahre 1951 auf US $ 173 Millionen im Jahre 1966 und US $ 214 Millionen im Jahre 1967. Ein Jahr später tauschten die Länder des Gemeinsamen Marktes Waren im Werte von 255 Millionen US $ miteinander aus [31]. Sie bezogen nun voneinander 25 % ihrer Einfuhren gegenüber nur 6 % im Jahre 1960. Der Warenverkehr bestand hauptsächlich aus Industrieerzeugnissen [32].

Die Bereitschaft, sich über den Standort von neuen, für die gesamte Region bestimmten Industrien zu einigen, schien hier größer zu sein als im Süden. Nichtsdestoweniger sind nur wenige neue Produktionsstätten errichtet worden. Man modernisierte vorhandene Kapazitäten oder nutzte sie voller aus und speiste in erster Linie aus dieser Quelle

»Condiciones Sociales e Integración Regional«, in: El Trimestre Económico, Vol. XXXVI (3), Nr. 143 (Juli/September 1969), S. 395 ff.

[29] Wionczek, ebda., S. 102.

[30] Comisión Económica para América Latina, Boletín ... (s. o. Anm. 22), S. 195.

[31] Ebda.

[32] Ebda.

den zusätzlichen Export. Der mittelamerikanische Gemeinsame Markt hat beträchtliche Kapitalien aus den USA angezogen. Doch auch die nordamerikanischen Investoren schufen nur wenige neue Produktionsstätten. Sie zogen es vor, bestehende Unternehmen aufzukaufen und gegebenenfalls zu erweitern. Der Erwerb einheimischer Industrien durch Ausländer hat Anti-USA-Gefühlen neue Nahrung gegeben und darüber hinaus den Enthusiasmus der Mittelamerikaner für ihre Wirtschaftsgemeinschaft gedämpft. Ohnehin ist es Ende der sechziger Jahre zu Friktionen über die Koordinierung der Industrialisierung gekommen. Der Krieg zwischen El Salvador und Honduras schließlich hat den weiteren Ausbau des Gemeinsamen Marktes in Frage gestellt. Honduras ist zum 1. Januar 1971 aus der Gemeinschaft ausgetreten.

In beiden Regionen beeinflussen natürlich politische Faktoren die Chancen der Integration. Unterschiede zwischen politischen Systemen und nationalen Zielsetzungen erschweren eine gleichgerichtete Wirtschaftspolitik. In der Freihandelszone sind dem geplanten weiteren Abbau der Binnenzölle sozialreformerische politische Systeme eher zugetan als Staatsapparate, die sich auf traditionellen Oberschichten und auf konservative Offiziere stützen. (Die linksextremen Gruppierungen stimmen in ihrer Haltung zu den Wirtschaftsgemeinschaften nicht völlig miteinander überein; die meisten stehen ihnen negativ gegenüber.) In Mittel- wie in Südamerika mangelt es an einem Solidaritätsgefühl, das bei den Versuchen, Integrationsprobleme zu lösen, die nationalen Sonderinteressen in den Hintergrund treten ließe. Nicht von der Hand zu weisen ist die Gefahr, daß neue Feindseligkeiten zwischen zwei oder mehreren Staaten die Gemeinschaften auseinanderfallen lassen könnten.

Zweites Kapitel

England als Wirtschaftspartner und Hegemonialmacht

Mit der Loslösung von Spanien und Portugal war Lateinamerika in neue Abhängigkeiten geraten: technologisch war es nach wie vor rückständig, und seine Außenwirtschaft orientierte sich weiterhin auf Export von Nahrungsmitteln und Rohstoffen und Import von Fertigwaren; nur war an die Stelle der alten Metropole als Hauptabnehmer und Hauptlieferant England getreten. Der schon in der Kolonialzeit begrenzte Handel zwischen den ehemaligen Vizekönigreichen nahm ab. Selbst zwischen auseinanderliegenden Regionen innerhalb einzelner Staaten bestanden kaum wirtschaftliche Verbindungen. Fast alle Straßen – wie auch später die Eisenbahnen – führten zu den Hafenstädten, die den Zugang zu den Meeren bewachten, und auf hoher See war England Herr.

Für England war Iberoamerika hauptsächlich Handelspartner und Abnehmer von Kapitalanlagen, erst in zweiter Linie eine Station auf dem westlichen Seeweg nach Asien. Zwischen 1750 und 1900 vermehrte sich die Bevölkerung Europas von rund 140 auf 401 Millionen Menschen [33]. Ihr Bedarf an Nahrungsmitteln konnte anfangs dank einer Erhöhung des Bodenertrags weitgehend in Europa selbst gedeckt werden. Im Zuge der Industrialisierung verbesserte sich indessen langsam die Lebenshaltung der Massen. Zucker, Tabak, Kaffee, Kakao, Tee hörten auf, Luxusgüter zu sein. Sie wurden aus tropischen und subtropischen Gebieten importiert. Mit der Zeit reichte auch die europäische Eigenproduktion an Wolle, Getreide, Fleisch nicht mehr aus. Wie der Bedarf an Konsumgütern, stieg die Nachfrage nach überseeischen Rohstoffen für die Industrie. Die Einführung von Maschinen erlaubte es auf der anderen Seite, die Produktion von Tuchen und anderen Waren rapide zu erhöhen. Bereits gegen Ende des 18. Jahrhunderts suchte England jenseits der Meere Absatzmärkte für die Erzeugnisse seiner neuen Industrien. Da mit Mechanisierung und Produktionssteigerung die Preise sanken, war das Warenangebot ver-

[33] S. die Tabellen bei A.R.L. Gurland, »Wirtschaft und Gesellschaft im Übergang zum Zeitalter der Industrie«, in: Propyläen Weltgeschichte. Eine Universalgeschichte, Bd. 8, Berlin/Frankfurt a. M./Wien, 1961, S. 283.

lockend. Die handwerklichen Betriebe und die Manufakturen von Agrarländern konnten den englischen Fabriken, und später auch den Industrien Frankreichs, Deutschlands, den Vereinigten Staaten, kaum Konkurrenz bieten. Zudem wurde der Warenaustausch zwischen Europa und Übersee erleichtert, als infolge der Entwicklung der Dampfschifffahrt die Transportkosten fielen. Im Jahre 1750 erreichte der Außenhandel der Welt einen Wert von 2,8 Milliarden Mark. Im Jahre 1800 beliefen sich die Außenhandelswerte auf 6,04, im Jahre 1850 auf 17,5, im Jahre 1900 auf 82,2 Milliarden Mark. In den folgenden zehn Jahren sprangen sie auf 131,4 Milliarden Mark [34]. Der Anteil Europas am Welthandel betrug jeweils 73,6, 75,5, 70,0, 65,9 und 62,9 % [35].

Schon unter spanischer und portugiesischer Herrschaft hatte Lateinamerika über die Metropolen, zum Teil aber auch direkt, Handel mit England getrieben. Als die unabhängigen Staaten die Häfen öffneten, verstärkte sich der Warenverkehr manchen Erwartungen zum Trotz nur zögernd. (Das früh politisch konsolidierte Chile freilich verschiffte seit den dreißiger Jahren des 19. Jahrhunderts große Mengen Silber und Kupfer nach Europa, versorgte in den vierziger und fünfziger Jahren Kalifornien und Australien mit Getreide.) Erst nach der Jahrhundertmitte nahmen Einfuhr und Ausfuhr schnell zu [36]. In einigen Republiken endeten nun die Wirren, die auf die Befreiung gefolgt waren und das Wirtschaftsleben fast erstickt hatten. Die Rezeption liberaler Ideen ließ allenthalben Zollschranken fallen. Am wichtigsten aber: Die Nachfrage nach Nahrungsmitteln und Rohstoffen aus Lateinamerika, wie auch das europäische Warenangebot vervielfachten sich. Dabei entstanden für den Subkontinent günstige Austauschrelationen: Gemessen an den Preisen der importierten Industriegüter stiegen die Preise seiner Ausfuhrprodukte. Jetzt wurden breite Sektoren der iberoamerikanischen Volkswirtschaften in die Weltwirtschaft einbezogen. Im Jahre 1900 exportierte England für 23 Millionen Pfund nach Lateinamerika – für 3 Millionen Pfund mehr als nach den Vereinigten Staaten [37].

Der Subkontinent übte auf europäische Kapitalanleger starke Anziehungskraft aus. Einige hispanoamerikanische Republiken brachten unmittelbar nach ihrer Gründung Staatsanleihen in der Londoner City

[34] Berechnet von Gurland, ebda., S. 286.

[35] Ebda.

[36] Vgl. Gustavo Beyhaut, Süd- und Mittelamerika, II. Von der Unabhängigkeit bis zur Krise der Gegenwart (Fischer Weltgeschichte, Bd. 23), Frankfurt a. M., 1965, S. 41 ff.

[37] D. C. M. Platt, »British Bondholders in Nineteenth Century Latin America: Injury and Remedy«, in: Marvin D. Bernstein (Hrsg.), Foreign Investment in Latin America. Cases and Attitudes, New York, 1966, S. 82.

unter; die meisten anderen folgten ihnen bald. Als der erste Weltkrieg ausbrach, befanden sich rund 20 % der überseeischen Investitionen Englands in Lateinamerika [38]. Die englischen Kapitalanlagen auf dem Subkontinent beliefen sich 1900 nach Rippy auf nominal [39] 540 Millionen Pfund [40] (312 Millionen Direktinvestitionen und 228 Millionen Staatsanleihen). Das war für die damalige Zeit viel, und die Erträge waren oft – aber keineswegs immer [41] – hoch. Um 1913 war der Investitionsbetrag auf knapp 1 Milliarde Pfund gestiegen. Etwa 46 % dieser Summe waren in 118 Eisenbahngesellschaften angelegt, die in 16 Ländern arbeiteten; 31 % waren in Staatsanleihen investiert, 20 % im Bergbau, in Versorgungs- und anderen Betrieben, 3 % in Banken und Reedereien [42]. Glade schätzt für 1913 die gesamten ausländischen Investitionen in Lateinamerika auf 8,5 Milliarden, die englischen allein auf fast 5 Milliarden Dollar [43]. Der Rest der Anlagen des Auslands befand sich überwiegend in französischen und nordamerikanischen, zu einem geringeren Grad auch in deutschen Händen [44].

Arm an eigenem Kapital, technisch und kommerziell zurückgeblieben, durch halbfeudale gesellschaftliche Institutionen gefesselt, hätte Lateinamerika aus eigenen Kräften nur langsam fortschreiten können. (Chile, das unter verhältnismäßig geringer ausländischer Beteiligung eine frühe wirtschaftliche Blüte erlebte, und Brasilien bildeten Ausnahmen.) Die Einbeziehung in den Weltmarkt aber, ausländische Investitionen, aber auch ein Zustrom von Einwanderern gaben der wirtschaftlichen Entwicklung des Subkontinents entscheidende Impulse. Europäische Unternehmer, Techniker, Handwerker und Agronomen bauten Eisenbahnen, Wege und Häfen, gründeten Schiffahrtslinien und Banken, modernisierten die Landwirtschaft, das Gewerbe und den

[38] William P. Glade, The Latin American Economies. A Study of their Institutional Evolution, New York/Toronto/London/Melbourne, 1969, S. 219.

[39] Zu den Schwierigkeiten, ihren realen Wert festzustellen, s. Glade, ebda., S. 217 ff.

[40] J. Fred Rippy, British Investments in Latin America, 1822–1949. A Case Study in the Operations of Private Enterprise in Retarded Regions, Minneapolis, 1959, S. 66. Vgl. auch Bailey, Latin America ... (s. o. Anm. 12), S. 43.

[41] Zu den frühen, meist schon in den zwanziger Jahren des 19. Jahrhunderts placierten lateinamerikanischen Anleihen in England und den hohen Verlusten des Publikums, das sie kaufte (die Bankiers und Makler, die sie unterbrachten, erlitten keine Verluste) s. Rippy, ebda., S. 26 ff. Auch bei späteren Emissionen wurden die Investoren von Banken und Politikern, die einen Teil des Ertrags der Anleihen in die eigenen Taschen steckten, gemeinsam geschröpft. Vgl. Glade, ebda., S. 262 ff.

[42] Glade, ebda., S. 219.

[43] Ebda., S. 218. Bei dem damaligen Wechselkurs von, in runden Zahlen, 5:1 entsprechen die 5 Milliarden Dollar der oben zitierten Berechnung von Rippy.

[44] Ebda., S. 219 ff.

Handel. Nicht selten betrieben sie ihre Unternehmungen zusammen mit lateinamerikanischen Partnern. Ihre Tätigkeit hatte einen Demonstrationseffekt: Einheimische ahmten die neuen Produktionsweisen nach. »Fortschritt« war das Ziel, das sich viele Lateinamerikaner, fleißige Leser Auguste Comtes, in der zweiten Hälfte des 19. Jahrhunderts setzten. Von der Modernisierungswelle wurden freilich bloß Teilbereiche der Wirtschaft erfaßt. Es entstand ein starkes Gefälle zwischen den Republiken (das nicht mehr das gleiche war wie in der Kolonialzeit, als die Produktion von Edelmetallen den Reichtum bestimmte). Innerhalb der einzelnen Länder blühten Regionen auf, deren Erzeugnisse auf den Weltmarkt wanderten, während andere in armseliger Subsistenzwirtschaft verharrten.

Die Arbeitsteilung zwischen Industriestaaten und Rohstoffländern schien sich für Lateinamerika so günstig auszuwirken, daß fast alle ökonomischen Anstrengungen auf die Forcierung des Exports gewandt wurden.

Die iberoamerikanischen Republiken hatten aus der Kolonialzeit die Tradition einer staatlich gelenkten Wirtschaft übernommen. Unmittelbar nach der Befreiung und dann wieder in der zweiten Hälfte des 19. Jahrhunderts gaben die meisten unter ihnen für kürzere oder längere Intervalle einer *laissez-faire*-Politik den Vorzug, aber die Ansicht, der Staat habe die Wirtschaft zu steuern, behielt auf die Dauer die Oberhand. Man subventionierte den Eisenbahnbau, förderte die Errichtung von Versorgungsbetrieben und führte, auch im letzten Viertel des Jahrhunderts wieder Schutzzölle ein. Aber weder die Maßnahmen des Staates noch private Initiative brachten es zuwege, die Binnenmärkte wesentlich zu erweitern und jene Sektoren der Wirtschaft zu modernisieren, die nicht in den Weltmarkt verflochten waren. Die Erzeugung wurde nicht ausreichend diversifiziert; Monokulturen bestimmten die Ausfuhr. So wurden die Republiken höchst anfällig für die Folgen von Absatzkrisen einiger weniger Waren. Da die Volkswirtschaften die Impulse zu ihrer Entwicklung aus dem Ausland empfingen, wurden sie von jeder Bewegung im Konjunkturzyklus der Industrienationen ergriffen [45]. Die Kaufkraft der lateinamerikanischen Produkte, Beschäftigungsgrad und Einkommen in den Exportsektoren hingen von den Zentren des internationalen Waren- und Kapitalverkehrs ab. Die iberoamerikanischen Staaten bezogen einen Großteil ihrer Steuereinnahmen aus Ausfuhrzöllen; ein nicht unerheblicher Teil ihrer Ausgaben diente dem Schuldendienst von ausländischen Anleihen. Wenn der Export

[45] Vgl. Aldo Ferrer, La Economía Argentina. Las etapas de su desarrollo y problemas actuales, México/Buenos Aires, 1965, S. 119 ff.

zurückging, konnten die Regierungen leicht in Zahlungsschwierigkeiten geraten. Neben der Amortisation und den Zinsen der öffentlichen Anleihen belastete die Überweisung von Gewinnen aus privaten Anlagen die Zahlungsbilanzen. Lange Zeit – bis zur Weltwirtschaftskrise in den dreißiger Jahren dieses Jahrhunderts – wurden allerdings Defizite im Zahlungsverkehr oft wieder durch Ausfuhrüberschüsse und neue Kapitaleinfuhren gedeckt. (Günstig für die Zahlungsbilanzen wirkte sich auch aus, daß damals, im Gegensatz zu heute, manche ausländische Kapitalanlagen »nationalisiert« wurden, indem die Investoren oder ihre Nachkommen in Lateinamerika ihren dauernden Wohnsitz nahmen.) Dennoch kam es zu vielen Staatsbankrotten; mehrmals mußten lateinamerikanische Republiken mit Bankiers und Regierungen der Gläubigerländer Moratorien und Stützungsaktionen vereinbaren.

Soll man Englands Verhältnis zu den süd- und mittelamerikanischen Republiken ein »imperialistisches« nennen? England verfügte in ihrem Bereich über einige Niederlassungen und über Marinestützpunkte; Einheiten seiner Flotte kreuzten in lateinamerikanischen Gewässern. In Belize, an der Moskitoküste, in Guayana und auf den Falklandinseln hatte es sich aber bereits im 17. und 18. Jahrhundert festgesetzt, und andere Gebiete nahm es nicht in seine Gewalt. Mehrere Male schickte England – andere Gläubigerländer taten es ihm gleich – Kriegsschiffe nach Lateinamerika, um die Zahlung rückständiger Schulden zu erzwingen; in die inneren Angelegenheiten der lateinamerikanischen Staaten mischte es sich nur mit Zurückhaltung ein. In den vierziger und fünfziger Jahren des 19. Jahrhunderts neigten Regierungen in London gar zu der Anschauung, daß englische Kapitalisten zu Hause investieren sollten und selbst das Risiko zu tragen hätten, wenn sie ihr Geld im Ausland anlegten. Auch als England in den folgenden Jahrzehnten – im Zeitalter des Imperialismus – die wirklichen oder vermeintlichen wirtschaftlichen Interessen seiner Bürger vor allem in Asien und Afrika durch eine aggressive Außenpolitik förderte, ging es in Lateinamerika kaum darüber hinaus, englischen Gläubigern bei der Eintreibung von Schulden zu helfen. England hatte bei der Befreiung der spanischen Kolonien Pate gestanden. Aber die Ausdehnung seines Lateinamerika-Handels verdankte es weniger politischen als ökonomischen Mitteln: Englische Waren waren lange Zeit billiger als die der Konkurrenten; englisches Kapital stand für Investitionen in Übersee bereit. Als um die Wende zum 20. Jahrhundert die Vereinigten Staaten, Deutschland, Frankreich mit zunehmendem Erfolg auf den lateinamerikanischen Märkten vordrangen, unternahm England nicht den Versuch, seine bisherige Vorrangstellung gewaltsam zu sichern. Es wäre dazu wohl auch nicht in der Lage gewesen.

Zu Argentinien waren Englands Beziehungen besonders eng. In der Epoche des spanischen Wirtschaftsmonopols begrüßte man an den Ufern des Rio de la Plata die Landung englischer Schmugglerschiffe. Gegen Ende des 18. Jahrhunderts – Madrid hatte die Fesseln des Handels gelockert – verfrachtete man in Buenos Aires Rinderhäute in großen Mengen für die Herstellung der von den englischen Fabriken benötigten Transmissionsriemen. Das ganze 19. Jahrhundert hindurch war England Argentiniens bester Kunde, wie es auch sein Hauptlieferant für Waren und Kapital war [46]. Im Jahre 1913 leitete England etwa 37 % seiner lateinamerikanischen Investitionen nach Argentinien (Brasilien folgte mit rund 23, Mexiko mit 16 und Chile mit fast 7 %) [47].

In der Ära der napoleonischen Kriege schien es eine kurze Zeit, als würde England am La Plata militärisch und politisch Fuß fassen. 1806 landete dort ein britisches Expeditionskorps. 1807 wurden die Invasoren von der Bevölkerung von Buenos Aires vertrieben. England sah ein, daß es das Land am Rio de la Plata nicht erobern konnte. Um die Interessen englischer Kaufleute in Montevideo zu schützen und Uruguay, das von Argentinien bedroht war, als Pufferstaat zu erhalten, verhängte England gemeinsam mit Frankreich 1845/1846 eine Blockade über Buenos Aires. Britische Truppen wurden nach Montevideo, Kriegsschiffe auf den Paraná entsandt. 1847 trat die englische Regierung den Rückzug an – nicht zuletzt infolge des Drucks, den Kaufleute in Liverpool, London und Buenos Aires ausübten, die mit Argentinien ungestört Handel treiben wollten. Selbst wenn England Argentinien militärisch hätte unterwerfen können: eine direkte politische Herrschaft war am La Plata nicht erforderlich, um die wirtschaftlichen Interessen Englands zu fördern. Der Handel zwischen den beiden Staaten blühte auf, als man den Prinzipien des »freien Marktes« folgte. Die herrschenden Gruppen in England und die in Argentinien stimmten in ihren ökonomischen Zielen überein; so kam es zwischen ihnen selten zu politischen Friktionen. In Buenos Aires konnte der Eindruck entstehen, es sei wichtiger, die City als das Londoner Außenministerium zufriedenzustellen.

Die britische Diplomatie beteiligte sich äußerst geschickt an den politischen Prozessen in Argentinien. Sie lieh einmal dieser, einmal jener Interessengruppe ein wenig Unterstützung und bemühte sich stets, den Anschein der Einmischung zu vermeiden. Ihre Absicht war es, Geschäfte zu erleichtern, denen einflußreiche englische Wirtschafts-

[46] Zu den englisch-argentinischen Beziehungen im 19. Jahrhundert s. H. S. Ferns, Britain and Argentina in the Nineteenth Century, Oxford, 1960; für die Zeit danach vom selben Autor, Argentina, London, 1969.

[47] Glade, The Latin American Economies . . ., S. 220.

kreise nachgingen. Ferns meint, Argentinien habe zu Englands »informal Empire« gehört. Man sollte diesen Ausdruck wohl auch auf andere südamerikanische Länder beziehen. Das Verhalten Englands gegenüber Lateinamerika unterschied sich so sehr von den aggressiven Expansionsbemühungen der europäischen Mächte in Asien und Afrika im Zeitalter des Imperialismus, daß man es nur unter Einschränkungen als »imperialistisch« bezeichnen darf.

Großbritannien schützte Lateinamerika in einer Epoche stärksten Kolonialismus vor dem Expansionsdrang anderer europäischer Mächte. Seiner Einflußsphäre hielt England, so gut es das vermochte, auch die Vereinigten Staaten fern. Damit allerdings war es nicht lange erfolgreich. Schon um 1845 konnte es nicht verhindern, daß die USA die Hälfte des mexikanischen Territoriums annektierten. Im karibischen Raum [48], wo England das Sonderinteresse der USA in den fünfziger Jahren anerkannte, mußte es ihnen zwischen 1896 und 1904 den Vortritt lassen. Sogar im südlichen Südamerika, seinem Haupteinflußgebiet, verlor es nach dem ersten Weltkrieg die politische Vorherrschaft [49]. Während des zweiten Weltkrieges zerbröckelten auch seine wirtschaftlichen Positionen. Noch 1939 stellten sich die britischen Investitionen auf dem gesamten Subkontinent auf 1 128 Millionen Pfund; 1949 waren es nur mehr 560 Millionen [50], weniger als auf die USA entfielen.

[48] Der Ausdruck »karibischer Raum« bezieht sich hier auf das Karibische Meer, die Inseln in ihm und das Festland an seinen Küsten; »karibische Staaten« heißen im folgenden die Republiken Guatemala, Honduras, Nikaragua, Kostarika, Panama, Kuba, Dominikanische Republik und Haiti, nicht hingegen die Antilleninseln, die noch europäischen Mächten gehören, oder bis vor kurzem gehörten, und natürlich auch nicht Mexiko, Kolumbien und Venezuela, deren Verhältnis zu den USA sich aus verschiedenen Gründen anders entwickelt hatte als im Falle eben der »karibischen« Länder.

[49] In der Literatur wird häufig übersehen, daß England schon seit 1891/92 vor den USA im Zurückweichen war. Damals ließ es das mit ihm eng liierte Chile im Stich. Der amerikanische Präsident Benjamin Harrison hatte Chile ein absichtlich demütigendes Ultimatum gestellt. Chile mußte die ultimativen Forderungen erfüllen, weil es bei England und anderen europäischen Mächten keinen Rückhalt fand. (Lateinamerikanische Nachbarn hatten den Vereinigten Staaten Hilfe gegen Chile angeboten.) Darüber mehr bei Hans-Ulrich Wehler, »Handelsimperium statt Kolonialherrschaft. Die Lateinamerikapolitik der Vereinigten Staaten vor 1898«, in: Jahrbuch für Geschichte von Staat, Wirtschaft und Gesellschaft Lateinamerikas, Bd. 3 (1966), S. 187 ff.

[50] Rippy, British Investments . . . (s. o. Anm. 40), S. 84.

Drittes Kapitel

Wirtschaftsbeziehungen zwischen Lateinamerika und den Vereinigten Staaten von Amerika

Handelsverkehr

Im Unterschied zum stetigen Kurs, den England verfolgte – wodurch seine einzelnen Handlungen für die Klienten voraussehbar wurden –, ließ sich in der Lateinamerika-Politik der Vereinigten Staaten schwerlich eine einheitliche Linie herausschälen. Immerhin treten drei Hauptziele dieser Politik hervor, denen zu verschiedener Zeit verschiedene Bedeutung zukam: wirtschaftliche Expansion, militärische Sicherheit, »zivilisatorische« Mission. Sie sind eng ineinander verknüpft, und bei vielen Aktionen der USA ist schwer festzustellen, welches Gewicht den einzelnen Faktoren ihrer Entscheidung zukommt.

Vor der Emanzipation hatten bereits Schmugglerschiffe für den Warenverkehr zwischen den Hafenstädten Neuenglands und der iberischen Kolonien gesorgt. Nach den Unabhängigkeitskriegen blühte der Handel auf; dann sank der Anteil Lateinamerikas an der Ausfuhr der USA. Erst zu Beginn des 20. Jahrhunderts gewann der Export nach Lateinamerika wieder größere Bedeutung für die Wirtschaft der USA. Die Regierungen in Washington hatten ihn seit den neunziger Jahren gefördert, nicht zuletzt aus Gründen der inneren Politik.

Der Impuls zu neuerlicher Expansion war ursprünglich von der Landbevölkerung ausgegangen. Nordamerikanische Farmer verkauften im 19. Jahrhundert, wie in der Kolonialzeit einen Teil ihrer Erzeugnisse in Europa; auch in Lateinamerika fanden sie Abnehmer: etwa in Kuba, für Mehl und Fleisch. Sie waren am Markt orientiert, am Binnenmarkt und am Weltmarkt[51]. Sie verbesserten ständig die Anbaumethoden, und der Ertrag ihrer Felder stieg stetig an. Wenn in England, Deutschland, Frankreich die Nachfrage nach Nahrungsmitteln zurückging, konnten sie leicht in Schwierigkeiten geraten; es lag dann nahe, nach zusätzlichen Absatzmöglichkeiten Ausschau zu halten. Schon in der Epoche der territorialen Expansion, als nordamerikanische Farmer

[51] Hierzu und zum folgenden: William Appleman Williams, The Roots of the Modern American Empire. A Study of the Growth and Shaping of Social Consciousness in a Marketplace Society, London, 1970. Williams nennt die Farmer – nicht nur die Besitzer von größeren Gütern, auch die kleinen unabhängigen Farmer – farm businessmen oder agricultural businessmen.

neues fruchtbares Land erschlossen, forderten sie die Öffnung überseeischer Märkte.

Die Weltwirtschaftskrise von 1873/75, dann wieder die von 1882/85 brachten den Absatz nordamerikanischer Agrarprodukte ins Stocken. Landwirte, bald auch Unternehmer, die ihre Erzeugnisse verarbeiteten oder mit ihnen Handel trieben, Abgeordnete und Senatoren der Agrardistrikte riefen nach der Hilfe des Staates. Der Süden und Westen der USA wurden von sozialreformerischen und nationalistischen Strömungen erfaßt. Man warf England vor, es halte die Vereinigten Staaten von Lateinamerika, ihrem »natürlichen« Markt fern und es monopolisiere überhaupt den internationalen Handel und diktiere die Preise auf dem Weltmarkt. Auch Deutschland, Frankreich und andere europäische Staaten erregten heftigen Unwillen, als sie sich durch Schutzzölle gegen nordamerikanische Agrarexporte, die ihre Märkte zu überschwemmen drohten, abschirmten und Sanitätsvorschritfen gegen die Einfuhr von Fleisch aus den USA erließen. Die Sprecher der Landwirte verlangten von der Regierung, daß sie sich Deutschland und Frankreich entgegenstelle, vor allem aber, daß sie die Macht Großbritanniens breche. Auf diese Weise sollte den Farmern der Weltmarkt frei zugänglich werden, und auf dem freien Weltmarkt, dessen waren sie sich sicher, würden die Vereinigten Staaten herrschen.

Die Mehrheit der nordamerikanischen Bevölkerung lebte damals auf dem flachen Lande und in Landstädten [52]. Das Expansionsbedürfnis der Landwirte beeinflußte die Politik Washingtons von den achtziger Jahren an. Die Industriellen des Ostens aber, am Export kaum interessiert, die großen Kaufleute und die Financiers der Wallstreet, die eng mit der City von London zusammenarbeiteten, brachten den nationalistischen Tendenzen der Farmer anfangs wenig Sympathien entgegen. Erst als die Depression der neunziger Jahre auch die Industrie erfaßt hatte, als Eisenbahngesellschaften und hinter ihnen stehende Banken

[52] In den USA wohnten 1880 in »ländlichen« Gemeinden (Orten mit bis zu 2500 Einwohnern) 36 Millionen und in städtischen Gemeinden (Orten mit mehr als 2500 Einwohnern) 14,1 Millionen Menschen. 1890 waren es 40,8 und 22,1 Millionen. 1900 lebten in den ländlichen Gemeinden 45,8 und in den städtischen 30,2 Millionen Menschen. Noch 1910 übertraf die ländliche Bevölkerung mit 50 Millionen die städtische von 42 Millionen. US Department of Commerce, Bureau of the Census, Historical Statistics of the United States. Colonial Times to 1957. A Statistical Abstract Supplement, Washington, D.C., 1960, S. 14. In der Landwirtschaft (agricultural pursuits) beschäftigt waren 1880 49,4 %, 1890 42,6 %, 1900 37,5 %, 1910 31,0 % der beruflich Tätigen (persons 10 years old and over gainfully occupied). US Department of Commerce, Bureau of the Census, Historical Statistics of the United States 1789–1945. A Supplement of the Statistical Abstract of the United States, Washington, D.C., 1949, S. 63.

zusammengebrochen waren, »bemerkten« die führenden Kreise der Wirtschaft, daß die enorme Ausweitung des Industriepotentials seit dem Ende des Bürgerkrieges nicht von einer entsprechenden Zunahme des Exports begleitet gewesen war. Nun traten auch sie und die mit ihnen eng verbundenen politischen Gruppen für die Eroberung neuer Märkte ein. Sie folgten dabei ebensosehr innenpolitischen wie wirtschaftlichen Zwängen. Die Wirtschafts- und Finanzpolitik der Republikaner – sie regierten die Vereinigten Staaten von 1861 bis 1913, ausgenommen zwei Amtszeiten des Präsidenten Grover Cleveland – hatte neben vielen Farmern einen Teil der städtischen Bevölkerung gegen sie aufgebracht. Es war für die Republikanische Partei dringend notwendig geworden, der inflationistischen und antikapitalistischen Agitation der Demokraten und Populisten entgegenzutreten. Vor der Wahl zwischen Reformen der Wirtschafts- und Gesellschaftsverfassung und einer Forcierung des Exports, entschieden sie sich für die Expansion in die Räume des Pazifiks und des Karibischen Meeres [53].

Die Warenausfuhr der Vereinigten Staaten nach Lateinamerika und die Einfuhr (einschließlich Wiederausfuhr) der Vereinigten Staaten aus Lateinamerika betrugen:

Tab. 1: Handel der Vereinigten Staaten mit Lateinamerika [1]

Jahr	Ausfuhr nach Lateinamerika [2] in Millionen $	in % der Gesamteinfuhr der USA [4]	Einfuhr [3] aus Lateinamerika [2] in Millionen $	in % der Gesamtausfuhr der USA [4]
1830	19	26,9	15	25,0
1850	22	15,3	32	18,5
1860	45	13,5	79	22,4
1870	46	11,8	117	27,0
1881–1885	73	9,3	172	25,8
1886–1890	75	10,1	181	25,3
1891–1895	94	10,5	245	31,2
1896–1900	101	8,7	174	23,5
1901–1905	144	9,9	251	25,8
1906–1910	237	13,3	337	25,1
1911–1915	305	12,9	469	27,3
1916–1920	864	13,2	1179	35,1
1921–1925	742	16,9	936	27,1
1926–1930	851	17,8	1006	24,9
1931–1935	303	15,0	421	24,6
1936–1940	609	18,9	584	23,5
1941–1945	1075	10,7	1390	39,6
1946–1950	3064	25,9	2434	36,5
1951–1955	3492	22,8	3592	33,2

[53] Vgl. Wehler, »Handelsimperium . . .« (s. o. Anm. 49), S. 184.

Tab. 1 (Fortsetzung)

Jahr	Ausfuhr nach Lateinamerika [2] in Millionen $	Ausfuhr nach Lateinamerika [2] in % der Gesamteinfuhr der USA [4]	Einfuhr [3] aus Lateinamerika [2] in Millionen $	Einfuhr [3] aus Lateinamerika [2] in % der Gesamtausfuhr der USA [4]
1957	4829	23,6	4139	31,9
1960	3577	17,4	3528	24,1
1965	3788	13,8	3675	17,2
1966	4231	13,9	3970	15,5
1967	4124	13,1	3851	14,4
1968	4699	13,6	4288	12,9
1969	4869	12,8	4214	11,7

[1] Die Zahlen für 1830–1935 sind dem US Department of Commerce, Bureau of the Census, Statistical Abstract of the United States, Washington, D.C., 1940, S. 504 ff., entnommen. Die Zahlen für 1936–1950 entstammen dem Statistical Abstract von 1954, S. 922 f.; die für 1951–1957 dem Abstract von 1960, S. 894 ff.; die für 1960–1969 (außer 1966) dem Abstract von 1970, S. 788 f.; die für 1966 dem Abstract von 1969, S. 808. Die Daten des Bureau of the Census wurden nicht durchgehend nach denselben Kriterien zusammengestellt. Uranprodukte z. B. sind erst ab 1965, Silbererze und -barren ab 1968 in die Statistik aufgenommen worden. Die Zahlen für 1950–1955 und die folgenden Jahre enthalten nicht den gesamten Export, sondern – aus Sicherheitsgründen – »die gesamte Ausfuhr abzüglich Waren bestimmter Kategorien«. Die Änderungen sind jedoch nicht so erheblich, daß sie es verbieten würden, den Statistiken des Bureau of the Census die Tendenz der Entwicklung des Lateinamerikahandels der USA in den letzten 140 Jahren zu entnehmen.

[2] Für die Jahre 1850 bis 1957 enthält die Tabelle den Handel der Vereinigten Staaten mit dem »südlichen Nordamerika«und mit »Südamerika«. Das Bureau of the Census führte unter diesen Rubriken neben den 20 lateinamerikanischen Republiken Guayana, British Honduras, die Falklandinseln, die Kanalzone, Bermuda und die westindischen Inseln in europäischem Besitz. Von 1960 an beschränkt sich die Tabelle auf die lateinamerikanischen Staaten ohne Kuba.

[3] Ein Teil dieser Einfuhr ist zur Wiederausfuhr nach Europa bestimmt: Grundstoffe, die in den Vereinigten Staaten verarbeitet, und Waren, die von nordamerikanischen Handelshäusern in Lateinamerika gekauft und nach Europa weiterverkauft werden.

[4] Die Prozentzahlen für den Zeitraum von 1850–1950 sind in den Statistical Abstracts aufgeführt; für die folgenden Jahre sind sie vom Verfasser berechnet auf Grund der Angaben über die Gesamtausfuhr (bzw. -einfuhr) der USA und über die Ausfuhr nach und die Einfuhr von Lateinamerika.

In der Ära der Binnenkolonisierung und der Industrialisierung der Vereinigten Staaten erhöhte sich die Ausfuhr nach Lateinamerika verhältnismäßig langsam. Als man dann gegen Ende des Jahrhunderts daran ging, den Wirtschaftsbeziehungen mit den südlichen Nachbarn einen neuen Anstoß zu geben, war der Erfolg beachtlich. Der Export nach Lateinamerika verdreifachte sich (bei relativ stabilen Preisen) zwischen 1896 und 1915 [54]. Der kanadische Markt freilich erwies sich

[54] Dabei handelt es sich in allererster Linie um Ausfuhr in die iberoamerikanischen Republiken. Der Handel der USA mit den englischen, französischen und niederländischen Besitzungen – bzw. ehemaligen Besitzungen – im lateinamerikanischen Bereich und mit der Kanalzone war bis in die vierziger Jahre des

als ebenso aufnahmefähig. Bis in die neunziger Jahre war der Süden des Kontinents ein besserer Kunde gewesen als der Norden. Im Zeitalter der imperialistischen Expansion nach Lateinamerika nun wuchs die Ausfuhr in das britische Dominion Kanada schneller als der Export in die iberoamerikanischen Republiken[55]. Gerade dort, wo sich die USA am stärksten engagierten, wo sie mehrmals militärisch intervenierten, in den karibischen Ländern und in Mexiko war die Wachstumsrate die geringste. In diesen Raum exportierten die USA im Durchschnitt der Jahre 1891 bis 1895 Erzeugnisse im Wert von 61 Millionen Dollar; 1911 bis 1915 waren es dreimal soviel: 182 Millionen. Nach Südamerika führten sie in denselben Jahren Waren im Wert von 33 beziehungsweise 122 Millionen Dollar aus[56]; dorthin, in Länder, von denen einige sich noch unter englischer Hegemonie befanden, vervierfachte sich beinahe ihr Export.

Während des ersten Weltkriegs versorgten die USA nicht nur ihre europäischen Verbündeten, sondern auch Iberoamerika, das auf Liefe-

20. Jahrhunderts verhältnismäßig unbedeutend; erst seit den fünfziger Jahren des Jahrhunderts wandelt sich das Bild. Die Ausfuhr in die verschiedenen Territorien belief sich 1950 auf 141 Millionen Dollar, 1955 auf 174 Millionen Dollar, 1957 auf 262 Millionen Dollar, 1960 auf 296 Millionen Dollar, 1969 auf 707 Millionen Dollar. Die Einfuhr betrug in denselben Jahren 192, 279, 342, 435 und 951 Millionen Dollar. Der wichtigste Handelspartner unter diesen Gebieten sind die Niederländischen Antillen, von denen die USA Erdöl beziehen, das dort raffiniert, aber in Venezuela gefördert wird. Die Einfuhr aus den Niederländischen Antillen hatte 1950 einen Wert von 158 Millionen Dollar, 1955 von 217 Millionen Dollar, 1957 von 273 Millionen, 1960 von 265 Millionen Dollar, 1969 von 392 Millionen Dollar. (Berechnet nach Statistical Abstracts von 1960, S. 896 f.; 1965, S. 880 f. und 1970, S. 789.) Zu Kuba s. unten, S. 46, Anm. 58.

[55] Der Statistical Abstract von 1935, S. 432, gibt für die Ausfuhr in das »nördliche Nordamerika« (das sind neben Kanada die folgenden, kaum ins Gewicht fallenden Territorien: Neufundland, Labrador, Grönland, St. Pierre und Miquelon) diese Zahlen:

Durchschnitt der Jahre	Millionen Dollar
1891–1895	49
1901–1905	125
1906–1915	337
1921–1925	627
1926–1930	830

Die USA exportierten, vor allem in den zwanziger Jahren, über Kanada Getreide nach Europa. Im Abstract von 1935 (nur dort, nicht in den Abstracts der anderen Erscheinungsjahre), S. 434, ist die Ausfuhr nach Kanada, vermindert um die Getreideexporte, für ausgewählte Jahre wiedergegeben:

Durchschnitt der Jahre	Millionen Dollar
1910–1914	308
1921–1925	547
1926–1930	756

[56] Statistical Abstract 1940, S. 504.

rungen seiner Handelspartner in der alten Welt weitgehend verzichten mußte, mit einem Mehrfachen des früheren Warenwertes (bei rapide steigenden Preisen [57]). Nach der Beendigung des Krieges fiel die Nachfrage aus Europa wieder, aber der lateinamerikanische Markt konnte gehalten werden. Somit stieg der Anteil der Ausfuhr nach Iberoamerika am Gesamtexport der USA.

In der Weltwirtschaftskrise der dreißiger Jahre reduzierte sich die Ausfuhr auf einen Bruchteil des früheren Volumens. Viele iberoamerikanische Republiken gerieten damals in Zahlungsschwierigkeiten; alle mußten ihre Käufe im Ausland auf das Unentbehrliche einschränken.

Auch im zweiten Weltkrieg vermehrten die USA ihre Lieferungen nach Lateinamerika. Aber sie vermochten den Bedarf des von Europa abgeschnittenen Subkontinents nicht voll zu befriedigen. Die angestaute Nachfrage konnte erst nach der Beendigung der Feindseligkeiten gedeckt werden. Bis 1957 bezog Lateinamerika wachsende Mengen Güter aus den Vereinigten Staaten. Dann ging die Nachfrage wieder zurück – auch wenn man den Ausfall Kubas und die oben (Anm. 1 zu Tabelle 1) erwähnte Änderung in der statistischen Erhebung in

[57] Angaben über die Entwicklung der Außenhandelspreise der Vereinigten Staaten finden sich in US Department of Commerce, Bureau of the Census, Historical Statistics of the United States. Colonial Times ... (s. o. Anm. 52), S. 540 f. Ihnen und dem Statistical Abstract 1970, S. 778, sind folgende Daten entnommen:

	Indices der Ausfuhrpreis	der Einfuhrpreise
	(1913 = 100)	
1880	101,5	113,1
1890	85,0	93,2
1900	81,0	86,7
1910	102,1	94,6
1920	232,5	219,1
	(1923–1925 = 100)	
1930	78	71
1940	68	59
1945	112	87
1950	121	136
1955	137	158
1957	147	163
	(1956–1960 = 100)	
1961–65	103	97
1967	111	103
1968	113	104
1969	117	107

Es handelt sich um die Indices der Durchschnittspreise aller Ausfuhren, bzw. Einfuhren. Die Preise der nach Lateinamerika verschifften, bzw. von dort bezogenen Waren haben sich nicht immer im gleichen Schritt wie die der übrigen aus- und eingeführten Waren entwickelt.

Rechnung stellt[58]. Nur langsam – trotz steigenden Preisen – hat sich der Wert der Ausfuhr in der zweiten Hälfte der sechziger Jahre wieder erhöht. Anteilmäßig ging sie auf das Niveau der Zeit vor dem ersten Weltkrieg zurück. Entgegen den Erwartungen, die Befürworter der imperialistischen Expansion einst in den lateinamerikanischen Markt gesetzt hatten, aber auch manchen heute gängigen Imperialismustheorien[59] zum Trotz verkauften die USA 1969 in den hochindustrialisierten Ländern Westeuropas, in Japan und Kanada Waren zu einem fünfmal höheren Wert als in Lateinamerika[60].

Noch tiefer ist der Anteil des Subkontinents an der Einfuhr der Vereinigten Staaten gefallen. Von der Mitte des 19. Jahrhunderts an hatte die Einfuhr der Vereinigten Staaten aus Lateinamerika lange Zeit die Ausfuhr übertroffen. Dabei zeigten die Handelsbilanzen mit den einzelnen Ländern in verschiedenen Epochen unterschiedliche Saldi an: Mit Mexiko z. B. war die Bilanz in den zwanziger Jahren dieses Jahrhunderts ausgeglichen; mit Argentinien war sie aktiv. Von Kuba aber und von Brasilien, damals neben Mexiko und Argentinien den wichtigsten lateinamerikanischen Handelspartnern, auch von Chile bezogen die USA mehr Waren, als sie ihnen verkauften[61]. Mit Argentinien ist die Handelsbilanz auch noch in den sechziger Jahren aktiv gewesen. Die wichtigsten lateinamerikanischen Handelspartner sind jetzt Mexiko und Venezuela geworden; ihnen folgt Brasilien. Nach Mexiko exportieren die Vereinigten Staaten beträchtlich mehr, als sie von dort importieren. Mit dem Erdöllieferanten Venezuela ist das Verhältnis umgekehrt. Auch die Handelsbilanz mit Brasilien ist, wenngleich in geringem Grade, passiv[62]. Nimmt man alle Republiken zusammen, hat sich das Blatt seit dem zweiten Weltkrieg gewendet: Die USA liefern mehr nach Lateinamerika, als sie von dort beziehen. Schon vor 1914 und dann in den zwanziger Jahren hatten lateinamerikanische

[58] Die USA haben, u. a. als Antwort auf die Enteignung nordamerikanischen Besitzes durch die Regierung Fidel Castro, im Oktober 1960 ein Wirtschaftsembargo über Kuba verhängt. Die Ausfuhr nach Kuba belief sich 1957 auf 618, 1958 auf 546, 1959 auf 436, 1960 auf 224 Millionen Dollar. Die Einfuhr hatte in diesen Jahren einen Wert von 482, 524, 474 und 357 Millionen Dollar. (Statistical Abstracts von 1960, S. 896, und 1965, S. 880.) Der Handel zwischen den beiden Staaten ist seither so gut wie völlig eingestellt worden.

[59] Zur Kritik einiger kläglicher Ausläufer pseudomarxistischer Imperialismustheorien s. Richard F. Behrendt, »Die Zukunft der Entwicklungsländer als Problem des Spätmarxismus«, in: Futurum, Zeitschrift für Zunkunftsforschung, Jg. III (1970), Heft 4, S. 574 ff.

[60] Die Ausfuhr nach Westeuropa belief sich 1955 auf 5119 Millionen Dollar, 1969 auf 12 370 Millionen Dollar. An Kanada lieferten die USA in denselben Jahren Waren für 3404 und 9138, an Japan für 683 und 3490 Millionen Dollar. Statistical Abstract 1970, S. 788 ff.

[61] Statistical Abstract 1940, S. 508 f.

[62] Statistical Abstract 1970, S. 788 f.

Länder sporadisch Schwierigkeiten, ihre Produkte – Kautschuk, Zukker, Kaffee, Salpeter, Zinn – in den USA wie in Europa zu verkaufen [63]. Vom Zusammenbruch ihres Außenhandels in der Weltwirtschaftskrise erholten sie sich zwar während des zweiten Weltkriegs wieder (als die USA von anderen Rohstoffquellen abgeschnitten waren), und nach seiner Beendigung konnten sie ihre Lieferungen in die Vereinigten Staaten verdoppeln und verdreifachen. In den sechziger Jahren aber kam der Aufschwung zum Stillstand. Betrachtet man den Anteil Lateinamerikas am Gesamtvolumen der Einfuhr der USA, bemerkt man sogar einen Schrumpfungsprozeß, der gleich nach dem Krieg beginnt. Der Subkontinent tritt bald hinter Kanada zurück. Neben dem Commonwealth-Land verbessern die hochindustrialisierten Nationen Westeuropas und Japan ihre Positionen auf dem USA-Markt [64]. Der Anteil Lateinamerikas am Gesamtimport der USA ist endlich kaum noch halb so groß, wie er vor Beginn der Expansion in den karibischen Raum war. Wirtschaftlich und politisch bedeutsam bleibt allerdings, daß Lateinamerika den Vereinigten Staaten kriegswichtige Rohstoffe liefert: Quarzkristalle, Antimon und Bauxit, Beryll, Blei und Kupfer.

In den sechziger Jahren, als es die Hälfte seines Marktanteils in den USA verlor, bemühte sich Lateinamerika um andere Abnehmer und wandte es seine Aufmerksamkeit anderen Lieferanten zu. Das Gesamtvolumen seines Außenhandels wuchs.

Der Warenaustausch zwischen den lateinamerikanischen Republiken hat sich verstärkt – darauf wurde bereits im Abschnitt über die lateinamerikanische Freihandelszone und die zentralamerikanische Wirtschaftsgemeinschaft hingewiesen. Die Steigerungsrate des Handels mit Kanada, mit Japan, mit Westeuropa war höher als die des Handels mit den USA: Im Jahre 1960 bezogen die lateinamerikanischen Republiken 44,7 % ihrer Einfuhr aus den Vereinigten Staaten; 1968 waren es nur 38,3 %. Die USA nahmen 1960 noch 42 % der lateinamerikanischen Ausfuhr auf, 1968 lediglich 32,6 % (s. S. 48 Tabelle 2).

Der Warenverkehr mit osteuropäischen Ländern und der UdSSR verdreifachte sich beinahe zwischen 1960 und 1965; dann nahm zwar noch die Einfuhr zu, aber die Ausfuhr stagnierte. Dieser Verlauf ist teilweise bedingt durch die gewandelte Ausrichtung der Wirtschaft Kubas. Die Verhängung des nordamerikanischen Embargos schnitt die Insel zwar nicht vom Austausch mit Westeuropa ab, aber an die

[63] Für Einzelheiten s. Glade, The Latin American Economies ... (s. o. Anm. 38), S. 362 ff.

[64] Die Einfuhr aus Kanada hatte 1955 einen Wert von 2653 Millionen, 1969 von 10 390 Millionen Dollar. Aus Westeuropa führten die USA in denselben Jahren Waren für 2397 bzw. 10 140 Millionen Dollar, aus Japan für 432 bzw. 4888 Millionen Dollar ein. Statistical Abstract 1970, S. 788 ff.

Tab. 2: Außenhandel [1] der lateinamerikanischen Republiken [2]

Jahr	Einfuhr (in Millionen $) aus							
	allen Ländern	Kanada	Westeuropa [3]	UdSSR und kommunist. Ländern Europas [4]	Japan	Lateinamerika [1]	USA [5]	den übrigen Ländern der Welt [6]
1960	7940	195	2460	235	275	680	3550	545
1965	9320	300	2500	590	410	1080	3730	710
1966	10410	340	2780	730	465	1170	4170	755
1967	10600	315	2960	810	500	1210	4080	725
1968	12120	370	3380	880	600	1380	4660	850

Jahr	Ausfuhr (in Millionen $) nach							
	allen Ländern	Kanada	Westeuropa [3]	UdSSR und kommunist. Ländern Europas [4]	Japan	Lateinamerika	USA [5]	den übrigen Ländern der Welt [6]
1960	8560	145	2590	265	240	680	3600	1040
1965	11080	320	3290	730	480	1080	3530	1650
1966	11650	290	3450	700	530	1170	3890	1620
1967	11700	320	3510	700	590	1210	3770	1600
1968	12190	425	3510	650	660	1380	3970	1595

Stelle des bis dahin wichtigsten Handelspartners sind nun die Sowjetunion, osteuropäische Staaten und China getreten. 1958, vor der Umwälzung, kaufte Kuba für 808 Millionen, 1960 nur noch für 638 Millionen Dollar Waren im Ausland. 1965 war die Einfuhr wieder auf 866 Millionen gestiegen; 1966 wuchs sie auf 926 und 1967 auf 1001 Millionen Dollar. Die Ausfuhr der Insel fiel zwischen 1958 und 1960 von 763 auf 618 Millionen Dollar. In den beiden folgenden Jahren ging sie weiter zurück. Erst 1965 erreichte sie wieder 686 Millionen Dollar. 1966 sank sie von neuem: auf 593 Millionen Dollar; ein Jahr später allerdings kletterte sie mit 717 Millionen Dollar beinahe auf die Höhe der vorrevolutionären Zeit[65]. Die Handelsbilanz Kubas ist passiv – auch mit den kommunistischen Ländern. Argentinien, Brasilien, Kolumbien, Mexiko und Uruguay hingegen, die neben Kuba zum Wachstum des Austausches mit Osteuropa und der Sowjetunion beigetragen haben, liefern in dies Gebiet in der Regel mehr Waren, als es sich für sie von dort zu beziehen lohnt[66].

In ihrer Gesamtheit verkauften die lateinamerikanischen Staaten in den sechziger Jahren (wie früher schon) wertmäßig mehr Güter ins Ausland, als sie von dort bezogen. Sie erzielten Ausfuhrüberschüsse im Warenverkehr mit Westeuropa, Kanada, Japan und den »übrigen Ländern«. Damit konnten sie die negativen Saldi in der Handelsbilanz

[65] S. Statistical Yearbook 1969, S. 368 f. Das Yearbook weist die Lieferanten- und die Abnehmerländer Kubas nicht im einzelnen aus. Für 1968 enthält es keine gesonderten Angaben über den Außenhandel der Insel.

[66] Naciones Unidas, Comisión Económica para América Latina, Estudio Económico ... (s. o. Anm. 12), S. 67.

Fußnoten zu Tabelle 2, S. 48

[1] Die Zahlen sind entnommen aus: United Nations, Statistical Office of the United Nations, Statistical Yearbook 1969, New York, 1970, S. 376 ff.

[2] Zum Unterschied von den Angaben über den Lateinamerikahandel der USA seit 1960 schließt diese Tabelle Kuba ein.

[3] Unter dieser Rubrik sind hier die Länder der Europäischen Wirtschaftsgemeinschaft und der Freihandelszone zusammengefaßt: Belgien, Bundesrepublik Deutschland, Frankreich, Italien, Luxemburg, Niederlande; Dänemark, Großbritannien, Norwegen, Österreich, Portugal, Schweden und Schweiz.

[4] UdSSR, Albanien, Bulgarien, DDR, Polen, Rumänien, Tschechoslowakei, Ungarn.

[5] Die Zahlen in dieser Spalte stimmen nicht genau mit denen im Statistical Abstract 1970 überein. Da die übrigen Daten dieser Tabelle dem Statistical Yearbook 1969 entnommen sind, mußten hier auch für die USA die Angaben der Vereinten Nationen benutzt werden.

[6] Berechnet nach Statistical Yearbook 1969, S. 376 ff. In dieser Rubrik sind u. a. die nicht-lateinamerikanischen Gebiete in den Antillen enthalten. Sie werden im Statistical Yearbook nicht gesondert aufgeführt, sind aber für den Außenhandel einiger lateinamerikanischer Republiken (venezuelische Erdöllieferungen nach Niederländisch-Westindien!) von Bedeutung.

mit den USA decken. Außerdem halfen ihnen die Exportüberschüsse, Defizite in der Zahlungsbilanz auszugleichen.

So beachtlich der Zuwachs des Außenhandels der lateinamerikanischen Republiken erscheint, er hielt mit dem des Welthandels nicht Schritt. Das Gesamtvolumen der Einfuhr aller Länder der Erde wuchs zwischen 1960 und 1968 von 135 500 Millionen auf 251 900 Millionen Dollar. Das Volumen der Ausfuhr stieg im selben Zeitraum von 128 000 auf 239 200 Millionen Dollar. Man sieht: das Volumen des Welthandels verdoppelte sich beinahe in dieser kurzen Zeit, während der Außenhandel der iberoamerikanischen Republiken bloß um etwa die Hälfte wuchs. Der Anteil Lateinamerikas am steigenden Welthandel ging freilich nicht erst in den sechziger Jahren zurück. Seit den späten vierziger Jahren wachsen seine Ausfuhr und seine Einfuhr langsamer als die der übrigen Regionen der Erde. Das Statistische Büro der Vereinten Nationen hat die Indices des Volumens der Aus- und Einfuhr berechnet, die in Tabelle 3 auf der folgenden Seite wiedergegeben werden.

Es ist bemerkenswert, daß in einer Epoche lebhaften Wachstums der Weltwirtschaft der Außenhandel des Subkontinents nicht bloß hinter dem der hochindustrialisierten Staaten herhinkt, sondern sogar langsamer fortschreitet als der von Entwicklungsländern in Asien und Afrika. Das Zurückbleiben verdient um so größere Aufmerksamkeit, als die lateinamerikanischen Regierungen – von Ausnahmen abgesehen – keineswegs den Dingen ihren Lauf ließen, sondern sich bemühten, das wirtschaftliche Wachstum ihrer Länder zu fördern. Dirigistische Tendenzen, die schon in der Kolonialzeit das volkswirtschaftliche Denken beherrscht hatten und nach Erringung der Unabhängigkeit nur für kurze Zeitspannen dem *laissez-faire*-Gedanken gewichen waren, bestimmten seit der Weltwirtschaftskrise der dreißiger Jahre fast ohne Unterbrechung das Verhalten der politisch führenden Gruppen. Hauptziele der staatlichen Wirtschaftslenkung waren die Diversifizierung der Ausfuhr und die Substitution der Einfuhr von Fertigwaren durch eigene industrielle Produktion [67]. (Die Regierungen erwarteten auch, daß die überschüssige, in die Städte wandernde Landbevölkerung in den neuen Industrien Arbeitsplätze finden würde. Diese Hoffnung hat sich nur teilweise erfüllt. Mit der lateinamerikanischen Bevölkerungsexplosion haben Unterbeschäftigung und chronische Arbeitslosigkeit zugenommen.)

[67] Für eine zusammenfassende Darstellung und Analyse der wirtschaftspolitischen Tendenzen in Lateinamerika in der Zeit nach der Weltwirtschaftskrise s. Glade, The Latin American Economies ... (s. o. Anm. 38), S. 347 ff., insbesondere S. 402 ff.

Tab. 3: Indices der Aus- und Einfuhr[1]

Region	1938	1948	1958	1960	1965	1966	1967	1968
			Ausfuhr 1963 = 100					
Insgesamt	40	39	71	84	118	127	133	150
Entwickelte Länder	35	35	70	84	120	130	137	155
USA	31	59	78	87	115	125	129	142
Europa	34	27	67	83	120	129	136	156
Ozeanien	48	54	75	84	108	110	127	131
Südafrika	25	36	77	90	101	112	127	142
Japan	—	4	51	70	159	184	191	236
Entwicklungsländer	55	50	75	84	113	118	123	133
Lateinamerika	59	65	82	90	106	110	113	115
Afrika	46	44	67	82	120	123	124	138
Asien	57	42	72	81	114	122	130	144
			Einfuhr 1963 = 100					
Region	1938	1948	1958	1960	1965	1966	1967	1968
Insgesamt	39	38	69	83	118	128	135	151
Entwickelte Länder	38	35	65	80	120	130	138	156
USA	35	50	78	88	123	143	150	179
Europa	38	31	61	78	118	126	131	147
Ozeanien	53	55	78	96	126	122	125	139
Südafrika	57	82	91	92	140	127	147	150
Japan	—	7	43	66	116	134	165	186
Entwicklungsländer	41	50	84	93	114	121	126	135
Lateinamerika	41	69	97	96	106	118	124	128
Afrika	36	45	89	101	114	117	115	119
Asien	43	42	75	88	115	122	132	145

[1] Statistical Yearbook 1969, S. 44 f.

Die Ausfuhr aufzufächern, gelang im innerlateinamerikanischen Warenverkehr, im Handel mit der restlichen Welt gelang es kaum (obschon z. B. Fischmehl an der Pazifikküste zu einem wichtigen Exportgut geworden ist). Nach wie vor sind Erdöl, Kaffee, Zucker, Baumwolle, Bananen, Wolle, Fleisch, Mais, Weizen, Kupfer und andere Metalle die Hauptausfuhrprodukte lateinamerikanischer Staaten [68]. Die Zunahme des Welthandels aber beruht seit den fünfziger Jahren vor allem auf einem verstärkten Austausch von Erzeugnissen der Chemie, von Maschinen und anderen Industrieprodukten. Der lateinamerikanische Außenhandel ist auch deshalb hinter dem allgemeinen Wachstum zurückgeblieben, weil auf dem Subkontinent produzierte Rohstoffe durch synthetisches Material ersetzt werden, und weil hochindustrialisierte Länder – in erster Linie die USA – die eigene Erzeugung bestimmter Nahrungsmittel und Rohstoffe erhöht haben, so daß sie ihren Bedarf teilweise selbst decken und Überschüsse zu exportieren vermögen. Wichtige Konkurrenten auf dem Weltmarkt für Nahrungsmittel und Rohstoffe – Kanada, Australien, Neuseeland, Südafrika – haben in den sechziger Jahren ihren Absatz erheblich steigern können [69]. Ihnen half die Vorzugsbehandlung, die sie als Mitglieder des englischen Commonwealth genießen und mehr noch die Modernisierung ihrer Exportwirtschaft.

Lateinamerika hat seine Landwirtschaft nur unzureichend modernisiert. Die Methoden des Anbaus und der Belieferung des Marktes sind weitgehend veraltet. Selten ist die Größe der Betriebe optimal. Neben Latifundien liegen zahllose Parzellen. Die Parzellenbauern treiben Subsistenzwirtschaft, und viele Großgrundbesitzer verzichten auf eine rationale Nutzung ihres Eigentums. Bodenreformen sind außer in Mexiko, Bolivien, Kuba und Chile nur zögernd in Angriff genommen worden (und ihr unmittelbares Ergebnis war ein Sinken der Produktion). Allerdings hätten Techniken des Anbaus und des Verkaufs auch unter den bestehenden Eigentumsverhältnissen verbessert werden können, wenn die Regierungen dieser Aufgabe größere Aufmerksamkeit geschenkt hätten. Auf die Industrialisierung fixiert, haben sie mancherorts den agrarischen Sektor so sehr vernachlässigt, daß er nicht einmal die Nachfrage der eigenen Bevölkerung deckt. Einige Länder importieren landwirtschaftliche Erzeugnisse, die sie selber hervorbringen könnten. In Argentinien und Chile wird Rindfleisch rationiert!

[68] S. die Tabellen für den Zeitraum von 1934–1966 in Joseph Grunwald und Philip Musgrove, Natural Resources in Latin American Development, Baltimore/London, 1970, S. 21 ff.

[69] Naciones Unidas ..., Estudio Económico ... (s. o. Anm. 12), S. 72 f.

Die Industrialisierung hatte in Argentinien, Chile und Mexiko schon um die Jahrhundertwende begonnen; sie erhielt auch in Brasilien einen Anstoß, als im ersten Weltkrieg Lieferungen aus Europa ausblieben. Seit der Depression der dreißiger Jahre ist sie zum zentralen Thema der lateinamerikanischen Wirtschaftspolitik geworden. Teile der Devisenreserven, die sich im zweiten Weltkrieg (der wiederum der Importsubstituierung einen Impuls gab) ansammelten, konnten nach seiner Beendigung in die gewerbliche Wirtschaft gelenkt werden. Die Regierungen forcierten die Erzeugung von Fertigwaren. Sie wurden vom Stab der Wirtschaftskommission der Vereinten Nationen für Lateinamerika unterstützt, der die ökonomischen Strukturen des Subkontinents analysierte und Industrialisierungsprojekte vorschlug. Im Jahre 1950 betrug der Anteil der Industrieproduktion am Brutto-Inlandprodukt Lateinamerikas bereits 18,7 %. Siebzehn Jahre später erreichte er 23,1 %[70]. (Dabei waren erhebliche Unterschiede zwischen den einzelnen Republiken zu verzeichnen. In Argentinien brachte 1967 die Industrie 34,1, in Chile 25,8, in Mexiko 25,6 % des Brutto-Inlandproduktes hervor; in Bolivien und Haiti verharrte sie noch unter 12, in Nikaragua, Guatemala, auch in Venezuela unter 14 %[71].) Aber einige Investitionen sind fehlgeleitet worden; manche Hoffnungen sind unerfüllt geblieben.

Das Angebot der neu geschaffenen Fertigwarenindustrien übersteigt oft die effektive Nachfrage. Damit die Nachfrage, und das heißt die Kaufkraft der breiten Masse der Bevölkerung steige, sind Strukturwandlungen nötig: Reformen der Landwirtschaft, der Finanz- und Steuersysteme und anderer Bereiche mehr[72]. Reformen kommen jedoch unter den bestehenden politischen Machtkonstellationen nur schwer in Gang.

In mehreren Ländern wäre der Binnenmarkt selbst bei einer höheren Kaufkraft der Bevölkerung zu klein, um eine leistungsfähige Fertigwarenindustrie und die von ihr benötigten Zulieferindustrien zu schaffen[73]. Ausländische Nachfrage aber beschränkt sich weitgehend auf die der Nachbarstaaten – und sie ist noch ungenügend. Auf dem Weltmarkt können bisher wenige Industrieerzeugnisse des Subkon-

[70] Naciones Unidas ..., Boletín Económico ... (s. o. Anm. 22), S. 77.

[71] Ebda.

[72] Zur Reform sozialen Handelns als Bedingung wirtschaftlicher Entwicklung s. Richard F. Behrendt, Soziale Strategie für Entwicklungsländer: Entwurf einer Entwicklungssoziologie, Frankfurt a. M., 1968.

[73] Zur überragenden Bedeutung der Marktgröße für die Industrialisierung Lateinamerikas s. Albert O. Hirschman, »The Political Economy of Import-Substituting Industrialization in Latin America«, in: The Quarterly Journal of Economics, Vol. LXXXII (1968), Februar, S. 16.

tinents konkurrieren: Die Binnenmärkte werden durch Zollmauern, quantitative Einfuhrbeschränkungen und Devisenbestimmungen gesichert[74]. Hinter solchem Schutzwall können sich die gewerblichen Betriebe hohe Produktionskosten leisten. Ihre Wettbewerbsfähigkeit auf dem Weltmarkt aber wird damit eingeschränkt. Die Produktivität der menschlichen Arbeit ist in den lateinamerikanischen Fabriken höher als in der Landwirtschaft, aber verglichen mit der Produktivität in hochindustrialisierten Ländern liegt sie doch recht niedrig. (In der Arbeitsproduktivität bestehen enorme Unterschiede auch zwischen lateinamerikanischen Ländern, und selbst innerhalb einzelner Länder zwischen verschiedenen Wirtschaftssektoren und Branchen.) Zudem mangelt es noch an unternehmerischer Initiative, und es fehlt mitunter die Kenntnis internationaler Märkte.

Die Einfuhr von Fertigwaren allerdings wird zunehmend substituiert. In einigen großen Ländern, in denen sie 1929 etwa die Hälfte des Gesamtimports ausmachte, beläuft sie sich heute nur noch auf einen kleinen Bruchteil aller Einfuhren; viele Arten von Konsumgütern werden überhaupt nicht mehr aus dem Ausland bezogen. Dennoch erwies sich die Hoffnung als trügerisch, eine eigene Fertigwarenindustrie würde den Import von Industriegütern hinfällig machen. (Sie beruhte letztlich auf der nationalistischen Utopie einer autarken Wirtschaft.) Die Fertigwarenindustrie bleibt auf den Import von industriellen Roh-

Tab. 4: Indices der Außenhandelspreise für Lateinamerika[1]

Jahr	Ausfuhrpreise insgesamt	Einfuhrpreise insgesamt	Einfuhrpreise von langlebigen Konsumgütern und Kapitalgütern
	1963 = 100		
1948	103	89	68
1950	111	84	67
1955	121	99	82
1960	103	97	91
1965	104	105	107
1966	106	104	110
1967	103	106	111
1968	105	107	114

[1] Die Zahlen entstammen: Naciones Unidas, Comisión Económica para América Latina, La Economía de América Latina en 1969. Un Extracto del Estudio Económico de la CEPAL, o. O. (Santiago de Chile), 1970, S. 69.

[74] S. Heinz Heck, »Industrieförderung auf Irrwegen. Zur Entwicklungspolitik in den siebziger Jahren«, in: Frankfurter Allgemeine, Zeitung für Deutschland, Nr. 138, 15. Juni 1971, S. 15.

stoffen, von Maschinen und Halbfabrikaten angewiesen: Die Stahl- und die chemische Industrie, die Herstellung von Kapitalgütern stecken in Lateinamerika noch in den Kinderschuhen. Auch für eine Erweiterung der Infrastruktur benötigt der Subkontinent Kapitalgüter aus den USA und Europa.

Wenn er mit hochindustrialisierten Ländern Handel treibt, sieht er sich aber seit einiger Zeit einer Entwicklung der Weltmarktpreise gegenüber, die für Lateinamerika ungünstig ist.

In der Weltwirtschaftskrise der dreißiger Jahre waren die Preise von Rohstoffen und Nahrungsmitteln tiefer als die von Industriewaren gefallen. Sie erholten sich während des zweiten Weltkriegs. In der Zeit des Korea-Booms stiegen die Preise, die Lateinamerika für seine Exporte erzielte, steil an. In der zweiten Hälfte der fünfziger Jahre aber sanken sie von neuem. Seither stagnieren sie auf einem Niveau, das kaum höher ist als das des Jahres 1948. Für ihre Importe dagegen müssen die lateinamerikanischen Republiken seit 1950 ständig steigende Preise zahlen. Die aus dem Ausland bezogenen langlebigen Konsumwaren und Kapitalgüter waren 1968 fast 70 % teurer als 1948. Daß die *terms of trade*, die Austauschrelationen sich verschlechtert haben, hat die gleichen Ursachen wie der Rückgang des lateinamerikanischen Anteils am Welthandel. Die Elastizität der Nachfrage nach Genußmitteln ist geringer als die nach langlebigen Konsumgütern und Kapitalgütern. Einige natürliche Rohstoffe, die Lateinamerika hervorbringt, können durch billigere synthetische Produkte ersetzt werden. Der Subkontinent leidet mehr als früher unter der Preiskonkurrenz von Anbietern seiner Produkte in anderen Erdteilen.

Die lateinamerikanischen Regierungen und ihre Experten sind nicht geneigt, den Rückgang des lateinamerikanischen Anteils am Welthandel und die Verschlechterung der Austauschrelationen allein dem blinden Walten von Marktgesetzen zuzuschreiben. Sie führen die Verluste auch darauf zurück, daß sich bestimmte Regionen als bevorzugte Wirtschaftsräume durchgesetzt hätten. Der EWG werfen sie zweierlei vor: einmal die Vorzugsbehandlung der assoziierten Länder in Afrika, und zum anderen die Förderung des Austausches von Agrarerzeugnissen zwischen den europäischen Mitgliedern der Gemeinschaft; beides benachteilige Iberoamerika [75]. Mit besonderem Nachdruck protestieren sie dagegen, daß sich die Vereinigten Staaten mit Schutzzöllen und anderen Einfuhrbehinderungen gegen Lateinamerika abriegeln. (Zum Beispiel wird argentinisches Fleisch durch Sanitätsvor-

[75] Vgl. Hans-Joachim Hartmann und Jürgen Westphalen, Europa auf falschem Kurs? Lateinamerikanische EWG-Sorgen, Hamburg, 1963, S. 37 ff.

schriften vom nordamerikanischen Markt ferngehalten[76] – so, wie vor bald 100 Jahren europäische Märkte durch ähnliche Vorschriften gegen Fleisch aus den USA gesperrt worden waren, was die Farmer sehr empört hatte.)

Sie bringen vor, daß sich die Wirtschaft des Subkontinents in Abhängigkeit von der Hegemonialmacht befinde und daß nicht ausschließlich ökonomische Mittel angewandt worden seien, damit diese Abhängigkeit erhalten bleibe. Zudem sprächen die USA ständig vom gemeinsamen Schicksal der westlichen Hemisphäre und drängten auf politische Solidarität, forderten Lateinamerika zum wirtschaftlichen Boykott des kommunistischen Blocks auf und sähen wirtschaftliche Bindungen auch an das nichtkommunistische Europa nicht gerade gern. In Lateinamerika ist man der Meinung, daß das den Vereinigten Staaten die Pflicht auferlege, ihren Markt den Nachbarn ohne Hemmnisse zugänglich zu machen und für Waren, die sie kaufen, »gerechte« Preise zu zahlen. Der Erfüllung solcher Wünsche steht mancherlei entgegen. Farmern, Erdölproduzenten, Bergleuten und Industriellen in den Vereinigten Staaten würde der ungehemmte Zustrom lateinamerikanischer Erzeugnisse wenig behagen. Genötigt und gewillt, auf Wähler und Lobbies Rücksicht zu nehmen, könnten Regierung und Kongreß der USA zwar Konzessionen in bezug auf die Höhe der Zollsätze, aber nicht die generelle Abschaffung der Zölle ins Auge fassen[77].

Gewiß wird der Zuckermarkt der Vereinigten Staaten nach einem System von Quoten und gestützten Preisen auf einheimische und lateinamerikanische Produzenten aufgeteilt; aber das ist kein Geschenk für die Lateinamerikaner, sondern entspricht auch den Interessen nordamerikanischer Zuckerproduzenten. Freilich haben die USA seit den fünfziger Jahren mehrmals halbherzig versprochen, das Problem der Preisstabilisierung zu studieren; aber sie sind dem Problem nicht wirklich auf den Leib gerückt. Das internationale Kaffee-Abkommen, dem sie 1963 beigetreten sind, hat dem katastrophalen Preissturz des Kaffees, der für die Volkswirtschaft Kolumbiens, Brasiliens und der mittelamerikanischen Staaten von zentraler Bedeutung ist, nur in geringem Maße entgegengewirkt.

Für den »gerechten« Preis hält man in den Vereinigten Staaten gemeinhin den Preis, der sich auf dem Weltmarkt einpendelt. Die so begründete prinzipielle Ablehnung von Preisstabilisierungen überzeugt

[76] Diese Vorschriften sind in der Schutzzollgesetzgebung von 1930 enthalten; s. Stuart Chase, Latin America and the United States, New York/London, 1943, S. 407.

[77] Der Rockefeller-Report schlägt Zollpräferenzen für alle Entwicklungsländer vor. »Quality of Life in the Americas ...«, The Department of State Bulletin (s. o. Anm. 13), S. 520 f.

in Lateinamerika nicht: zum einen kennt man nicht nur die protektionistische Zollpolitik, sondern auch die in den Vereinigten Staaten übliche Subventionierung der Landwirtschaft, und zum andern erinnert man sich auch an einige Erfahrungen mit USA-Preisregulierungen. Während des zweiten Weltkriegs waren mehrere iberoamerikanische Staaten bereit, die Preise für von ihnen gelieferte kriegswichtige Rohstoffe (Kupfer, Kautschuk usw.) niedrig zu halten oder einzufrieren; auch die USA kontrollierten ihre Preise. Dennoch wurden viele Güter schnell teurer. Da die USA aber manche Waren in den Kriegsjahren nicht lieferten, staute sich in Lateinamerika Nachfrage nach Industrieerzeugnissen; es sammelten sich auch Ersparnisse an. Da der Preisanstieg nach dem Ende der Feindseligkeiten anhielt, war, was Iberoamerika gespart hatte, weniger wert, als wieder unbeschränkt gekauft werden konnte [78]. Ähnlich bemühten sich die USA während des Koreakrieges, die Rohstoffpreise zu halten, aber eben nur Rohstoffpreise, was sich wiederum zuungunsten Lateinamerikas auswirkte.

Mit welchen Mitteln, mit welchen Erfolgsaussichten könnten die USA – gemeinsam mit anderen hochindustrialisierten Nationen – die Verschlechterung der Austauschrelationen zum Halten bringen? Wie kann man, wie will man der durch sie bewirkten Benachteiligung von Lateinamerika her begegnen? Überlegungen darüber werden noch auf allen Seiten angestellt werden müssen. Einiges wird versucht. In Lateinamerika ist man weiter bemüht, die Ausfuhr aufzufächern, Infrastrukturen zu verbreitern und die Industrialisierung voranzutreiben, dabei aus Irrtümern der Vergangenheit zu lernen und Fehlinvestitionen zu vermeiden. Der Ende 1970 gewählte Präsident Mexikos, des Landes, das im vergangenen Jahrzehnt bei der Erhöhung seines Pro-Kopf-Einkommens nach Panama den größten Erfolg erzielte, das aber dem industriellen Sektor mehr Aufmerksamkeit schenkte als dem agrarischen, hat zu erkennen gegeben, daß er sich intensiver als seine Vorgänger um die Landwirtschaft kümmern werde. Trotz dem Druck der Hegemonialmacht bemühen sich einige Regierungen darum, den Warenaustausch mit kommunistischen Ländern auszudehnen. Freilich verlangen solche Länder bisher nur wenig nach lateinamerikanischen Erzeugnissen, und sie haben einstweilen auch keine Neigung gezeigt, teurer als zu Weltmarktpreisen einzukaufen. Erste Schritte zum Aufbau einer gemeinsamen Front mit den Rohstoffproduzenten Afrikas und Asiens sind unternommen worden. Da die Zahl der Betroffenen groß

[78] Argentinien allerdings hatte während des Krieges nicht mit den USA zusammengearbeitet. Nach Kriegsende waren zwar auch seine Devisenreserven weniger wert, aber es konnte den großen Nahrungsmittelbedarf Europas dazu nutzen, um seine Agrarprodukte rücksichtslos zu Höchstpreisen abzusetzen.

ist und ihre Interessen divergieren, erweist sich auch dieser Weg als enttäuschend.

Nicht nur von Nationalisten der äußersten Linken und äußersten Rechten wird in Lateinamerika der Warenverkehr mit den Vereinigten Staaten als »Ausbeutung durch die Wall-Street-Bankiers« empfunden. Ganz allgemein gilt er als wirtschaftliche Transaktion, bei der die Schwächeren immer die Benachteiligten sind. Die rationale Überlegung, wonach technischer Vorsprung und Unterschiede in der Elastizität der Nachfrage nach Nahrungsmitteln und Industrieprodukten nicht durch imperialistische Machenschaften verursacht seien, vermag nicht die emotional gefärbte Vorstellung zu zerstreuen, daß man bei jedem Handelsgeschäft mit der Hegemonialmacht über alle Maßen ausgebeutet werde. Nichtsdestoweniger verlangt man von ihr, mehr Waren als bisher aus Lateinamerika zu beziehen. Die gegen die Vereinigten Staaten gerichteten antiimperialistischen Emotionen sind so stark, daß man andererseits gern vergißt, daß sie nur mehr ein Drittel des lateinamerikanischen Exports aufnehmen und die übrigen Käuferländer keine höheren Preise zahlen als die des Weltmarktes. Schließlich verdrängt die These, die Hegemonialmacht trage alle Schuld an den wirtschaftlichen Schwierigkeiten des Subkontinents, die Erkenntnis, daß eine Verbesserung der Lage wirtschaftliche und soziale Strukturwandlungen und harte eigene Anstrengungen voraussetzt.

Kapitalanlagen

In den Vereinigten Staaten waren private Kapitalisten und Sparer nie so schnell wie ihre englischen Kollegen bereit, iberoamerikanische Anleihen zu zeichnen. In den zwanziger Jahren wurde auf dem USA-Markt eine Reihe öffentlicher Schuldverschreibungen placiert; den nordamerikanischen Emissionsbanken und manchen für die Emission verantwortlichen lateinamerikanischen Politikern brachten sie hohe Erträge, den Bürgern, die sie kauften, beträchtliche Verluste [79]. Für die Wirtschaft des Subkontinents waren diese Kapitalabschöpfungen in USA nie so wichtig wie Anleihen, die in Großbritannien, Frankreich oder Deutschland aufgelegt wurden [80]. Im Rahmen des Kapitalexports der USA waren sie drittrangig; sie blieben weit hinter dem – bis 1919 ohnehin geringen – Volumen der direkten Sachinvestitionen in der lateinamerikanischen Wirtschaft zurück [81].

[79] J. Fred Rippy, Globe and Hemisphere. Latin America's Place in the Postwar Foreign Relations of the United States, Chicago, 1958, S. 53 ff.
[80] Baltra, Crecimiento Económico . . . (s. o. Anm. 17), S. 45 f.
[81] Im Jahre 1914 etwa beliefen sich die USA-Kredite an iberoamerikanische Staaten auf 0,35, die Direktinvestitionen auf 1,3 Milliarden Dollar. Zwischen

USA-Kapital zog Lateinamerika schon zu der Zeit an, als die Vereinigten Staaten selbst noch die Anlagesphäre europäischen Kapitals bildeten. Auf Lateinamerika entfiel 1897 die Hälfte der noch sehr geringen USA-Auslandsanlagen. Diese Relation behauptete sich zunächst auch noch, als die Vereinigten Staaten nach dem ersten Weltkrieg zum Kapitalexportland geworden waren. Im Gefolge der Depression der dreißiger Jahre sank der Anteil Lateinamerikas an den gesamten Direktinvestitionen nur wenig. Der Umschwung kam erst, als die Vereinigten Staaten nach dem zweiten Weltkrieg ihre Bemühungen um industriellen Aufbau in allen Weltteilen zu intensivieren begannen. Als Illustration mögen folgende Zahlen dienen:

Tab. 5: Private langfristige Direktinvestitionen der USA im Ausland[1]

Jahr	Gesamtinvestitionen	Davon in Lateinamerika[2]	
	in Milliarden Dollar		in %
1897	0,6	0,3	50
1914	2,7	1,3	48
1929	7,5	3,5	47
1936	6,7	2,9	43
1940	7,0	2,8	40
1947	8,3	3,6	43
1950	11,8	4,7	40
1955	19,3	6,2	32
1960	32,8	8,4	26
1965	49,5	9,4	19
1969[3]	70,8	11,7	16

[1] Zahlen für die Jahre 1897–1914 und für 1947 aus Marina von Neumann Whitman, The United States Investment Guaranty Program and Privat Foreign Investment, Princeton, N. J., 1959, S. 5, entnommen; für 1929–1950 (außer 1947) aus US Department of Commerce . . ., Historical Statistics of the United States. Colonial Times . . . (s. o. Anm. 52), S. 566; für 1955 aus Statistical Abstract 1960, S. 869; für 1960 aus Statistical Abstract 1965, S. 858; für 1965 aus Statistical Abstract 1970, S. 766; für 1969 aus Survey of Current Business. A United States Department of Commerce Publication, Vol. 50 (1970), Nr. 10 (Oktober), S. 28.

[2] Bis 1947 einschließlich der USA-Anlagen in europäischen Besitzungen im lateinamerikanischen Bereich. Diese Anlagen stiegen von 131 Millionen Dollar im Jahre 1950 auf 179 Millionen 1955, 884 Millionen 1960, 1445 Millionen 1965 und 2068 Millionen 1969. Die Investitionen der Vereinigten Staaten in Kuba sind nur bis 1960 in dieser Tabelle enthalten. Ihr Buchwert hat in jenem Jahr 956 Millionen Dollar betragen.

[3] Vorläufige Zahlen.

Fortsetzung Fußnote 81
1920 und 1930 waren in den Vereinigten Staaten für 1,9 Milliarden Dollar lateinamerikanische Anleihen gezeichnet worden; 1945 waren in Händen privater USA-Anleiheinhaber lateinamerikanische Obligationen im Nominalwert von nur noch 437 Millionen Dollar. Angaben von Rippy, ebda. . . ., S. 37, 65, 66.

Der Anteil Iberoamerikas an den gesamten langfristigen Direktinvestitionen der USA im Ausland hielt sich, mit kleinen Schwankungen, bis 1950 auf der Höhe, die er im ersten Kriegsjahr hatte. Seither geht er rapide zurück – auch, wenn man in Betracht zieht, daß in der Tabelle für die Jahre nach 1947 bzw. 1960 die europäischen Besitzungen und Kuba nicht mehr erscheinen, vor allem aber, daß es sich um Buchwerte handelt und Investitionen in Lateinamerika von den Muttergesellschaften schneller abgeschrieben werden als Anlagen in Gebieten mit geringerem politischem Risiko. Kanada und Westeuropa sind nicht nur die wichtigsten Handelspartner geworden, sie saugen auch mehr als die Hälfte des im Ausland investierten USA-Kapitals an. In Kanada besaßen Bürger der Vereinigten Staaten 1960 Vermögenswerte von 11,2 Milliarden, 1969 von 21,1 Milliarden Dollar. In Westeuropa hatten sie 1960 weniger als in Lateinamerika direkt investiert: 6,7 Milliarden Dollar; 1969 waren es bereits 21,6 Milliarden[82].

Freilich hat sich nur die Proportion verringert. Das Volumen der Direktinvestitionen in Lateinamerika ist gewachsen; auch wenn man den Kaufkraftschwund des Dollar in Rechnung stellt, ist es erheblich gewachsen. Vor der Jahrhundertwende war der Wert der nordamerikanischen Anlagen in Lateinamerika niedriger gewesen als der der europäischen Direktinvestitionen. Gegen Ende der zwanziger Jahre, als die Vereinigten Staaten zum Kapitalexportland geworden waren, hatte er sich fast verzwölffacht. Englische Privatkapitalisten hatten zwar noch immer einen Vorsprung als Inhaber von iberoamerikanischen Schatzscheinen, aber die Direktinvestitionen der USA reichten schon beinahe an die Großbritanniens heran. In der Depression der dreißiger Jahre – die Engländer begannen jetzt, ihr Kapital aus Lateinamerika heimzuholen – fiel der Wert der nordamerikanischen Anlagen nur wenig. Kaum war der zweite Weltkrieg beendet, führten die USA von neuem Kapital nach Lateinamerika aus. Zwischen 1950 und 1969 haben sie dort in verschiedenen Wirtschaftszweigen einen beachtlichen Besitz erworben. Besonders in den fünfziger Jahren war die Steigerungsrate hoch.

Nicht nur die Direktinvestitionen, auch die Portefeuille-Anlagen der USA vermehrten sich stark. 1960 beliefen sich die privaten langfristigen Portefeuille-Anlagen der Vereinigten Staaten in den lateinamerikanischen Republiken auf 1485 Millionen Dollar, die kurzfristigen auf 1629 Millionen Dollar[83]. Neun Jahre später hatten die langfristigen

[82] Für 1960 sind die Zahlen aus Statistical Abstract 1970, S. 766, für 1969 aus Survey of Current Business . . ., Vol. 50, S. 28, entnommen.
[83] Survey, Vol. 42 (1962), Nr. 8, S. 32.

Portefeuille-Anlagen im lateinamerikanischen Bereich [84] einen Wert von 3135 Millionen Dollar, die kurzfristigen von 3493 Millionen Dollar [85]. Sie fächerten sich wie folgt auf:

	Millionen Dollar
Langfristige Investitionen	
Ausländische Dollar-Obligationen	688
Andere ausländische Obligationen	242
Ausländische Aktien	114
Außenstände nordamerikanischer Banken	1330
Andere	761
Kurzfristige Investitionen	
Außenstände nordamerikanischer Banken	2805
Andere	688

Die Portefeuille-Anlagen im lateinamerikanischen Bereich erreichten 1969 16,6 % aller privaten Portefeuille-Anlagen der USA im Ausland (39 389 Millionen Dollar). Dies Verhältnis war etwa das gleiche wie das der Direktinvestitionen in den lateinamerikanischen Republiken zum Gesamtvolumen der Direktinvestitionen.

Aus dem Rückgang des Anteils der Direktinvestitionen ist nicht zu schließen, der Besitz in Lateinamerika habe für die Vereinigten Staaten in ähnlicher Proportion an Bedeutung verloren. Die Anlagen sind in zweifacher Hinsicht konzentriert. Wie sie sich auf die einzelnen Länder verteilten, zeigt die Tabelle 6 auf der folgenden Seite.

Zwischen 1950 und 1960 verdoppelten oder verdreifachten sich die Investitionen in Venezuela, Kolumbien und Peru. Die Zunahme im nördlichen Südamerika ging vor allem auf das Konto von Erdölkonzernen, die in Peru auf die Rechnung von Unternehmen des Kupferbergbaus. In den sechziger Jahren hat sich das Interesse nordamerikanischer Privatkapitalisten auf Argentinien, Brasilien, Mexiko und Panama konzentriert. An der Spitze der Investoren standen Industrie- und Handelskonzerne. (Der unfreiwillige Verkauf von 51 % des Aktienkapitals zweier Kupfergesellschaften hat 1969 den Wert der Investitionen in Chile um mehr als 200 Millionen Dollar vermindert; 1971, nach den Verstaatlichungsgesetzen unter Salvador Allende sollte er noch weiter sinken.)

[84] Der Survey, Vol. 50, Nr. 10, führt für die Portefeuille-Anlagen die lateinamerikanischen Republiken nicht mehr gesondert auf, hat vielmehr die Rubrik Latin American Republics and Other Western Hemisphere (unter die Kanada nicht subsumiert ist).

[85] Survey, Vol. 50, Nr. 10, S. 23.

Tab. 6: Verteilung der langfristigen privaten Anlagen der USA auf die lateinamerikanischen Länder[1]

Länder	1950	1960	1965	1969[2]
		in Millionen Dollar		
Mexiko	414	795	1182	1631
Panama	348	405	724	1071
Kuba	642	956		
Übrige Länder in Mittelamerika und Westindien[3]	375	486	626	630
Argentinien	356	472	992	1244
Brasilien	644	953	1074	1633
Chile	540	738	829	846
Kolumbien	193	424	526	684
Peru	145	446	515	704
Venezuela	993	2569	2705	2668
Andere Länder	86	144	218	554
Insgesamt	4735	8387	9391	11667

[1] Die Zahlen für 1950 sind dem Survey, Vol. 34 (1954), Nr. 11 (November), S. 10, entnommen; die für 1960 dem Survey, Vol. 42, Nr. 8, S. 22; für 1965 dem Survey, Vol. 47 (1967), Nr. 9 (September), S. 42; für 1969 dem Survey, Vol. 50, Nr. 10, S. 28.

[2] Vorläufige Zahlen.

[3] Der Survey führt 1969 nur noch die mittelamerikanischen Republiken Kostarika, El Salvador, Guatemala, Honduras und Nikaragua in dieser Rubrik auf. Die Dominikanische Republik und Haiti, die neben den mittelamerikanischen Ländern bis 1965 in dieser Spalte erscheinen, sind jetzt mit Bolivien, Ekuador, Paraguay und Uruguay unter »Andere Länder« zusammengezogen.

Die Anlagesphären des im Ausland – nicht nur in Lateinamerika – investierten Kapitals der USA haben sich seit 1929 verschoben (s. Tab. 7 auf der folgenden Seite).

Verkehr, Nachrichtenwesen und Versorgungsbetriebe, die vor der Depression der dreißiger Jahre den ersten Platz einnahmen, sind seither an die letzte Stelle gerückt. Die in manchen lateinamerikanischen Republiken früh geäußerte Absicht, Dienstleistungsbetriebe zu verstaatlichen, schreckte vor größeren Neuinvestitionen zurück. Zwischen 1960 und 1965 halbierten die Enteignung in Kuba – dort allein hatten die Anlagen einen Wert von 313 Millionen Dollar –, sowie Nationalisierungen in Mexiko, Argentinien und Brasilien den Buchwert der Investitionen auf diesem Sektor.

Der landwirtschaftliche Besitz, der 1929 an zweiter Stelle stand, verlor in der Weltwirtschaftskrise an Bedeutung; in der Nachkriegszeit stieg er nur wenig an. Auch nordamerikanische Agrarinvestitionen

Tab. 7: Verteilung der langfristigen privaten Anlagen der USA in Lateinamerika [1] auf Wirtschaftszweige [2]

Wirtschaftssektor	1929	1940	1950	1960	1965	1969
			in Millionen Dollar			
Bergbau und Hütten	732	512	628	1155	1114	1346
Erdöl	617	572	1408	2882	3034	3079
Verarbeitende Industrien	231	210	780	1610	2745	4077
Verkehr, Nachrichtenwesen, Versorgungsbetriebe [3]	887	962	1042	1131	596	620
Handel	119	82	242	718	1041	1308
Landwirtschaft [4]	817	359	520			
Andere	116	74	116	870	861	1236
Insgesamt	3519	2771	4735	8365	9391	11667

[1] Bis 1940 einschließlich der europäischen Besitzungen im lateinamerikanischen Bereich; ab 1965 ohne Kuba.

[2] Die Zahlen für 1929–1950 sind den Historical Statistics of the United States. Colonial Times ... (s. o. Anm. 52), S. 566, entnommen; für 1960, 1965 und 1969 den Surveys, Vol. 41 (1961), Nr. 8 (August), S. 22; Vol. 47 (1967), Nr. 9 (September), S. 42 f. und Vol. 50), Nr. 10, S. 28. Die Zahlen für 1969 sind vorläufige. Die Summe der Investitionen 1960 weicht in dieser Tabelle um 22 Mill. Dollar von der vorigen Tabelle ab, weil es sich hier um vorläufige, dort um die endgültigen Zahlen handelt, die nicht nach Wirtschaftszweigen aufgeschlüsselt worden sind.

[3] In den Surveys von 1960 und 1965 wird diese Sparte nur noch Public Utilities genannt; 1969 wird sie als Transportation and Utilities bezeichnet; an der Zusammensetzung des Sektors hat sich nichts geändert. S. Survey, Vol. 50, Nr. 10, S. 31.

[4] Von 1960 an ist «Landwirtschaft» unter «Andere» eingereiht.

fielen der kubanischen Revolution zum Opfer [86]. In Mittelamerika modernisierte die United Fruit Company zwar einige Betriebe, dehnte aber ihren Landbesitz nicht weiter aus.

Erdölkonzerne mußten sich Ende der dreißiger Jahre Verstaatlichungen in Mexiko und Bolivien gefallen lassen. (Auf die Enteignung der Standard Oil Company 1937 in Bolivien hatte auch Argentinien hingewirkt; es war am Bezug des Petroleums interessiert, und Bolivien lag an seinem Beistand auf der Chaco-Friedenskonferenz.) Argentinien, Chile, Brasilien und Paraguay haben ihre Petroleumvorkommen nur vorübergehend, oder nie aus der Hand gegeben [87]. Aber auf den Ölfeldern anderer Länder konnten die Konzerne zwischen 1940 und 1960 die Förderung vervielfachen. Seither sind Gewinne (die in dieser Statistik nicht erscheinen) reinvestiert, Veredelungsbetriebe moderni-

[86] Die unter »Andere« geführten Investitionen – also u. a. landwirtschaftliche – in Kuba hatten 1960 einen Buchwert von 341 Millionen Dollar. Ihr Ausfall erklärt den Rückgang des Sektors »Andere« zwischen 1965 und 1969. In Mexiko mußten Bürger der Vereinigten Staaten landwirtschaftlichen Besitz in verschiedenen Wellen seit der Revolution von 1910–1917 abgeben.

[87] Über die besondere Bedeutung der Erdölindustrie für Lateinamerika s. Urquidi, Viabilidad ... (s. o. Anm. 17), S. 52 ff.

siert und Bohrungen erweitert worden, aber die Trusts haben in Lateinamerika nur wenig neues Kapital angelegt.

Das Berg- und Hüttenwesen wurde von der Weltwirtschaftskrise fast ebenso in Mitleidenschaft gezogen wie die Landwirtschaft. In den fünfziger Jahren zog es neues Kapital an, aber die Entwicklung kam bald wieder zum Stillstand. In der zweiten Hälfte der sechziger Jahre ist, wie schon erwähnt, die Kupferförderung in Peru (auch die Ausbeute von Bauxit im karibischen Raum) erweitert worden, doch Anteile an chilenischen Bergwerksgesellschaften mußten schon vor der Enteignung unter Allende an den Staat veräußert werden.

Kennzeichnend für die Entwicklung der Zeit seit dem zweiten Weltkrieg ist das sprunghafte Ansteigen der Investitionen in Industrie und Handel. In der kurzen Spanne von 1940 bis 1960 verdreifachten nordamerikanische Handelshäuser ihre Lateinamerikainvestitionen zweimal; seither haben sie sie fast wieder verdoppelt. Noch kräftiger war das Wachstum in der verarbeitenden Industrie. Die Anlagen in diesem Wirtschaftszweig hatten 1969 ein beinahe zwanzig Mal größeres Volumen als 1940. Die Vereinigten Staaten sind heute stärker an der verarbeitenden Industrie und am Handel als an ihren traditionellen Anlagesphären in Lateinamerika, den extraktiven Industrien, interessiert.

Wie sich die Direktinvestitionen in einzelnen Ländern auf die Wirtschaftszweige verteilten, zeigt Tabelle 8 auf Seite 65.

Von Pseudomarxisten wird behauptet, das »Kapital« imperialistischer Mächte halte den Subkontinent seit der Loslösung von Spanien und Portugal in Abhängigkeit und Armut; es zwinge ihn, Rohstoffe und Nahrungsmittel für den Export in die Metropolen zu produzieren und deren Fertigwaren zu kaufen. Nachweise für diese Behauptung werden keine erbracht, außer der – richtigen, aber nicht ausreichenden – Feststellung, in London und Washington sei man an einer Ausweitung des Handels mit den lateinamerikanischen Republiken interessiert gewesen, Regierungen der USA hätten Privatkapitalisten aufgefordert, in Lateinamerika zu investieren, die Hegemonialmächte hätten ihre Handelsinteressen und Kapitalanlagen bei verschiedenen Gelegenheiten mit Waffengewalt geschützt. Die vorhergehenden Abschnitte haben ergeben, daß die Bedeutung Lateinamerikas als Käufer und Verkäufer auf dem Weltmarkt nach dem Beginn der industriellen Revolution langsam wuchs, daß sie im Laufe der weiteren Entwicklung der kapitalistischen Wirtschaft in Europa (später auch den Vereinigten Staaten) in der zweiten Hälfte des neunzehnten Jahrhunderts schnell zunahm, daß sie in der Weltwirtschaftskrise der dreißiger Jahre und verstärkt seit den fünfziger Jahren wieder abnahm. Als man jenseits wie diesseits des Atlantik glaubte, internationale Arbeitsteilung gereiche allen Be-

Tab. 8: Langfristige private Direktinvestitionen der USA in der westlichen Hemisphäre, nach Ländern und Wirtschaftszweigen, 1969[1]

Land	Insgesamt	Bergbau und Hütten	Erdöl	Verarb.-Industrie	Verkehr und Versorgungsbetr.	Handel	Andere
	in Millionen Dollar						
Lateinamerikanische Republiken:							
Mexiko	1631	136	35	1108	28	191	133
Panama	1071	19	239	90	56	345	322
Übriges Mittelamerika	630	8	154	113	129	43	182
Argentinien	1244	–[2]	–[2]	789	–[2]	68	387
Brasilien	1633	99	100	1112	25	188	108
Chile	846	452	–[2]	65	–[2]	41	288
Kolumbien	684	–[2]	342	220	29	63	30
Peru	704	443	–[2]	97	–[2]	59	106
Venezuela	2668	–[2]	1771	416	18	276	186
Andere Länder[3]	554	50	190	67	55	33	159
Kanada	21075	2764	4359	9389	629	1221	2713
Übrige westliche Hemisphäre	2144	576	643	270	74	98	484

[1] Survey, Vol. 50, Nr. 10, S. 28.
[2] In »Andere« enthalten.
[3] S. Tabelle 6, Anmerkung 3.

teiligten zum Nutzen, bemühten sich lateinamerikanische Regierungen, für die Entwicklung der Landwirtschaft und des Bergbaus, den Ausbau der Verkehrsnetze und des Versorgungswesens ausländisches Kapital anzuziehen. Heute wird gegen die damalige Wirtschaftspolitik eingewandt, sie hätte andere Wirtschaftszweige an ihrer Entfaltung gehindert, indem sie alle Energien auf die Exportsektoren und die angeblich nur ihnen dienenden Infrastrukturen konzentrierte; die Exportsektoren aber seien Enklaven geblieben. Diese Kritik hat einige Berechtigung. Doch spricht nichts für die pseudomarxistische These, die Wirtschaft Lateinamerikas hätte sich selbständig – und zwar besser und höher – entwickeln können, wenn der Subkontinent nicht in den Welthandel einbezogen worden wäre und fremdes Kapital ihm ferngeblieben wäre. Angesichts der gesellschaftlichen Strukturen und der kulturellen Normen Lateinamerikas muß man vielmehr annehmen, daß ohne die Möglichkeiten, die die internationale Arbeitsteilung bot, daß ohne den Zustrom ausländischen Kapitals (und europäischer Einwanderer) einige der hispanoamerikanischen Republiken sich nur schwer von dem Zustand des wirtschaftlichen Verfalls erholt hätten, in dem sie sich nach dem Ende der Befreiungskriege befunden hatten. Gerade wenn man hervorhebt, daß in Wirtschaftszweigen, die nicht auf den Export ausgerichtet waren, fast alles beim alten blieb, muß man bezweifeln, daß in irgendeinem Bereich die Produktivität der menschlichen Arbeit allein aus eigener Initiative wesentlich hätte erhöht werden können.

Was hat europäische und nordamerikanische Privatkapitalisten im 19. Jahrhundert bewogen, was veranlaßt sie heute, Geld in Lateinamerika anzulegen? Selbstverständlich suchten und suchen sie Profite. Aber mit Gewinnstreben allein kann man die Investitionen in Lateinamerika nicht erklären – es liegt jeder Kapitalanlage zugrunde. Auch die relative Höhe der in Lateinamerika erzielten Rendite reicht als Erklärungsgrund nicht aus: Die Direktinvestitionen der USA in den iberoamerikanischen Ländern werfen höhere Erträge ab als die in Europa und Kanada, und doch zieht der Subkontinent seit einiger Zeit weniger nordamerikanisches Kapital an als Kanada und Europa [88].

Die ausländischen Investoren in Lateinamerika haben unterschiedliche Ziele verfolgt. Englische Vermögenswerte etwa, die im 19. und

[88] Daß die Richtung des Kapitalflusses nicht allein mit der relativen Höhe der Gewinnquote erklärt werden kann, zeigt auch ein Vergleich der Erträge, die in den einzelnen Sektoren der lateinamerikanischen Wirtschaft erzielt werden. In der Rohölförderung und, insbesondere, -verarbeitung, sowie im Bergbau sind die ausgewiesenen Gewinne sehr viel größer als in der verarbeitenden Industrie. (Die entsprechenden Daten sind alljährlich in den Surveys of Current Business und den Statistical Abstracts zu finden.)

20. Jahrhundert nach Argentinien wanderten, stammten von Firmen in Liverpool oder London, die an der Ausweitung des Handels mit Buenos Aires oder am Eisenbahnbau interessiert waren, aber auch von Rentiers und Sparern in Hauptstadt und Provinz, die argentinische Staatsanleihen zeichneten und Eisenbahnaktien kauften, weil sie eine große Rendite erwarteten. Andere Gelder wurden von Entrepreneurs beschafft, die sich am Rio de la Plata niederließen, dort Handelshäuser oder Gewerbebetriebe gründeten und sie mit Krediten aus der City finanzierten. Auch unter den Investoren aus USA befanden sich Entrepreneurs, die in Lateinamerika neue Unternehmen schufen. Der Hauptteil des nordamerikanischen Kapitals ist jedoch von Konzernen angelegt worden, die ihren Sitz in den Vereinigten Staaten behielten: von Unternehmen des Verkehrs- und Versorgungswesens zum Beispiel, die in vielen Ländern der Welt ihre Dienste anbieten, von Petroleumgesellschaften, die überall dort, wo es sich lohnt, und wo man es ihnen gestattet, nach Öl bohren, von multinationalen Konzernen der verarbeitenden Industrie, die einen Teil ihrer Produkte dort herstellen, wo sie sie absetzen.

Die Investitionen in Lateinamerika folgten allgemeinen Trends der Kapitalausfuhr. Im 19. Jahrhundert zogen Eisenbahnbau und extraktive Industrien aller Kontinente europäisches Kapital an. Unter den privaten Auslandsinvestitionen lag 1929 die verarbeitende Industrie mit 1813 Millionen Dollar an der Spitze; ihr folgten Verkehr, Nachrichtenwesen, Versorgungsbetriebe mit 1610, Bergbau und Hütten mit 1185 und Erdöl mit 1117 Millionen [89]; die Anlagen in Lateinamerika wichen damals mit ihrer Konzentration auf Betriebe der Infrastruktur und der extraktiven Industrien von der allgemeinen Verteilung etwas ab (vgl. Tabelle 7). 1969 aber war die Rangfolge in Lateinamerika die gleiche wie in den anderen Teilen der Welt. Unter den gesamten Auslandsinvestitionen der USA nahmen die verarbeitende Industrie und Erdöl mit 29 450 bzw. 19 985 Millionen Dollar die beiden ersten Plätze ein [90].

Große Konzerne der verarbeitenden Industrie der Vereinigten Staaten haben in den fünfziger und sechziger Jahren ihre Produktion auf Europa, Kanada, Australien, Südafrika ausgedehnt. Die kleinen Märkte der lateinamerikanischen Länder wären an sich für sie wenig verlockend gewesen. Aber die Industrialisierungspolitik der iberoamerikanischen Regierungen beschnitt einerseits die Absatzmöglichkeiten der in USA hergestellten Erzeugnisse und erlaubte es ihnen andererseits, aus den protektionistischen Maßnahmen Nutzen zu ziehen, indem sie

[89] Historical Statistics of the United States. Colonial Times ... (s. o. Anm. 52), S. 566.

[90] Survey, Vol. 50, Nr. 10, S. 28.

auf dem Subkontinent selbst Betriebe errichteten. Die Tochtergesellschaften gelten als Unternehmen des Landes, in dem sie produzieren. Überdies haben sie den ihrem Standort entsprechenden Zugang zu den lateinamerikanischen gemeinsamen Märkten. Mit ihnen setzen die Konzerne einen Fuß in die Tür eines Gebiets mit langfristigen Wachstumsmöglichkeiten [91].

In welchen Wirtschaftszweigen Investitionen erfolgen, hängt also auch von Entscheidungen der lateinamerikanischen Regierungen ab. Deren Verhalten gegenüber nordamerikanischen Kapitalanlagen ist zwiespältig. Einerseits werden die Investitionen als Faktoren des ökonomischen Wachstums, der Diversifizierung der Wirtschaft und des technischen Fortschritts begrüßt. Das eigene Kapital reicht nicht aus, Spar- und Investitionsneigung sind in Lateinamerika zu gering, um ohne fremde Hilfe die Entwicklung voranzutreiben. Ausländische Direktinvestitionen können die Bildung einheimischen Kapitals anregen [92]. Mit ihnen werden Unternehmerinitiative, moderne Technologie [93], Verwaltungs- und Organisationsfähigkeiten vermittelt, werden internationale Marktbeziehungen hergestellt.

Anderseits begegnet die Kapitaleinfuhr vielen Einwänden. Seit dem 19. Jahrhundert ist fremder Besitz an Grund und Boden ein Stein des Anstoßes. Er wird als Plünderung des »natürlichen Reichtums« empfunden. Beanstandet wird auch das rücksichtslose, nicht immer legale Vorgehen mancher nordamerikanischer Unternehmungen, so z. B. wenn es den Erdölerzeugern darum geht, Marktanteile und Gewinn zu erhöhen. Zudem wirft man ihnen vor, sie ließen die leitenden Funktionen in ihren Betrieben durch Fremde ausüben; den einheimischen Arbeitern bezahlten sie Hungerlöhne. Die Überheblichkeit nordamerikanischer Vorgesetzter im Verkehr mit »eingeborenen« Untergebenen wird als verletzend empfunden, zumal die eigenen Sitten der US-Amerikaner gemeinhin nicht dem entsprechen, was sich Lateinamerikaner unter »guten Manieren« vorstellen.

In der Tat waren bis weit ins zwanzigste Jahrhundert hinein die Arbeitsbedingungen auf Plantagen und in Bergwerken, die von nordamerikanischem Kapital kontrolliert wurden, sehr schlecht; die Arbeiter

[91] S. Miguel S. Wionczek, Lateinamerika und das ausländische Kapital, Hamburg, 1969, S. 33, vgl. auch S. 28.

[92] An der Lieferung von Vormaterialien für das Volkswagenwerk in Brasilien z. B. sind 2000, an der von »produktiven Teilen« sind rund 2500 einheimische Firmen beteiligt. »Das brasilianische Volkswagenwerk«, in: Neue Zürcher Zeitung, 191. Jg., Nr. 353 vom 24. Dez. 1970, S. 18.

[93] S. hierzu »La Transferencia de Tecnología y su Relación con la Política Comercial y el Fomento de las Exportaciones de América Latina«, in: Naciones Unidas, Comisión Económica para América Latina, Boletin Económico de América Latina, Vol. XIV (1969), Nr. 1 (primer semestre), S. 50 ff.

lebten dort ebenso elend wie auf den meisten Gütern und in den meisten Bergbausiedlungen, die Lateinamerikanern gehörten; ihre Versuche, sich gewerkschaftlich zu organisieren, wurden nicht selten unterdrückt. Gegenwärtig zahlen jedoch ausländische Unternehmen in der Regel höhere Löhne als einheimische, bieten sie vorbildliche Sozialleistungen. Teils handeln sie dabei aus eigener Einsicht, teils werden sie dazu von einer wachsamen Öffentlichkeit, von Behörden, zu denen sie nicht die gleichen freundschaftlichen und familiären Beziehungen haben wie einheimische Entrepreneurs, oder von militanten Gewerkschaften angehalten.

Über Land und Bodenschätze, die in den meisten präkolumbischen Kulturen nicht im Privatbesitz waren, hatte sich die spanische Krone nach der Eroberung das Verfügungsrecht vorbehalten. So wird denn indianische und koloniale Tradition heraufbeschworen, wenn bewiesen werden soll, daß Boden und Mineralreichtum von Rechts wegen nationales Eigentum seien und privaten Nutznießern jederzeit entzogen werden können. Auch Verkehrs- und Versorgungsbetrieben kommt nach lateinamerikanischer Ansicht eine besondere Bedeutung zu. Sie sollen der Erschließung des Landes dienen und nicht privatkapitalistisch genutzt werden. Um sie bei einer gelenkten Entwicklung der Wirtschaft beliebig einsetzen zu können, will man sie der Verfügungsgewalt ausländischer Eigentümer entziehen.

Forderungen nach Sozialisierung, mitunter auch – wie in der mexikanischen Revolution – nach Bodenreform nehmen leicht den Aspekt einer Beseitigung der Eigentumstitel von Ausländern an (»Nationalisierung«). Wenn eine iberoamerikanische Regierung den Besitz eines Ölkonzerns oder einer Bergwerksgesellschaft ohne angemessene Entschädigung nationalisiert, verstößt sie aber gegen international anerkannte Vorschriften des Zivilrechts und greift in einen Wirtschaftsbereich ein, von dem die nordamerikanische Politik meint, er sei für die Sicherheit des Kontinents wichtig – und gerät damit leicht in einen Konflikt mit der Hegemonialmacht.

Die Agitation gegen fremden Besitz in den extraktiven Industrien, im Verkehrs- und Versorgungswesen blieb nicht ohne Erfolg. In Argentinien, Brasilien, Mexiko, Paraguay, Peru befinden sich die Erdöllager, in Bolivien und Chile Petroleum und die großen Bergwerke in öffentlicher Hand. (Von Kuba, wo weite Bereiche der Wirtschaft sozialisiert worden sind, sei hier abgesehen.) Die meisten Republiken haben Eisenbahnen, Schiffahrtslinien und Luftverkehrsgesellschaften ganz oder teilweise verstaatlicht, einige haben die Elektrizitätserzeugung übernommen. Wie schon angedeutet, ist es der Wall, der hier errichtet worden ist, der den Wert privater Direktinvestitionen der USA auf bestimmten Sektoren seit den fünfziger Jahren stagnieren oder gar sinken ließ. Auch in anderen Wirtschaftszweigen – etwa im Banken- und Versicherungswesen, in der Stahlerzeugung, der Rüstungsindustrie und der Fischerei – ist der Spielraum der fremden Investoren, mancherorts auch der des einheimischen Privatkapitals, eingeschränkt worden[94].

In nationalisierten Unternehmungen sind meist Produktion und Erträge gesunken. Einige Regierungen hatten vor der Enteignung damit gerechnet, daß die verstaatlichten Betriebe mit Verlust arbeiten würden. Sie waren aus gesamtwirtschaftlichen oder aus politischen Überlegungen bereit, diesen Preis zu zahlen.

Die Mitgliedsstaaten der lateinamerikanischen Freihandelszone haben sich vorgenommen, ihr Verhalten gegenüber ausländischen Kapitalanlagen miteinander abzustimmen; bisher gehen jedoch ihre Interessen und Meinungen zu weit auseinander, als daß sie ihre Maßnahmen zu koordinieren vermöchten. Die Andengruppe hat in den letzten Dezembertagen des Jahres 1970 vereinbart, fremdes Kapital aus »für die Entwicklung lebenswichtigen Sektoren« zu verbannen[95] – ein interpretationsfähiger Beschluß. Die Verhandlungen waren schwierig: dem grupo andino gehören neben Bolivien, Chile und Peru zwei Länder an, Ekuador und Kolumbien, in denen ausländische Investoren bisher in voller Freiheit tätig sein konnten.

Am engsten hat der nächste Nachbar der USA unter den lateinamerikanischen Staaten, Mexiko, den Bewegungsraum fremder Privatkapitalisten eingezäumt[96]. Das Erdöl, die petrochemische Industrie, die Elektrizitätserzeugung, die Eisenbahnen, das Fernmeldewesen befinden sich in der Regie des Staates, dem auch in anderen Sparten Unternehmen gehören. Investitionen in der Landwirtschaft und im Bankgeschäft sind Mexikanern vorbehalten. In Bereichen, die mit den Grundindustrien eng zusammenhängen oder als wichtig für die Entwicklung des Landes erachtet werden, darf die ausländische Beteiligung an einer Firma höchstens 49 % des Kapitals betragen (diese Bestimmung wird hie und da mit der Hilfe von Strohmännern umgangen). Dennoch hat Mexiko seit 1960 größere nordamerikanische Privatinvestitionen angezogen als jedes andere lateinamerikanische Land. Das hat verschiedene Gründe: Die Regierung Mexikos wünscht den Beitrag aus-

[94] Vgl. die Liste der Beschränkungen für ausländische Kapitalanlagen bei Wionczek, Lateinamerika . . . (s. o. Anm. 91), S. 18. S. auch S. 44, 55, 59 ff.

[95] ». . . prohibiendo su actividad en sectores vitales para el desarrollo«. El Mercurio, Santiago de Chile, 3. Januar 1971, S. 17.

[96] S. die Zusammenfassung der einschlägigen Bestimmungen bei Wionczek, ebda., S. 59. Vgl. auch Raymond Vernon, »An Interpretation of the Mexican View«, in: Ders. (Hrsg.), How Latin America Views the U.S. Investor, New York/Washington/London, 1966, S. 95 ff.

ländischen Kapitals zur Entwicklung bestimmter Sektoren der Industrie. Sie gestattet ihn im Handel, auf den sich, wie erwähnt, in jüngster Zeit überall nordamerikanische Auslandsinvestitionen konzentriert haben, und im Tourismus, der in den Nachbarländern der reiselustigen US-Bürger ein wichtiger Wirtschaftszweig geworden ist. Einfuhrbeschränkungen und außergewöhnlich hohe Schutzzölle stellen eine besondere Einladung an Industriekonzerne dar, ihre Produkte in Mexiko herzustellen. Die in Mexiko zu erzielenden Profite sind hoch, die Zukunftsaussichten gut. Das Brutto-Sozialprodukt Mexikos ist in den sechziger Jahren schneller gewachsen als das der anderen großen Länder Lateinamerikas [97]. Die Risiken sind relativ gering, denn die politischen Verhältnisse sind stabil. Zukünftige Entscheidungen der Staatsorgane sind für Investoren eher berechenbar als in einigen anderen lateinamerikanischen Ländern, in denen mit beinahe jedem Regierungswechsel die Haltung gegenüber dem ausländischen Kapital variiert.

Der Zustrom nordamerikanischen Kapitals nach Lateinamerika seit den fünfziger Jahren hat den Protest von Sozialrevolutionären hervorgerufen, die alle US-Investitionen für Mittel imperialistischer Ausbeutung und Unterdrückung halten, und er hat Sozialreaktionäre erregt, denen ausländische Anlagen als Auslöser von Modernisierungsprozessen verdächtig sind. Aber er hat auch Besorgnisse in sozialreformerischen Kreisen erweckt, denen das Volumen der Investitionen zu gewaltig zu sein scheint. Denn mögen auch für Washington die Wirtschaftsbeziehungen mit Lateinamerika heute eine relativ geringere Bedeutung haben als früher, eine geringere als die mit Kanada und Europa – für Buenos Aires oder Lima ist das entscheidende Kriterium, ob das Gewicht der Kapialanlagen der USA in der argentinischen oder peruanischen Wirtschaft schwerer geworden ist [98]. (Vor bald hundert

[97] Naciones Unidas, Comisión Económica para América Latina, La Economía de América Latina en 1969 . . . (s. o. Anm. zu Tabelle 4), S. 2, gibt für 1960–1969 die jährliche Wachstumsrate des »Brutto-Inlandsproduktes zu Faktorkosten« Mexikos mit 6,9 % an. Für einen Vergleich mit den anderen Republiken s. u. Tabelle 10.

[98] Die Direktinvestitionen der USA haben seit den späten vierziger Jahren wahrscheinlich stärker zugenommen als die eigenen Vermögenswerte der iberoamerikanischen Länder. Es scheint allerdings, daß die Bedeutung dieser Zunahme manchmal überschätzt wird. Dem Verfasser ist keine vergleichende Untersuchung über den Anteil der US-Investitionen an den gesamten Inlandsinvestitionen der lateinamerikanischen Republiken vor und nach dem zweiten Weltkrieg bekannt; mangels verläßlicher lateinamerikanischer Statistiken dürfte sie wohl auch kaum anzustellen sein. Wionczek, Lateinamerika . . . (s. o. Anm. 91), S. 14, enthält für 1966 folgende Angaben über die gesamten ausländischen Kapitalanlagen in Lateinamerika: »In keinem lateinamerikanischen Land erreichen die Auslandsinvestitionen, einschließlich der Reinvestitionen von Gewinnen bereits angesiedelter Firmen, 10 Prozent der Bruttoanlageinvestitionen; im Durchschnitt machen sie nur ca. 6 Prozent der Gesamtinvestitionen aus.«

Jahren rief ein starkes Anwachsen englischer Investitionen in den Vereinigten Staaten ähnliche Besorgnisse und ähnliche Proteste hervor wie heute die Zunahme der nordamerikanischen Investitionen im Süden des Kontinents – aber die wirtschaftlichen, sozialen und politischen Verhältnisse waren andere.) Manchen Iberoamerikanern, die fürchten, es seien zu viele Dollars in ihre Länder eingedrungen, ist an einer verstärkten Einfuhr europäischen Kapitals gelegen. Es soll die erwähnten Wohltaten ausländischer Direktinvestitionen erweisen und darüber hinaus ein Gegengewicht gegen Anlagen der USA bilden; mit seiner Hilfe will man die wirtschaftliche und politische Abhängigkeit der lateinamerikanischen Staaten von der Hegemonialmacht vermindern. Doch ist es schwer einzusehen, daß große europäische Privatinvestitionen nicht auch die meisten Nachteile mit sich bringen würden, die man den nordamerikanischen zuschreibt.

Unabhängig davon, ob die Investoren aus USA sich extraktiven Industrien oder anderen Wirtschaftszweigen zuwenden, wird ihnen vorgeworfen, sie erzielten riesige Gewinne. Ohne Zweifel liegt die Gewinnquote in Lateinamerika weit über der in Kanada oder Europa:

Tab. 9: Gewinne[1] aus langfristigen privaten Direktinvestitionen der USA im Ausland[2]

Region	1960	1965	1966	1967	1968	1969
	in Millionen $					
Lateinamerika[3]						
Direktinvestitionen	8 387	9 391	9 826	10 265	11 033	11 667
Gewinne	641	869	965	1 022	1 049	1 049
Kanada						
Direktinvestitionen	11 198	15 223	16 999	18 097	19 535	21 075
Gewinne	361	703	756	790	851	762
Europa						
Direktinvestitionen	6 681	13 985	16 209	17 926	19 407	21 554
Gewinne	397	768	729	849	905	1 026

[1] Es handelt sich um die Summe der Dividenden und Zinsen, netto, nach dem Abzug von Steuern im Ausland (sum of dividends and interest net after foreign withholding taxes).

[2] Die Zahlen für 1960 sind dem Survey, Vol. 42, Nr. 8, S. 22 f.; für 1965 dem Survey, Vol. 47, Nr. 9, S. 42 f.; für 1966 dem Survey, Vol. 48, Nr. 10 (Oktober), S. 24 f.; für 1967 dem Survey, Vol. 49, Nr. 10 (Oktober), S. 28 f.; für 1968 und 1969 dem Survey, Vol. 50, Nr. 10, S. 28 f., entnommen. Die Zahlen für 1969 sind vorläufige.

[3] 1960 noch einschließlich Kubas.

Man darf die in der Tabelle angegebenen Buchwerte und Gewinne nicht ohne weiteres miteinander vergleichen. Jeder der Staaten, in denen die Vermögenswerte angelegt sind, hat ein anderes Handels-, ein anderes Steuerrecht, und dies wirkt sich auf die Abschreibungspraxis und auf die Berechnung der Gewinne und Verluste aus. Auch haben Muttergesellschaften einen von Land zu Land verschiedenen Spielraum, wenn sie Erträge der Töchter von denen der Zentrale trennen. Abgeschrieben wird in Lateinamerika schneller, die Buchwerte liegen also tiefer unter den realen Werten als in Europa. Anderseits variiert auch die Möglichkeit, Gesetze zu umgehen. Auf dem Subkontinent selbst gibt es da Unterschiede, doch spricht manches für die Vermutung, daß es dort im allgemeinen einfacher ist als in hochindustrialisierten Ländern, die Augen der Steuerbehörden von versteckten Erträgen abzulenken. So darf man annehmen, daß der wirkliche Abstand zwischen den Profitraten in Lateinamerika und denen in Kanada und Europa wenig kleiner ist als die Tabelle zeigt.

Auch wer keine Statistik zu Rate zieht, sondern bloß das Geschäftsleben in Lateinamerika beobachtet, erkennt, daß dort die Gewinnquote im allgemeinen höher liegt, als in hochindustrialisierten Ländern. Das Verhältnis der Gewinne zu den Buchwerten der Investitionen ist in Lateinamerika schon deshalb günstiger als in Kanada oder Europa, weil auf dem Subkontinent größerer Mangel an Kapital herrscht. Zu fragen ist nur, ob die Niederlassungen ausländischer Firmen besser abschneiden als einheimische Unternehmungen. Vermutlich – dem Verfasser ist keine einschlägige Erhebung bekannt – tun sie es oft: dann, wenn sie monopolistische Vorteile genießen (über die noch zu sprechen sein wird). Auch wird für manche Erschließungsvorhaben ausländisches Kapital durch Investitionsanreize angezogen, die sich im Gewinn niederschlagen. Mitunter werden fremde Konzerne schonungsvoll behandelt: Erdöltrusts und der United Fruit Company gelang es, einige Republiken zu einer Steuergesetzgebung zu bewegen, die ihren Bedürfnissen entgegenkam. Doch die nordamerikanischen Investoren können dem lateinamerikanischen Vorwurf, sie verdienten zu viel, entgegenhalten, daß die hohen Erträge für besondere Ungewißheiten und Risiken des Auslandsgeschäfts kompensieren müssen: In den meisten lateinamerikanischen Republiken ist das Risiko hoch – höher als in Kanada oder Europa. Drohende Enteignung, politische Unruhe, die Gefahr von Willkürmaßnahmen der Behörden, schleichende oder galoppierende Inflation schaffen so viel Unsicherheit, daß selbst viele Lateinamerikaner einen Teil ihres Vermögens in westlichen hochindustrialisierten Staaten anlegen. Hier nehmen sie niedrigere Erträge in Kauf, um größere Sicherheit zu erlangen. Das Volumen des lateinamerikanischen Fluchtkapitals zu schätzen, ist schwierig. Urquidi meint, es habe sich 1962 auf mehr als 4 Milliarden Dollar belaufen[99]. Came-

[99] Urquidi, Viabilidad . . . (s. o. Anm. 17), S. 57. Wörtlich heißt es bei ihm: ». . . no sería difícil que en la actualidad alcancen un total superior a unos

ron spricht, bezogen auf 1969, von 10–12 Milliarden Dollar [100] – von einem Betrag also, der etwa so hoch ist wie der der gesamten nordamerikanischen Direktinvestitionen auf dem Subkontinent.

Lauter als die Kritik an der Abwanderung eigenen Kapitals ist in Lateinamerika die Klage über den Abzug ausländischer Vermögenswerte. Fremdes Kapital pflegt nach kürzerer oder längerer Zeit ins Ausland zurückzukehren, und überdies verlassen Profite, die nicht reinvestiert werden, das Anlageland. Wenn die Erträge hoch sind, amortisieren sich die ursprünglichen Investitionen bald – und die Gewinne laufen weiter. Die Überweisung von Amortisationszahlungen und von nicht reinvestierten Erträgen belastet die Zahlungsbilanzen der lateinamerikanischen Staaten schwer (s. u. Tabelle 11).

Andererseits hat man gegen die Reinvestition der Erträge Bedenken. Sie läßt das fremde Eigentum weiter anwachsen: Die Erhöhung der Buchwerte der nordamerikanischen Anlagen seit den fünfziger Jahren ist wohl zu einem Teil Reinvestitionen zu danken. Langfristig führt sie auch zu einer Vermehrung der ins Ausland zu transferierenden Profite. So schwanken manche Regierungen, ob sie die sofortige Überweisung der Gewinne oder deren Reinvestition fördern sollen [101].

Jedenfalls würden die meisten Regierungen den Direktinvestitionen Anleihen vorziehen. Die Verzinsung von Anleihen ist in der Regel niedriger als der Gewinn, der aus Sachinvestitionen gezogen wird. Wenn sie einmal amortisiert sind, bringen sie dem Kapitalgeber keine weiteren Erträge. Auch können mit Hilfe von Staatsanleihen Verbesserungen der Infrastruktur finanziert werden, die von der privaten Wirtschaft nicht vorgenommen werden (oder nicht vorgenommen werden sollen). Ferner kann das Schuldnerland Obligationen vor dem Fälligkeitsdatum an einem günstigen Zeitpunkt zurückkaufen [102].

Anleihen sind noch von anderen Nachteilen der Direktinvestitionen frei. Ausländische Unternehmen haben in Lateinamerika den einheimischen gegenüber in der Regel monopolistische Vorteile [103]. Ihre Forschungsabteilungen sind leistungsfähiger; sie besitzen Patente, kön-

3000 a 4000 millones de dólares, acumulados a lo largo de varios anos.« Da »mehr als 3–4« keine denkbare Menge ist, hat man wohl »mehr als 4« einzusetzen.

[100] Juan Cameron, »Threatening Weather in South America«, in: Fortune, Vol. LXXX (1969), Nr. 5 (Oktober), S. 208.

[101] Vgl. Wionczek, Lateinamerika . . . (s. o. Anm. 91), S. 23, und Helio Jaguaribe, »A Brasilian View«, in Vernon (Hrsg.), How Latin America . . . (s. o. Anm. 96), S. 68 f.

[102] S. Albert O. Hirschman, »How to Divest in Latin America, and Why«, in: Essays in International Finance, Nr. 76, November 1969, S. 9 f.

[103] Zur »monopolistischen Konkurrenz« in Entwicklungsländern s. Charles P. Kindleberger, American Business Abroad. Six Lectures on Direct Investment, New Haven/London, 1969, S. 11 ff., 147 f.

nen Produktion und Verkauf dem neuesten Stand der Technik anpassen. Das leitende Personal ist besser ausgebildet. Ihr Zugang zu ausländischen Bezugsquellen ist direkt. Multinationale Konzerne gewinnen Überlegenheit aus den economies of scale: Sie sparen Kosten ein, indem sie den Umfang ihrer Produktion vergrößern, indem sie sich Zulieferbetriebe und Absatzfirmen angliedern. Die meisten ausländischen Investoren verfügen über große Kapitalreserven und finden mühelos Kredit. Für lateinamerikanische Unternehmer ist es schwieriger, Darlehen zu erhalten, sei es in den internationalen Finanzzentren, sei es auf inländischen Kapitalmärkten. (In jüngster Zeit haben Banken der USA zahlreiche Filialen auf dem Subkontinent, insbesondere im karibischen Raum gegründet, in vielen Fällen, indem sie bestehende Finanzierungsinstitute erwarben. Die Expansion der nordamerikanischen Bankhäuser hat den Argwohn erweckt, sie wollten zum einen dem lateinamerikanischen Kreditgewerbe einträgliche Geschäfte wegnehmen, zum andern den Niederlassungen der US-Konzerne Zugang zu lateinamerikanischen Kreditquellen verschaffen. Es heißt sogar, die fremden Banken beabsichtigten, einheimische Ersparnisse in andere Länder auszuführen [104].)

Manche monopolistischen Vorteile sind allerdings im Begriff verlorenzugehen [105]. Einige lateinamerikanische Regierungen verhandeln härter als früher mit ausländischen Gesellschaften – oft unter dem Druck nationalistischer Gruppen. Sie verlangen höhere Gebühren für Bohr- und Schürfrechte. Ausfuhrzölle auf die Produkte extraktiver Industrien, überhaupt Steuern, die Gewinne fremder Investoren abschöpfen sollen, werden heraufgesetzt. Devisengesetze erschweren die Überweisung von Profiten. Einige Staaten verlangen von fremden Unternehmen nicht nur, daß sie inländische Teilhaber aufnehmen, sondern auch, daß sie einheimisches Personal ausbilden und ihm leitende Funktionen übertragen.

Eines der Hauptprobleme, vor denen Lateinamerika steht, sind Unterbeschäftigung und chronische Arbeitslosigkeit. Die Tochterbetriebe ausländischer Industriekonzerne nehmen Arbeitsuchende auf. Doch gemessen am Heer der Beschäftigungslosen ist ihre Kapazität gering, denn ihre Produktionsverfahren sind kapitalintensiv. Mitunter setzen nordamerikanische Investoren sogar Arbeiter frei: wenn sie einheimische Firmen aufkaufen und modernisieren. Hinzu kommt ein Demonstrationseffekt: Wie eh und je ahmen lateinamerikanische Fabrikanten Techniken ausländischer Betriebe nach – auch arbeitssparende. Freilich ist es nicht bloß das Beispiel der fremden Investoren, das

[104] Wionczek, ebda., S. 26, 49, 51.
[105] Vgl. Kindleberger, ebda., S. 150 ff.

Unternehmer in Lateinamerika davon abhält, eigene, arbeitsintensive Fertigungsverfahren zu entwickeln. Durch manche Maßnahmen ihrer Regierungen – überbewertete Wechselkurse, die Kapitalkosten senken, und außergewöhnlich weitreichende Sozialgesetze, die Lohnkosten erhöhen – wird die kapitalintensive Fertigung vorteilhaft[106].

Eine neue Gefahr sieht Albert Hirschman. Er meint, daß die Einfuhr ausländischen Kapitals und der mit ihm verbundenen Unternehmerinitiative und Technik in der Vergangenheit das wirtschaftliche Wachstum gefördert habe. Heute seien die meisten lateinamerikanischen Länder weit genug fortgeschritten, um aus eigener Kraft Kapital zu bilden, Unternehmerinitiative und technische Fähigkeiten zu entfalten. Ausländische Investitionen hemmten durch ihr bloßes Vorhandensein das Potential der Lateinamerikaner, sich zu entwickeln. Hinzukomme, daß zur Fortführung der Industrialisierung strukturelle Reformen der Wirtschaft und Gesellschaft notwendig seien. Reformen würden aber schneller herbeigeführt werden, wenn die »neuen Industriellen . . . sie mit starker, einflußreicher und sogar militanter Stimme« forderten[107]. An solchen Petitionen mangle es, weil ein großer Teil der dynamischen neuen Gewerbe zurückhaltenden Ausländern gehöre. Hirschman weist selber darauf hin, daß diese These in Widerspruch steht zu der weit verbreiteten Ansicht, ausländische Privatkapitalisten griffen gern in die inneren Angelegenheiten ihrer Gastländer ein. Seiner Auffassung nach sind die Vorwürfe überholt – »was immer ihr Wahrheitsgehalt einmal gewesen sei«. Heute seien die Filialleiter in Lateinamerika »viel zu zahm und gehemmt«[108]. Nordamerikanische Kapitalanleger und ihre Repräsentanten in Lateinamerika sind tatsächlich vorsichtiger geworden, als sie es früher waren. Ob aber ihre Zurückhaltung im Verkehr mit lateinamerikanischen Staatsorganen übersteigert ist, darf, solange Hirschman keinen Nachweis für seine Behauptung führt, bezweifelt werden. (Zudem muß offen bleiben, ob die neuen lateinamerikanischen Industriellen wirklich ein so starkes Interesse an strukturellen Reformen zeigen würden, wie Hirschman es voraussetzt.)

[106] Heck, »Industrieförderung auf Irrwegen . . .« (s. o. Anm. 74). Allgemein zum Problem der Arbeitslosigkeit in Entwicklungsländern: Otto Matzke, »Entwicklung durch Arbeitsbeschaffung. Schaffung von Arbeitsplätzen als Hauptproblem der Entwicklungshilfe«, in: Aus Politik und Zeitgeschehen. Beilage zur Wochenzeitung Das Parlament, B 7/71, 13. Februar 1971, S. 3 ff.; s. auch die dort angegebene Literatur.

[107] Hirschman, ebda., S. 7. Hirschman regt an, daß im Interesse der lateinamerikanischen Länder wie der Vereinigten Staaten selbst in einem selektiven Verfahren private Direktinvestitionen sowohl nach Lateinamerika gelenkt, als auch aus Lateinamerika zurückgezogen werden (S. 9 ff.). Vgl. auch Hirschmans Aufsatz »The Political Economy . . .« (s. o. Anm. 73), S. 28 f.

[108] ». . . far too restrained and inhibited«. Hirschman, »How to Divest . . .«, S. 7.

Allerdings fehlen Beweise auch für die umgekehrte Aussage: Wirtschaft und Politik der lateinamerikanischen Republiken seien von nordamerikanischen Konzernen beherrscht. Daß Abhängigkeiten bestehen, ist evident, insbesondere in kleinen und mittleren Ländern mit umfangreichen US-Investitionen. Mitunter kontrollieren nordamerikanische Firmen – Erdölkonzerne, Bergwerksgesellschaften, die United Fruit Company – die wichtigsten Ausfuhrindustrien und, wo der überwiegende Teil der Staatseinnahmen aus Ausfuhrabgaben fließt, auch den Staatshaushalt. (Der Ertrag der Einkommensteuern ist in der Regel gering.) In den Händen von Investoren ballt sich wirtschaftliche Macht zusammen, die sich in Lateinamerika, wo die staatlichen Institutionen nicht sehr stabil sind, leichter noch als in den westlichen Demokratien in politische Macht ummünzen läßt. Auch in der Wirtschaft größerer Länder haben fremde Unternehmen Gewicht. Entscheidungen der Investoren stimmen nicht immer mit den wirtschaftspolitischen Absichten der Regierung des Gastlandes überein. Ein multinationaler Industriekonzern mag zum Beispiel die Produktion einer Tochterfirma in Rücksicht auf seine globale Strategie einschränken, während man an Ort und Stelle an einer Ausweitung der Erzeugung interessiert wäre. Oder er mag sich zur Ausdehnung entschließen gerade in einem Moment, in dem die Expansion dem Empfängerland ungelegen kommt. Schon die Möglichkeit von Zielkonflikten zwischen privaten, noch dazu fremden, schwer kontrollierbaren Wirtschaftssubjekten und dem Staat wird in Lateinamerika mit seinen dirigistischen Traditionen und Praktiken als beunruhigend empfunden.

Wer setzt sich durch, wenn die Absichten des Investors und die einer Regierung einander widersprechen? Die Frage ist pauschal nicht zu beantworten. Wie die Entscheidung fällt, hängt von vielen Faktoren ab, ökonomischen und politischen, die von Land zu Land variieren und sich von Jahr zu Jahr ändern – nicht zuletzt von der Rolle, die die Hegemonialmacht in einem Konflikt zu spielen bereit ist.

In der Ära der imperialistischen Expansion der Vereinigten Staaten entsandten sie in mehrere karibische Staaten Marineinfanterie, deren Aufgabe es unter anderem war, Investitionen zu sichern. Privatkapitalisten, die in Asien, Afrika oder Lateinamerika Vermögen anlegten, pflegten damals einen Anspruch auf extraterritoriale Rechte zu erheben. Er ist inzwischen aufgegeben worden; doch auf Schutz, manchmal auch auf Vergünstigungen bestehen die Investoren noch immer. Die USA haben seit den dreißiger Jahren dieses Jahrhunderts in Lateinamerika nicht mehr mit Waffengewalt eingegriffen, um Kapitalanlagen zu schützen, aber sie haben wirtschaftliche Interessen mit Mitteln der Diplomatie gefördert und verteidigt.

Vielen Lateinamerikanern sind die Interventionen noch frisch in Erinnerung. Sie wenden sich gegen nordamerikanische Kapitalanlagen wegen des politischen Preises, den sie für sie in der Vergangenheit zahlen mußten, und von dem sie fürchten, daß er in Zukunft wieder gefordert werden könnte.

So schwer alle Bedenken wiegen: kein lateinamerikanischer Staat außer Kuba, das von sowjetischer Hilfe abhängig geworden ist, hat bisher völlig auf Direktinvestitionen der USA verzichten mögen. Die Zufuhr ausländischen Kapitals, der Beitrag ausländischer Manager und Techniker scheinen – je nach dem Stand der Entwicklung der einzelnen Länder in verschiedenem Grad – noch immer erforderlich zu sein, um das Wachstum der Wirtschaft zu sichern.

Wann immer lateinamerikanische Staaten um Wirtschaftshilfe nachsuchten, wurde ihnen von der jeweiligen Regierung der USA empfohlen, für Verhältnisse zu sorgen, die für private Investitionen genug Anreiz böten; es wurden Vorkehrungen getroffen, die der Anlage von USA-Kapital auf dem Subkontinent entgegenkommen sollten. Vom lateinamerikanischen Standpunkt aus ist der Kapitalexport der USA nicht Wirtschaftshilfe und das Verlangen nach politischer und juristischer Sondersicherung eine Einmischung in innere Angelegenheiten, die Nationalstolz und Nationalprestige verletzt.

Wirtschaftshilfe

Die lateinamerikanischen Staaten waren noch im Entstehen begriffen, als sie auch schon den europäischen Kapitalmarkt in Anspruch nahmen. Sie überschätzten regelmäßig ihre Zahlungsfähigkeit und gerieten bald mit Zinsen- und Tilgungsdienst in Verzug. Neue Anleihen ließen sich dann nur mit Schwierigkeiten unterbringen. Als im Gefolge der Weltwirtschaftskrise von 1929/30 sogar die wohlhabenderen Länder Lateinamerikas in Not kamen, mußten sie ihren Blick vom privaten Kapitalmarkt abwenden und die USA, später auch europäische Industrienationen um Hilfeleistung in der staatlichen Ebene anrufen. Die erbetene Unterstützung wurde anfangs nur zögernd und in geringem Umfange gewährt.

Während des zweiten Weltkrieges war der Präsident der USA Franklin D. Roosevelt im Rahmen der Good-Neighbor Policy, die natürlich auch das Ziel verfolgte, den Einfluß der Achsenmächte abzuwehren, um enge ökonomische, technische, soziale und kulturelle Zusammenarbeit mit Lateinamerika bemüht. Sobald sich das Ende der Feindseligkeiten abzeichnete, trat die Anteilnahme der USA an den Problemen der Nachbarländer hinter vordringlicher scheinenden Wirtschafts- und Sicherheitsinteressen in Europa und Asien zurück. Allerdings setzten die im Zuge der Good-Neighbor Policy oder schon früher gegründeten Institutionen der technischen und sozialen Hilfe, der Kooperation im Gesundheits- und im Erziehungswesen ihre Arbeit fort. Roosevelts Nachfolger Harry S. Truman erweiterte, besonders auf dem agrarischen Sektor, die technische Unterstützung; aber ihre Wirksamkeit stieß auf enge Grenzen: das Einfühlungsvermögen der USA-Experten versagte gegenüber lateinamerikanischen Verhältnissen, und in den Empfängerländern gab es Beamte, die indolent genug waren, alles beim alten lassen zu wollen.

Zwischen dem 1. Juli 1945 und dem 30. September 1961 machte die gesamte Hilfe der Vereinigten Staaten für Lateinamerika 3743 Millionen Dollar aus. Davon dienten 675 Millionen militärischen Zwecken. 1928 Millionen waren Kredite. Die restlichen 1140 Millionen stellten grants, Zuwendungen ohne Rückzahlungsverpflichtung dar [109]. Die grants waren in erster Linie für technische Unterstützung bestimmt. Nur den drei Ländern Bolivien, Haiti und Guatemala, die das State Department vom Kommunismus bedroht sah, wurde darüber hinaus auch Wirtschaftshilfe kostenlos gewährt.

Von der Wirtschaftshilfe, die Lateinamerika damals erhielt, entfielen 437 Millionen auf die Jahre 1945 bis 1951, 2631 Millionen auf den Zeitraum 1951 bis 1961 [110]. Im Durchschnitt der zehn Jahre, die der Allianz für den Fortschritt vorangingen, erhielt der Subkontinent also 263 Millionen Dollar in Krediten und Zuwendungen. Die Lateinamerikaner verglichen diese Zahlungen mit dem großzügigen Beitrag, den die Vereinigten Staaten in der Nachkriegszeit zum Wiederaufbau Europas geleistet hatten [111], und befanden sie unzureichend. Iberoamerikas

[109] John Lloyd Mecham, A Survey of United States-Latin American Relations, New York, 1965, S. 195.

[110] Ebda. An die Organisation der Amerikanischen Staaten überwiesen die USA zusätzlich jährlich 1,5 Millionen und an das technische Hilfsprogramm der Vereinten Nationen 15 Millionen Dollar, von denen 5 Millionen für Lateinamerika bestimmt waren.

[111] Die gesamte Wirtschaftshilfe – sie bestand überwiegend aus Zuwendungen ohne Rückzahlverpflichtung –, die die Vereinigten Staaten zwischen 1946 und 1956 Westeuropa (ohne Griechenland und die Türkei) gewährten, belief sich auf 23 801 Millionen Dollar. Berechnet nach Winfried W. Kretzschmar, Auslandshilfe als Mittel der Außenwirtschafts- und Außenpolitik. Eine Studie über die amerikanische Auslandshilfe von 1945 bis 1956 unter Berücksichtigung sowohl wirtschaftlicher als auch praktisch-politischer Gesichtspunkte, München, 1964, S. 237 f.

Regierungen ersuchten die Vereinigten Staaten in den fünfziger Jahren mehrmals um Unterstützungsprogramme von größeren Ausmaßen und baten auch, die Preise von auf dem Subkontinent erzeugten Rohstoffen zu stabilisieren [112].

Erst als die Politik der USA im lateinamerikanischen Bereich immer mehr auf Unwillen und Unmut traf und der USA-Führung sich die Vermutung aufdrängte, daß sie selbst mit der Vernachlässigung lateinamerikanischer Interessen der UdSSR Einflußmöglichkeiten öffne, rückte der Subkontinent wieder in das Zentrum ihrer Aufmerksamkeit. Im Herbst 1959 trat die Interamerikanische Entwicklungsbank ins Leben [113], deren Einrichtung lateinamerikanische Staaten schon 1933 verlangt hatten und deren Aufgabe es sein sollte, das wirtschaftliche Wachstum des Subkontinents zu fördern. Ein Jahr später erklärte sich die Regierung Dwight Eisenhower bereit, den Nachbarn 600 Millionen Dollar als Wirtschaftshilfe zur Verfügung zu stellen. Nach einem weiteren Jahr rief Präsident John F. Kennedy zur Allianz für den Fortschritt auf, die er als Beginn einer neuen Lateinamerikapolitik auffaßte [114]. Castro hatte sich mit der Sowjetunion angefreundet, der kalte Krieg wurde an die Grenzen der USA herangetragen. Im Kongreß ebenso wie im Regierungsapparat der Vereinigten Staaten verbreitete sich die Einsicht, daß es im Interesse der USA sei, die Armut des rapid anwachsenden Stadt- und Landproletariats Lateinamerikas zu beheben. Die noch aus den Zeiten der spanischen Eroberung überlieferten Herrschaftsstrukturen, die Konzentration des Grundbesitzes in den Händen weniger und überaus krasse Unterschiede in Einkommen und Lebensstil luden die Massen zu einer sozialen Revolution ein, und eine soziale Revolution hätte sich notwendigerweise gegen die ökonomischen und die militärischen Interessen der Hegemonialmacht wie auch gegen ihre politischen Zielvorstellungen gerichtet. Wenn die Vereinigten Staaten zur Rettung der »Demokratie der westlichen Hemisphäre« vor dem Kommunismus aufriefen und gleichzeitig in voller Eintracht mit lateinamerikanischen Militärdiktaturen zusammenarbeiteten, mußten unver-

[112] William D. Rogers, The Twilight Struggle. The Alliance for Progress and the Politics of Development in Latin America, New York, 1967, S. 3 ff.

[113] Das Kapital der Bank wurde auf 1 Milliarde Dollar festgesetzt. Davon sollten von den USA 450 Millionen, von den lateinamerikanischen Staaten 550 Millionen aufgebracht werden.

[114] Zum Enthusiasmus, mit dem Kennedy für die Idee der Allianz eintrat, s. Rogers, ebda., S. 29 ff. Rogers hat bei der Verwaltung der Allianz mitgearbeitet. Skeptischer als er beurteilt Simon G. Hanson, Five Years of the Alliance for Progress. An Appraisal, Washington, 1967, S. V ff., den Impuls Kennedys und die Ansichten und Fähigkeiten anderer Politiker und Beamter, die die Allianz befürworteten, bzw. in ihren Organen tätig waren.

meidlich weit und breit Zweifel an den Beweggründen der USA-Politik aufkommen.

Die erste Anregung zu einem Unternehmen von der Art der Allianz für den Fortschritt war vom brasilianischen Präsidenten Juscelino Kubitschek de Oliveira ausgegangen. Er hatte 1958 ein »Projekt Panamerika« zur Förderung der Entwicklung des Subkontinents vorgeschlagen; von der Regierung Eisenhower wurde es im Prinzip akzeptiert [115]. Die dann von Kennedy geplante Allianz sollte nicht nur der wirtschaftlichen Entwicklung, sondern auch der sozialen Reform dienen und die politische Demokratie in den Republiken des Subkontinents festigen.

Auf einer Konferenz, die 1961 in der Stadt Punta del Este in Uruguay abgehalten wurde, kamen Vertreter der Regierungen der USA und der lateinamerikanischen Staaten überein, daß der Subkontinent für die folgenden zehn Jahre 20 Milliarden Dollar an ausländischen Zuwendungen benötigen würde. Die USA verpflichteten sich, den größeren Teil dieses Betrags aufzubringen, davon mindestens 1 Milliarde jährlich aus dem Staatssäckel [116]. Vorgesehen waren außer Zuschüssen ohne Rückzahlverpflichtung zinslose oder sehr niedrig zu verzinsende Darlehen mit einer langen Laufzeit (bis zu 50 Jahren). Neben die staatliche Unterstützung sollten private Investitionen sowie Wirtschaftshilfe aus Europa treten. Erwartet wurde auch der Rückfluß lateinamerikanischen Fluchtkapitals. Ihrerseits übernahmen es die iberoamerikanischen Regierungen, Entwicklungsprogramme für ihre Länder vorzulegen, höhere Löhne und bessere Arbeitsbedingungen anzustreben, für wirtschaftlich vernünftige und sozial gerechte Steuersysteme zu sorgen, den sozialen Wohnungsbau in Stadt und Land zu unterstützen, das Analphabetentum zu bekämpfen und Agrarreformen durchzuführen, anderseits aber die privatwirtschaftliche Initiative zu fördern.

Die Allianz hat die in sie gesetzten großen Hoffnungen nicht erfüllt [117]. Sie ist nicht zu einem Bündnis von Partnern mit gleichen Hand-

[115] Zur Entstehungsgeschichte der Allianz s. neben Rogers, ebda., S. 27 ff., Urquidi, Viabilidad . . . (s. o. Anm. 17), S. 137 ff.

[116] Der Betrag von 1 Milliarde Dollar entsprach rund 7 % der Brutto-Inlandsinvestitionen der lateinamerikanischen Länder im Jahre 1960: 13 487 Millionen Dollar. 1965 erreichten die Brutto-Investitionen 15 609, ein Jahr später 16 695 Millionen Dollar (vorläufige Zahl). Naciones Unidas, Comisión Económica para América Latina, Estudio Económico de América Latina 1966, New York, 1967, S. 33.

[117] Über die Leistung der Allianz unter lateinamerikanischer Beleuchtung s. Baltra, Crecimiento . . . (s. o. Anm. 17), S. 230 ff.; Kritik vom Standpunkt der USA bei Simon G. Hanson, ebda,. passim, und in seinem Aufsatz »The Alliance for Progress: The Sixth Year«, in: Inter-American Economic Affairs, Vol. XXII (1968), Nr. 3 (Winter), S. 3 ff.

lungsmöglichkeiten und Rechten geworden, sondern ein Unternehmen der USA geblieben, von dem die lateinamerikanischen Staaten als arme Verwandte Zuschüsse bekommen dürfen. Anstatt daß die demokratischen Institutionen gefestigt worden wären, stürzten Militärs die verfassungsmäßig gewählten Regierungen in mehreren Ländern; dazu gehörten die beiden größten Staaten Südamerikas, Brasilien und Argentinien. Mit diesen Staatsstreichen weitete sich das Lager der lateinamerikanischen Diktaturen nicht unerheblich aus. Für radikale Eingriffe in die sozialen Strukturen brachten die herrschenden Schichten und die von ihnen getragenen Regierungen wenig Begeisterung auf, und aus den USA, wo schon früh sozialkonservative Kritik an der Allianz eingesetzt hatte, kamen nach dem Tode Kennedys keine neuen Impulse mehr. Die Agrarreform wurde in den meisten Ländern, wenn überhaupt, nur schüchtern in Angriff genommen [118]. Das Pro-Kopf-Sozialprodukt der lateinamerikanischen Länder, das mit Hilfe der Alli-

Tab. 10: Steigerungsrate des Brutto-Inlandsprodukts zu Faktorkosten in den Jahren 1960–1969 [1]

Land	Gesamtprodukt (in %)	Pro Kopf (in %)
Argentinien	3,5	1,9
Bolivien	5,4	3,0
Brasilien	5,5	2,6
Chile	4,5	2,0
Dominikanische Republik	3,4	0,1
Ekuador	4,5	1,1
El Salvador	5,6	2,3
Guatemala	5,2	2,2
Haiti	1,5	–0,8
Honduras	5,3	1,8
Kolumbien	5,0	1,5
Kostarika	6,9	2,9
Kuba	keine Angaben	keine Angaben
Mexiko	6,9	3,3
Nikaragua	6,3	3,2
Panama	8,1	4,8
Paraguay	4,5	1,1
Peru	5,3	2,1
Uruguay	0,8	–0,5
Venezuela	4,5	1,1
Insgesamt	5,2	2,2

[1] Die Tabelle entstammt: La Economía de América Latina ... (s. o. Anm. zu Tabelle 4), S. 2.

[118] Angaben im einzelnen bei Hanson, »The Alliance ...«, S. 54.

anz um 2,5 % jährlich hätte steigen sollen, stieg zwischen 1960 und 1969 nur um 2,2 % (arithmetisches Mittel) im Jahr; dabei waren von Land zu Land beträchtliche Unterschiede zu verzeichnen (s. o. Tabelle 10).

Zwischen 1950 und 1960, im Jahrzehnt vor der Allianz, war das Pro-Kopf-Einkommen fast im gleichen Ausmaß gestiegen: um durchschnittlich 2,0 % jährlich [119]. Hanson behauptet, in den fünf ersten Jahren der Allianz hätte sich in den Ländern Lateinamerikas die Einkommensverteilung verschlechtert, die Kluft zwischen reich und arm erweitert [120]. Es gibt keine Statistik, die diese Behauptung stützen würde [121], aber vieles spricht für sie – auch noch im zweiten Jahrfünft!

In den Vereinigten Staaten wurde daran Anstoß genommen, daß mehrere lateinamerikanische Staaten, u. a. auch Brasilien und Argentinien, es vermieden, Detailpläne für die Verwirklichung des Programms auszuarbeiten und sich überhaupt wenig Mühe machten, das Programm der Allianz in die Praxis umzusetzen. Kritik wurde daran geübt, daß bei der Durchführung einiger Allianzvorhaben Geldmittel verschwendet worden seien; bezweifelt wurde, ob die Verwendung der von USA-Steuerzahlern aufgebrachten Gelder überall Beamten anvertraut worden sei, die nicht der Versuchung der Korruption erlägen. Umgekehrt galt in Lateinamerika die von den USA geforderte Ausgabenkontrolle als zweckwidrig, und überdies wurde sie als beleidigend empfunden. In der Tat waren einerseits die Bürokratien der meisten lateinamerikanischen Staaten trotz einer jahrhundertelangen dirigistischen Tradition der Aufgabe einer Entwicklungsplanung nicht gewachsen und erwiesen sich anderseits die Strukturen der nordamerikanischen Verwaltung [122] – des Auswärtigen Dienstes und des Amtes für Auslandshilfe – als wenig angemessen für die Lösung der Probleme der Allianz.

Hinzu kam, daß die Vereinigten Staaten die Hoffnungen der Klienten nicht voll erfüllten: jahraus, jahrein kürzte der Kongreß die von der Regierung für die Auslandshilfe beantragten Mittel. In den ersten fünf

[119] Naciones Unidas . . ., Estudio Económico . . . 1968 (s. o. Anm. 12), S. 11. In dieser Berechnung sind neben den lateinamerikanischen Republiken Barbados, Jamaika, Trinidad und Tobago enthalten.

[120] Hanson, Five Years . . ., S. VII und S. 1.

[121] In Naciones Unidas, ebda., S. 12 ff., finden sich Berechnungen über die Einkommensverteilung auf dem Subkontinent insgesamt und in einzelnen Ländern – für die sechziger Jahre, nicht für die Zeit vorher. Naciones Unidas, Comisión Económica para América Latina, El Desarrollo Económico y la Distribución del Ingreso en la Argentina, New York, 1968, S. 8 ff., bringt Angaben über Verschiebungen in der Einkommensverteilung in Argentinien zwischen 1953 und 1961.

[122] S. hierzu Rogers, ebda., S. 181 ff. und S. 218 ff.

Jahren der Allianz flossen Lateinamerika im Jahresdurchschnitt nur 803,8 Millionen Dollar an Krediten und grants zu [123].

Auch im Zeichen der Allianz für den Fortschritt leisteten die USA fast ihre gesamte Wirtschaftshilfe in Darlehen [124]. Zwischen 1962 und 1965 entfielen von allen Zuwendungen an die lateinamerikanischen Länder (ohne Mexiko [125]) nur 27–29 % auf grants [126]. Auf »weiche« Kredite, d. h. Kredite mit durchschnittlich 2 %iger Verzinsung und 32½jähriger Laufzeit, kamen 58–64 %, auf »harte« Kredite 7–13 % der Hilfeleistungen [127].

Die Ausführung des Plans der Allianz fiel in eine Epoche, in der die Vereinigten Staaten auch andernorts ihre Auslandshilfe einschränkten. Zwischen 1949 und 1952, zur Zeit des Marshall-Plans, betrug das Brutto-Sozialprodukt der USA 1171 Milliarden Dollar, die Auslandshilfe 20 Milliarden; davon waren 82 % Zuwendungen ohne Rückzahlverpflichtung. Zwischen 1962 und 1968 belief sich das Brutto-Sozialprodukt auf 4692 Milliarden, die Hilfe auf 33 Milliarden; nur noch 46 % waren grants [128]. Unter den Mitgliedstaaten des internationalen Ausschusses für Entwicklungshilfe nahmen die USA 1968 beim Vergleich der Auslandshilfe aus öffentlichen Mitteln mit dem Bruttosozialprodukt der Geberländer die achte Stelle ein [129]. Bei diesem Ausschuß handelt es sich um eine Einrichtung nicht-kommunistischer Länder; die Wirtschaftshilfe des Sowjet-Blocks und der Volksrepublik China für Lateinamerika ist – nimmt man Kuba aus, das große Mittel verschlingt – sehr dürftig.

Der Gesamtbetrag der Wirtschaftshilfe (abzüglich Rückzahlungen), die Lateinamerika vom Ende des zweiten Weltkrieges bis 1969 von der Hegemonialmacht empfangen hat, beläuft sich auf 8276 Millionen

[123] Hanson, »The Alliance ...«, S. 45. Das sind die tatsächlich ausgezahlten Beträge. Die Haushaltsbewilligungen waren höher. Dazu s. Unión Panamericana, Departamento de Estadística, América en Cifras 1967. Situación económica: 4, Balanza de pagos, productos y ingresos nacionales, y finanzas, Washington, D.C., 1968, S. 241. Danach hatte der Kongreß im Durchschnitt der ersten fünf Jahre 934,76 Millionen Dollar bewilligt.

[124] Vgl. Mecham, ebda., S. 192 f.

[125] Mexiko war ein Sonderfall. Die von ihm in Anspruch genommene Wirtschaftshilfe bestand zu drei Vierteln aus »harten« Anleihen; Hanson, ebda., S. 42.

[126] Ebda., S. 43.

[127] Ebda., S. 42 f.

[128] Robert E. Asher, Foreign Aid: The Postwar Record and Targets for the 1970's, Washington D.C., 1970, S. 24 (The Brookings Institution, Reprint 174, from Monthly Labor Review, Vol. 92 (1967), No. 11 (November).

[129] Ebda., S. 25 f.

Dollar [130]. Trotz langen Tilgungsfristen und niedrigen Zinsen belastet der Anleihedienst den Etat einiger Empfängerländer recht beträchtlich; besonders schwer trifft er die Länder, die noch für frühere Verschuldung aufkommen müssen.

Zum Schuldendienst der Anleihen gesellen sich die ins Ausland wandernden Amortisationen und Gewinne der Direktinvestitionen. Vor 1961 floß in manchen Jahren mehr ausländisches Kapital aus Lateinamerika ab, als neues einströmte. Die Allianz für den Fortschritt hat Lateinamerika nicht davon befreit, Zahlungen ans Ausland leisten zu müssen, die seine Einnahmen übersteigen:

Tab. 11: Ausländische Direktinvestitionen und Anleihen – Schuldendienst der lateinamerikanischen Republiken [1]

in Millionen Dollar	1965	1966	1967
Brutto-Zufuhr öffentlichen und privaten Kapitals aus dem Ausland	3657,9	4266,5	4149,7
Amortisationen und andere Kapitalzahlungen	2756,0	2562,6	2296,5
Netto-Zufuhr ausländischen Kapitals	901,9	1703,9	1853,2
Gewinne aus ausländischen Direktinvestitionen und Anleihezinsen	1854,1	2113,9	2354,5
Saldo der Zufuhr ausländischer Mittel	– 952,2	– 410,0	– 501,3

[1] Ohne Kuba. Die Zahlen entstammen Naciones Unidas . . ., Estudio Económico . . . 1968 (s. o. Anm. 12), S. 104 f.

Die Amortisation der Direktinvestitionen, die Tilgung der Anleihen, die Überweisung der Gewinne und der Zinsen muß mit der Ausfuhr lateinamerikanischer Waren beglichen (oder durch zusätzliche Kapitaleinfuhr und Darlehensaufnahme kompensiert) werden. In den Jahren 1955 bis 1959 entsprach der Devisenabfluß im Kapitalverkehr 25 % der laufenden Ausfuhr (einschließlich Dienste) der lateinamerikanischen Republiken (ohne Kuba). Zwischen 1960 und 1964 stieg der Anteil auf 33 %. In jedem der Jahre 1965, 1966 und 1967 nahmen diese Zahlungen mehr als 35 % der Ausfuhr Lateinamerikas in Anspruch [131].

Abgesehen von den Krediten der Interamerikanischen Entwicklungsbank, die von den Vereinigten Staaten und den Ländern Lateinamerikas gemeinsam aufgebracht werden, durften bislang aus den nord-

[130] Berechnet nach Statistical Abstract 1970, S. 772. Der genannte Betrag schließt die Wirtschaftshilfe für kleinere Antilleninseln in europäischem Besitz ein; die Jamaika, Trinidad und Tobago gewährte Unterstützung, wie auch die für Guayana und Surinam, ist nicht einberechnet.

[131] Naciones Unidas . ., Estudio Económico . . . 1968, S. 106.

amerikanischen Darlehen nur Warenkäufe in den USA bezahlt werden. Bei manchen Projekten, zu deren Finanzierung die Vereinigten Staaten beitrugen, mußten Waren abgenommen werden, für die mehr zu zahlen war, als aus Kreditgewährung einging. Vergünstigungen, die in den Kreditbedingungen lagen, wurden damit wieder zunichte gemacht: in vielen Fällen hätten bessere und billigere Waren aus Europa oder Japan bezogen werden können. Neuerdings dürfen die lateinamerikanischen Republiken Anleihen der USA auch für Warenkäufe in anderen lateinamerikanischen Staaten verwenden. Doch nur wenige der Kapitalgüter, für deren Beschaffung sie Darlehen aufnehmen, werden auf dem Subkontinent hergestellt.

Dem Ziel sozialer und politischer Reform, das Kennedy der Allianz für den Fortschritt gegeben hatte, schenkte sein Amtsnachfolger nur noch geringe Beachtung. Lyndon B. Johnson schien es in Lateinamerika das dringlichste zu sein, für politische Stabilität zu sorgen. Der Präsident Richard Nixon hob die Allianz nicht auf. Er bezeichnete es als das Ziel seiner Regierung, the quality of life, das Lebensniveau der Menschen auf dem Subkontinent verbessern zu helfen [132] und sprach von einer »reifen Partnerschaft« und von seiner »ernsten Absicht«, ein »Aktionsprogramm« in Angriff zu nehmen [133]. Doch ist in den drei ersten Jahren seiner Präsidentschaft nicht deutlich geworden, worin das Aktionsprogramm besteht.

Die Vereinigten Staaten – sie unterschieden sich darin nicht von europäischen Mächten – haben Wirtschaftshilfe in den Konkurrenzkampf um lateinamerikanische Märkte einbezogen; nichtsdestoweniger ist der Anteil der USA an der Einfuhr des Subkontinents im Jahrzehnt der Allianz zurückgegangen. Haben sie die Wirtschaftshilfe in anderer Hinsicht als Druckmittel nutzen können? Der Kongreß knüpfte die Bewilligung von Auslandshilfe an wirtschaftliche und an politische Bedingungen. Unter anderem soll kein Land Hilfe erhalten, das von der »internationalen kommunistischen Verschwörung kontrolliert« wird, das mit Kuba Handel treibt, oder dessen Regierung Kuba unterstützt [134]. Zusätze zu Wirtschaftshilfegesetzen, deren erster 1962 von Senator Hickenlooper eingebracht wurde, schreiben dem Präsidenten der USA vor, die Unterstützung jeder Regierung auszusetzen, die nordamerikanische Investoren willkürlich benachteiligt oder deren Besitz ohne

[132] »Our fundamental objective, as Governor Rockefeller so eloquently expressed it, is to help improve the quality of life of the people of this hemisphere.« »Quality of Life in the Americas. Statement by President Nixon ...« (s. o. Anm. 13), S. 494.

[133] Ebda

[134] Rogers, ebda., S. 240 f.

angemessene Entschädigung enteignet; gleiches gilt für Regierungen, die einen Vertrag brechen. Auch Staaten, die ein nordamerikanisches Fischereifahrzeug beschlagnahmen, dürfen keine Hilfe erwarten.

Der »Hickenlooper-Zusatz« wurde in einem Moment verabschiedet, in dem nordamerikanische Elektrizitätsgesellschaften sich mit enteignungswilligen brasilianischen Behörden auseinanderzusetzen hatten. Er spielte später eine Rolle in der Kontroverse zwischen der Regierung der Vereinigten Staaten und den Militärs, die Ende 1968 in Peru die Macht übernommen und unmittelbar danach die Anlagen der International Petroleum Company verstaatlicht hatten. Der Erdöltrust war mit der Entschädigung, die Peru anbot und im gleichen Atemzug durch die Verhängung einer Steuerstrafe wieder zurücknahm, nicht zufrieden, und die USA drohten mit dem Entzug der Wirtschaftshilfe. Manches spricht für die Vermutung, daß die Regierung in Washington wenig Lust verspürte, die Drohung wahrzumachen: Die Nationalisierung, der ein jahrzehntelanger Zwist zwischen der International Petroleum Company und verschiedenen Regierungen in Lima vorangegangen war, hatte die begeisterte Zustimmung fast der gesamten Bevölkerung Perus gefunden. Repressalien der USA hätten außergewöhnlichen Unwillen hervorgerufen. Nach langen, schwierigen Verhandlungen konnte die Erfüllung des Hickenlooper-Gesetzes vermieden werden. Durch besondere Großzügigkeit zeichnet sich allerdings die Wirtschaftshilfe für Peru seit 1968 nicht aus. Der Aufforderung eines Kongreßausschusses freilich, Peru dadurch zu »bestrafen«, daß man künftig für Zuckerlieferungen aus diesem Land 20 Dollar pro Tonne weniger zahle – der Preis, den die USA für lateinamerikanischen Zucker entrichten, liegt, wie erwähnt, über dem Weltmarktpreis – ist die Regierung nicht gefolgt. (Enttäuscht wurden die peruanischen Generale in der Hoffnung, von kommunistischen Ländern erwähnenswerte Entwicklungshilfe zu erlangen.)

Die Fischerei, insbesondere die Fischmehlgewinnung, ist für die lateinamerikanischen Pazifikstaaten ein wichtiger, devisenbringender Wirtschaftszweig. Um sich Fanggebiete vorzubehalten, auch um den Fischbestand im Bereich des Humboldtstroms zu schonen, erweiterten Peru und Chile 1948 ihre Hoheitsgewässer über die den Normen des Völkerrechts entsprechende Dreimeilenzone hinaus auf 200 Seemeilen. Bald folgten ihnen andere südamerikanische Republiken. Auf der Internationalen Seerechtskonferenz 1960 in Genf gelang es aber nicht, einheitliche Regeln für die Abmessung der Hoheits- und Fischereirechte von Küstenstaaten zu vereinbaren.

Die USA, die, wie eine Reihe anderer Staaten, vor den eigenen Küstenmeeren eine »Fischerei-Anschlußzone« von 12 Seemeilen beanspruchen, haben die Ausdehnung der lateinamerikanischen Hoheitsgewässer nicht anerkannt – auch die UdSSR hat es nicht getan. Schon in den fünfziger Jahren gerieten die Vereinigten Staaten mit Peru in Streit, weil seine Flotte Dampfer aus Kalifornien aufbrachte, die in der 200-Meilen-Zone Thunfische fingen, und peruanische Gerichte den Eignern der beschlagnahmten Schiffe hohe Strafen auferlegten. Die USA verringerten die Militärhilfe für Peru und sie erließen Sanitätsvorschriften gegen die Einfuhr von peruanischen Fischkonserven. Peru verkaufte seine Thunfischkonserven nun über japanische Firmen mit japanischem Etikett in die USA. Es bat die Hegemonialmacht, ihre Heeres- und Marinemission aus Lima zurückzuziehen; einige Jahre später, als Washington protestierte, weil Lima Düsenjäger in Frankreich gekauft hatte, forderte es die Vereinigten Staaten auf, ihre Luftwaffen-Mission heimzubeordern.

1970 wurden Kutter unter USA-Flagge, die vor Ekuador gefischt hatten, von der Flotte dieses Landes aufgebracht. Diese Aktion verärgerte die Vereinigten Staaten besonders, weil an ihr Kriegsschiffe beteiligt waren, die sie der ekuatorianischen Marine geliefert hatten. Sie sperrten die Militärhilfe an Ekuador. Daraufhin wies Quito die nordamerikanische Militärmission aus dem Lande. Die Konferenz der Organisation der Amerikanischen Staaten im Februar 1971 beschloß trotz heftigen Widerstands der USA einstimmig, Ekuadors Klage zu hören, die USA hätten mit der Einstellung der Militärhilfe unstatthaften Druck ausgeübt.

Mit der Gewährung oder der Vorenthaltung von Darlehen und grants kann die Hegemonialmacht die Klienten belohnen oder bestrafen. Doch vermag wirtschaftlicher Druck bestenfalls kurzfristig etwas zu erreichen, langfristig verstärkt er den Widerstandswillen. Erpressung ist ebenso anrüchig wie nackte Gewalt.

Viertes Kapitel

Politische Beziehungen zwischen USA und Lateinamerika

Monroe-Doktrin und »Dollar-Diplomatie«

Das Lateinamerika-Interesse der Vereinigten Staaten war schon erwacht, als die lateinamerikanischen Länder noch um ihre Unabhängigkeit kämpften. Gelegentlich ließ die Aufmerksamkeit in späteren Jahrzehnten nach, und nicht allen südlichen Nachbarn wurde zu allen Zeiten dieselbe Politik entgegengebracht. Dennoch blieb das wichtigste Ziel der Lateinamerika-Politik unverändert: immer ging es um die Sicherung ökonomischer und strategischer Interessen. Diesem Ziel entsprachen das Streben nach Vorherrschaft auf dem Doppelkontinent und die ständigen Anstrengungen, außerkontinentale Mächte zu verdrängen.

Das ganze 19. Jahrhundert hindurch folgten die Vereinigten Staaten dem Drang zur territorialen Expansion. Zwischen 1790 und 1867 vervierfachte die junge nordamerikanische Republik ihre Gebietsfläche: von 2,3 auf 9,3 Millionen Quadratkilometer [135]. Der Erwerb der dem nordamerikanischen Kontinent vorgelagerten Inseln blieb dagegen umstritten. Die Annexion Kubas, Santo Domingos und Haitis wurde von einflußreichen politischen Gruppierungen immer wieder angestrebt, aber vom Kongreß jedesmal von neuem verworfen. Den Vereinigten Staaten einverleibt wurden im Endergebnis nur Puerto Rico, eine Beute des spanisch-amerikanischen Krieges von 1898, und die Dänemark 1915 abgekauften Jungferninseln, Abschlagszahlung auf den Ertrag des ersten Weltkrieges.

Die Grundpositionen, auf die sich die Lateinamerika-Politik seit anderthalb Jahrhunderten immer wieder beruft, sind »die Monroe-Doktrin« genannt worden. Sie gehen zurück auf einige Postulate, die der Präsident James Monroe 1823 in einer Botschaft an den Kongreß formulierte [136]. Da hieß es: »... daß die amerikanischen Kontinente

[135] Über die transkontinentale Expansion s. John A. Hawgood, America's Western Frontiers, New York, 1967, S. 344 f.

[136] Zur Entstehungsgeschichte und den Beweggründen der Botschaft des Präsidenten Monroe s. Dexter Perkins, Hands Off. A History of the Monroe Doctrine, Boston, 1941, S. 28 ff. Vgl. auch Armin Rappaport (Hrsg.), The Monroe Doctrine, New York/Chicago/San Francisco/Toronto/London, 1964. Die Schriften zur Monroe-Doktrin sind sehr zahlreich. In der neueren deutschen

zufolge der freien und unabhängigen Stellung, die sie sich errungen haben und behaupten, fürderhin nicht mehr als Gegenstände für zukünftige Kolonisation durch irgend welche europäische Mächte anzusehen sind ...« Und weiterhin, »... Das politische System der verbündeten [europäischen] Mächte ist in dieser Hinsicht grundverschieden von dem Amerikas ... Wir schulden es deshalb der Aufrichtigkeit und den freundschaftlichen, zwischen den Vereinigten Staaten und jenen Mächten bestehenden Beziehungen, zu erklären, daß wir jedweden Versuch ihrerseits, ihr System auf irgendwelchen Teil dieser Hemisphäre auszudehnen, als gefährlich für unseren Frieden und unsere Sicherheit ansehen würden. In die bestehenden Kolonien oder Dependenzen irgendeiner europäischen Macht haben wir uns nicht eingemischt und werden wir uns nicht einmischen. Aber wir könnten einen Eingriff seitens einer europäischen Macht in die Regierungen, die ihre Selbständigkeit erklärt und sie aufrechterhalten haben, und deren Unabhängigkeit wir nach großer Überlegung und auf Grund gerechter Prinzipien anerkannt haben, zu dem Zwecke [,] sie zu unterdrücken oder in irgendeiner Weise ihr Schicksal zu bestimmen, in keinem anderen Lichte denn als Kundgebung eines unfreundlichen Verhaltens gegenüber den Vereinigten Staaten ansehen.« [137]

Weder bei ihrer Verkündigung noch jemals später war die Monroe-Doktrin ein gemeinsamer Grundsatz der Staaten der westlichen Erdhalbkugel. Im 19. Jahrhundert beriefen sich hin und wieder iberoameri-

Literatur finden sich Angaben über die Entstehungsgeschichte der Doktrin u. a. bei Klaus Schoenthal, Amerikanische Außenpolitik. Eine Einführung, Köln/Berlin, 1964, S. 37 ff.

[137] Herbert Kraus, Die Monroedoktrin in ihrer Beziehung zur amerikanischen Diplomatie und zum Völkerrecht, Berlin, 1913, S. 37 ff. Im Original lauten diese Passagen: »... that the American continents, by the free and independent condition which they have assumed and maintain, are henceforth not to be considered as subjects for future colonization by any European powers ... The political system of the allied powers is essentially different in this respect from that of America ... We owe it, therefore, to candor and the amicable relations existing between the United States and those powers to declare that we should consider any attempt on their part to extend their system to any portion of this hemisphere as dangerous to our peace and safety. With the existing colonies or dependencies of any European power we have not interfered and shall not interfere. But with the Governments who have declared their independence and maintained it, and whose independence we have, on great consideration and on just principles, acknowledged, we could not view any interposition for the purpose of oppressing them, or controlling in any other manner their destiny, by any European power in any other light than as the manifestation of an unfriendly disposition toward the United States.« Stanislaus Murray Hamilton (Hrsg.), The Writings of James Monroe. Including a Collection of his Public and Private Papers and Correspondence. Now for the First Time Printed, 1817/1823, Vol. VI, New York/London, 1902, S. 328 und S. 339 f.

kanische Regierungen auf die Doktrin, wenn sie die Schützenhilfe der »Brüder im Norden« gegen England erwarteten, und sie ist auch den Interessen einzelner lateinamerikanischer Staaten zugute gekommen, aber primär war sie stets ein Instrument zur Vertretung der Interessen der USA. Sie konnte nicht durchgesetzt werden, solange England noch eine starke Position auf dem Doppelkontinent hatte. Von den neunziger Jahren an, als die Vereinigten Staaten darangingen, ihren Lateinamerika-Handel auszudehnen, und das in allen Erdteilen engagierte England in Lateinamerika eine Position nach der anderen räumen mußte, konnte das USA-Außenministerium in Konflikten mit kommerziellen und politischen Interessen europäischer Staaten die »Doktrin« mit zunehmendem Erfolg behaupten.

Im 19. und beginnenden 20. Jahrhundert war es üblich, daß die Großmächte das Leben und die Interessen ihrer Bürger in Asien, Afrika und Lateinamerika mit Waffengewalt schützten. Daß die iberoamerikanischen Regierungen nicht imstande oder nicht willens waren, ihre Zahlungsverpflichtungen zu erfüllen und Willkürmaßnahmen gegenüber Ausländern zu unterlassen, veranlaßte europäische Großmächte in mehreren Fällen, zu militärischen Druckmitteln zu greifen. Wollten die USA die Vormachtstellung auf dem Kontinent, so mußten sie solchen Interventionen ein Ende setzen. Nach den damaligen Vorstellungen von Großmachtvorrechten konnten sie das aber nur riskieren, wenn sie europäischen Strafexpeditionen Grund, Anlaß und Vorwand nahmen. In diesem Sinne »erweiterte« Theodore Roosevelt die Monroe-Doktrin mit der Formel, daß die USA zu einer eigenen Intervention dann gezwungen sein könnten, wenn sie es anderen Mächten verwehren wollten, gegen Rechtsverletzungen lateinamerikanischer Staaten berechtigtermaßen einzuschreiten. Das brachte die Vereinigten Staaten – nach Roosevelts eigener Definition – in die Rolle einer »Polizeimacht« [138]. Den USA fiel damit die Aufgabe zu, Staaten, die sich an die »Bande der zivilisierten Gesellschaft« nicht mehr hielten, zur Erfüllung ihrer Pflichten zu zwingen: Schuldenzahlung, auch an europäische Gläubiger, Beachtung der Rechte ausländischer Staatsbürger, Schadenersatz bei Übergriffen. Damit legten sich die Vereinigten Staaten selbst die Verpflichtung auf, Revolutionen, Unruhen, Anarchie

[138] Die amerikanische Literatur spricht vom Roosevelt Corollary zur Monroe-Doktrin. Einschlägige Texte bei Mecham, A Survey of United States . . . (s. o. Anm. 109), S. 68; Samuel Flagg Bemis, The Latin American Policy of the United States. An Historical Interpretation, New York, 1943, S. 157; Dieter Ahrens, Der Karibische Raum als Interessensphäre der Vereinigten Staaten von Amerika. Eine völkerrechtlich-politische Studie, Stuttgart/Berlin/Köln/Mainz, 1965, S. 63. Zur Entstehungsgeschichte von Roosevelts Ergänzung der Monroe-Doktrin s. Perkins, Hands Off. . . ., S. 229 ff.

im lateinamerikanischen Bereich zu unterbinden und Kriege zwischen lateinamerikanischen Staaten zu verhindern [139]. Europäischen Mächten sollte mithin jede Gelegenheit genommen sein, auf dem Doppelkontinent Fuß zu fassen.

Mehrmals entsandten die USA Truppen in Hoheitsgebiete anderer Staaten im karibischen Raum: einmal um jedem Eingriff außerkontinentaler Mächte den Boden zu entziehen, zum anderen um eigene Wirtschaftsinteressen zur Geltung zu bringen; daß Forderungen von USA-Gläubigern eingetrieben werden sollten, war nie der alleinige Grund [140]. In der Dominikanischen Republik intervenierten die USA ab 1904 wiederholt zum Schutz wirtschaftlicher Interessen und aus militärstrategischen Gründen [141]. Sie kontrollierten die Finanzen, indem sie die Zollverwaltung in die Hand nahmen. 1916–1924 war das Land von USA-Marineinfanterie besetzt, die alle Regierungsfunktionen ausübte.

In Nikaragua, wo es kleinere Invasionen von US-Interessenten und Abenteurern – den sogenannten filibusters – schon im 19. Jahrhundert gegeben hatte und wo immer wieder blutige Parteikämpfe tobten, griffen die Vereinigten Staaten 1911 und 1912 aus politischen Gründen und zum Schutz ihrer Gesandtschaft ein [142]. Dann kümmerten sie sich auch um die Finanzen des Landes; 1912–1925 und wieder 1926–1933 war in Nikaragua USA-Militär stationiert, das in Bürgerkriegen Partei nahm.

In Haiti landete USA-Marineinfanterie 1915; sie blieb bis 1934. Die offizielle These besagte, daß im Lande chaotische Zustände herrschten und daß dort soziale und politische Konflikte mit äußerster Grausamkeit ausgefochten würden. (Am Morgen des Tages, an dem das nordamerikanische Invasionsschiff im Hafen von Port-au-Prince Anker warf, hatten Bürger der Stadt gerade den am Vortag gestürzten Tyrannen in Stücke gerissen und seine einzelnen Körperteile im Triumphzug durch die Stadt getragen.) Die militärische Besetzung sollte das Land

[139] Staatssekretär James G. Blaine hatte schon in den frühen achtziger Jahren erkannt, daß Konflikte zwischen lateinamerikanischen Staaten von den USA verhindert oder unter Kontrolle gebracht werden mußten, damit England und andere europäische Staaten sie nicht benutzen könnten, um den USA die Vorherrschaft auf dem Subkontinent streitig zu machen. S. Williams, The Roots . . . (s. o. Anm. 51), S. 254 f.

[140] Bemis, ebda., S. 332 ff.

[141] Dabei wurde immer wieder geltend gemacht, daß die USA-Politik bevorstehenden Interventionen anderer Mächte zuvorkommen müsse. Auch der Errichtung eines deutschen Flottenstützpunktes glaubte die USA-Regierung vorbeugen zu müssen. Vgl. Dana G. Munro, Intervention and Dollar-Diplomacy in the Caribbean 1900–1921, Princeton, 1964, S. 78 ff.

[142] Ebda., S. 167 ff.

befrieden und das Eigentum von Bürgern der USA und europäischer Länder schützen [143].

Das 19. Jahrhundert hindurch wurde in den USA wiederholt die Forderung erhoben, Kuba zu annektieren. Es gab dafür mehrere Beweggründe. Südstaatler hofften in der Auseinandersetzung um die Beibehaltung oder Abschaffung der Sklaverei, daß mit dem Erwerb Kubas der Bereich der Sklavenwirtschaft würde ausgedehnt werden können [144]. Farmer wollten auf der Insel den Absatz ihrer Produkte steigern [145]. Auch andere Kreise waren ökonomisch an der »Perle der Antillen« interessiert, die frühzeitig USA-Kapitalien anzog [146], ja schon unter spanischer Herrschaft USA-Interessenten zu wirtschaftlicher Einflußnahme reizte. Wichtig war außerdem ein strategischer Gesichtspunkt: von Kuba aus ließen sich der Golf von Mexiko, der Seeverkehr zwischen der Ost- und der Westküste Nordamerikas und die Schiffahrtswege nach Lateinamerika kontrollieren [147].

Das Gleichgewicht der Großmächte verlagerte sich: Spanien hatte aufgehört, im Konzert der Mächte mitzuspielen. England begradigte seine Positionen; es begann – nicht ohne Widerstreben –, sich aus der Karibischen See zurückzuziehen und sein Engagement in Südamerika herabzusetzen. Die Vereinigten Staaten bauten ihre Großmachtstellung auf. So war es erklärlich, daß die USA, als auf Kuba wieder einmal Aufstände gegen die spanische Kolonialverwaltung ausbrachen, die Gelegenheit benutzten, Spanien den Krieg zu erklären, um es vom Kontinent zu vertreiben. Nach dem Sieg, der Spanien auch Puerto Rico, Guam und die Philippinen kostete, richteten die USA auf Kuba eine Militärregierung ein; sie sollte den Kubanern beim Aufbau ihres Staates »Hilfe« leisten. Geräumt wurde Kuba erst 1903. Dafür erhielten die Vereinigten Staaten Marinestützpunkte und umfassende Interventionsrechte. Schon 1906 nahmen sie diese Rechte in Anspruch; sie hielten das Land bis 1909 und dann wieder 1917 besetzt. Bald nach dem Abzug der Truppen entsandte der Präsident der Vereinigten Staaten einen »Sondervertreter« nach Havana, einen Statthalter, dessen Amt später

[143] Ebda., S. 326 ff.
[144] Bailey, Latin America . . . (s. o. Anm. 15), S. 47 f.
[145] Williams, The Roots . . . (s. o. Anm. 51), S. 377 ff.
[146] Zur Zeit des spanisch-amerikanischen Kriegs betrugen die nordamerikanischen Investitionen in Kuba schätzungsweise 50 Millionen Dollar und damit ein Vielfaches der Investitionen in anderen karibischen Ländern. Die spanischen und englischen Anlagen auf Kuba waren damals noch höher, aber die amerikanischen sollten schnell wachsen: 1911 beliefen sie sich auf 200 Millionen, 1920 auf 500 Millionen Dollar (die britischen betrugen 1918 etwa 230 Millionen Dollar). Munro, ebda., S. 16.
[147] Ahrens, Der Karibische Raum . . . (s. o. Anm. 138), S. 55.

in das eines Botschafters umgewandelt wurde. Noch um die Jahreswende 1933/34 brachte die Hegemonialmacht mit einer Flottendemonstration einen Regierungswechsel auf der Zuckerinsel zuwege.

Strategische nicht minder als wirtschaftliche Gründe waren im Spiel, als die USA 1903 unter Bruch eines Vertrages mit Kolumbien die Loslösung der kolumbianischen Provinz Panama bewerkstelligten[148], sich im neugegründeten Staat Interventionsrechte sicherten (die später gründlich ausgenutzt werden sollten) und die faktische Souveränität über die Kanalzone verlangten, die sie bis heute ausüben.

Keins der von den Vereinigten Staaten besetzten Länder hat unter ihrer Herrschaft einen Umbau seiner sozialen und politischen Institutionen erfahren. Im Unterschied zu europäischen Kolonialmächten verbesserten die USA auch die wirtschaftlichen Fundamente ihrer Protektorate wenig oder gar nicht. (In dieser Beziehung war nur die fast wie eigenes Staatsgebiet behandelte Kanalzone eine Ausnahme.) Die USA-Kommissare übten die politische und ökonomische Oberaufsicht aus, befaßten sich aber kaum mit der lokalen Verwaltung. Vor allem auf dem Festland begnügte sich »der amerikanische Imperialismus der ›offenen Tür‹ [. . .], alle Vorteile indirekter Herrschaft zu gewinnen und auszubeuten, ohne die Belastung durch die Regierung von Kolonialterritorien zu übernehmen«[149].

Die USA verzichteten auf die unmittelbare Verwaltung der von ihnen besetzten Länder nicht nur aus Scheu vor der Regierungslast. Sie wollten keine Kolonialmacht sein. Die Pläne, die Antilleninseln zu annektieren, waren nicht zuletzt an der antikolonialistischen Einstellung der Mehrheit der Bevölkerung gescheitert. (Die territoriale Expansion, in deren Verlauf Florida, Louisiana, Oregon, die Hälfte von Mexiko, Alaska den USA einverleibt wurden, hatte – zu Recht – nicht als Kolonialismus gegolten.) Farmer, die wirtschaftliche Expansion und starke Außenpolitik verlangten, hielten gleichzeitig an der antikolonialistischen Tradition fest. Sie faßten ihren Kampf um neue Märkte gerade als antikolonialistischen Kampf um freie Märkte auf (auf denen sie sicher waren, allen Konkurrenten überlegen zu sein)[150]. Auf dem Höhepunkt imperialistischer Begeisterung, nach dem Sieg im spanisch-amerikanischen Krieg traten die expansionistischen Farmer dafür ein, die befreite Kolonie Kuba, nun ein offener Markt für ihre Produkte, nicht zu annektieren[151].

[148] Vgl. Munro, ebda., S. 37 ff.
[149] Wehler, »Handelsimperium . . .« (s. o. Anm. 49), S. 187 ff.
[150] S. Williams, ebda., S. 45 und passim.
[151] Ebda., S. 432 ff.

Militärische Besetzung, Strafexpeditionen, Flottendemonstrationen waren nicht die einzigen Mittel, mit denen die Vereinigten Staaten ihre wirtschaftlichen Interessen verteidigten. Auf Mexiko übten sie lange Zeit starken diplomatischen Druck aus; einer mexikanischen Regierung versagten sie die völkerrechtliche Anerkennung, um für USA-Staatsbürger Entschädigungen für Industrie- und Großgrundbesitz zu erreichen, der im Verlauf der Revolution von 1910–1917 enteignet worden war. Die Pression schien fast der Prolog zu einem Krieg zu werden.

Nicht nur Regierung, Botschafter und Geheimdienst, sondern auch private Firmen der USA haben sich zu verschiedenen Zeiten in innere Angelegenheiten lateinamerikanischer Staaten eingemischt. Einen beherrschenden Einfluß übte lange Zeit die United Fruit Company auf die Politik mehrerer mittelamerikanischer Länder aus. Im karibischen Raum hielten auch Zuckerfirmen aus USA Präsidenten, Parlamente, Gerichte unter ihrer Botmäßigkeit. Verschiedentlich arbeiteten die Wirtschaftsgebilde und das State Department Hand in Hand: der eine bediente sich des anderen für seine Eingriffe [152]. Ein Konzern, der den wichtigsten Wirtschaftszweig eines Landes kontrollierte, griff natürlich auch in dessen Innen- und Außenpolitik ein, um Verhältnisse zu schaffen oder zu erhalten, unter denen seine Profite gewährleistet, seine Kapitalanlagen gesichert und seine Konkurrenten ferngehalten werden könnten. Für die Lateinamerikaner war Grund genug zur Auflehnung, daß hier ausländische Wirtschaftsmagnaten den Markt beherrschten und sich in die Politik einmischten und daß sich ihre Einflußnahme mit der Einflußnahme der USA-Diplomatie verzahnte. Hinter den offiziellen Vertretern der USA stand ein Staat, der stärker war als jedes einzelne lateinamerikanische Land, ja als die Gesamtheit der iberoamerikanischen Republiken. Seine ökonomische Übermacht war um so gewichtiger, als uneinholbarer technischer Vorsprung sie untermauerte und enorme militärische Überlegenheit sie sicherte.

Das Zusammenspiel der privaten Unternehmer und der Staatsorgane, die sogenannte Dollar-Diplomatie, machte die karibischen Staaten der ökonomischen und politischen Macht der USA untertan [153]. Die europäische Konkurrenz wurde auf den zweiten Platz gedrängt oder ausgeschaltet. USA-Botschafter übten auch in den Perioden, in denen keine Marineinfanterie im Lande war, die Macht von Prokonsuln aus; ihr Einverständnis mußte vor wichtigen Entscheidungen der Staatsorgane, ja fast vor jedem Regierungswechsel eingeholt werden.

[152] Vgl. Ahrens, Der Karibische Raum . . ., S. 75 und die dort zitierte Literatur.

[153] Zum besonderen Verhältnis der USA zu den karibischen Ländern s. Dexter Perkins, The United States and the Caribbean, Cambridge, Mass., 1966 (erweiterte Ausgabe der 1947 in erster Auflage erschienenen Schrift).

Mexiko und die Republiken Südamerikas wurden von den USA nicht im gleichen Maße beherrscht wie die kleinen Länder im karibischen Raum, aber auch dort eroberten sie wirtschaftliche Machtpositionen und griffen offen oder versteckt in politische Entwicklungen einiger der Staaten ein [154]. Bei den Investitionen in den kleinen Ländern Mittelamerikas, in der Dominikanischen Republik und Haiti handelte es sich freilich um Kapitalien, die zwar für die Anlageländer sehr gewichtig, für die Vereinigten Staaten aber verhältnismäßig unbedeutend waren; wenige Unternehmen, deren Interessen die nordamerikanischen Diplomaten dort schützten, gehörten zu dem Kreis der großen Konzerne der USA.

Die Dollar-Diplomatie minderte in der internationalen öffentlichen Meinung das Prestige der USA und wurde auch in den Vereinigten Staaten von ganzen Scharen von Schriftstellern, Journalisten und Politikern angegriffen. Der Glaube an den Nutzen von Interventionen ebbte in den zwanziger Jahren des 20. Jahrhunderts auch in den USA-Regierungskreisen wieder ab. Auch die iberoamerikanischen Staaten, die nicht direkt betroffen waren, protestierten leidenschaftlich. Schon Woodrow Wilson hatte die Dollar-Diplomatie mit Nachdruck verworfen – wenngleich er sich öfter als Theodore Roosevelt zu bewaffneten Interventionen veranlaßt sah. Franklin D. Roosevelt unternahm es dann, mit einer neuen Lateinamerika-Politik, der Good-Neighbor Policy, um die Freundschaft der Nachbarn zu werben. Die Vereinigten Staaten gaben 1936 die feierliche Erklärung ab, daß sie in Zukunft in die inneren oder äußeren Angelegenheiten der lateinamerikanischen Republiken nicht mehr eingreifen würden.

Mit der Politik der »Guten Nachbarschaft« verringerte sich der Rückhalt einiger privater Firmen bei den Auslandsvertretungen der USA. Roosevelt stützte sich – zumal in seiner Außenpolitik – auf andere Wirtschaftskreise als seine Vorgänger. Die heiß umkämpfte Verstaatlichung des Erdöls in Mexiko wurde 1938 mit geringer Entschädigung der Ölkonzerne hingenommen – ebenso wie kurz zuvor die Enteignung der Ölunternehmungen der Standard Oil Company in Bolivien. Die Wirtschaftsreserven des Kontinents mußten für die »preparedness economy«, die Vorbereitung der wirtschaftlichen Kriegführung mobilisiert werden.

Der Versuch der Wiederbelebung und sozialreformerischen Vertiefung der Good-Neighbor Policy unter Kennedy wurde von dessen Nachfolger nicht fortgesetzt. Kurz nach seinem Amtsantritt ernannte

[154] S. z. B. die Schilderung der Einmischung der Botschaft und der Flotte der Vereinigten Staaten in die brasilianische Revolution von 1893/94 bei Wehler, »Handelsimperium . . .« (s. o. Anm. 49), S. 212 ff.

Johnson zum Ressortleiter für lateinamerikanische Angelegenheiten den Berufsdiplomaten Thomas C. Mann, der in den Ländern seines Zuständigkeitsbereiches aus früherer Tätigkeit als Vertreter eines »harten«, privatwirtschaftlich orientierten USA-Kurses bekannt war. Die wirtschaftliche und politische Präsenz der Hegemonialmacht im karibischen Raum ist aufrechterhalten worden, und auch in Südamerika haben die USA ihre Interessen gewahrt. Zur Dollar-Diplomatie im Stil der ersten Jahrzehnte dieses Jahrhunderts aber kehrten weder Johnson noch Nixon zurück. Seit dem zweiten Weltkrieg spielen ohnehin Sicherheitsmomente eine größere Rolle als wirtschaftliche Überlegungen.

Militärische Zusammenarbeit

Von erstrangigem militärischem Interesse sind für die Vereinigten Staaten die Antillen und das nördliche Südamerika. Wenn auch der Ausdruck »the soft under-belly of the United States« von einigen Autoren [155] auf das gesamte Iberoamerika bezogen wird, so verdient doch das Gebiet südlich des Amazonas den Namen kaum: Buenos Aires ist weiter von New York entfernt als Paris, Rio de Janeiro weiter von San Francisco als Tokio. Freilich ist die Kontrolle über Lateinamerika für die Sicherheit der Vereinigten Staaten wichtig, übrigens wichtiger als früher, schon aus dem Grund, weil es Ausstrahlungen auf alle Länder südlich des Río Grande hätte, wenn sich irgendwo im Süden ein mit der UdSSR verbündetes Regime etablierte. Überdies könnte in einem Raketenkrieg der Panama-Kanal unpassierbar gemacht werden, so daß der Seeweg zwischen der Atlantik- und der Pazifik-Küste Nordamerikas wieder ums Kap Hoorn führen müßte [156]. Aber verglichen mit der strategischen Bedeutung des karibischen Raumes ist Südamerika als Sicherheitsfaktor sekundär. Dem entspricht auch, daß sich Interventionen im Zeichen der Monroe-Doktrin seit eh und je im wesentlichen auf die nördliche Region Lateinamerikas konzentrierten [157].

Die karibische See wurde 1903, als England mehrere Flottenstützpunkte aufgab, praktisch zum Binnenmeer der Vereinigten Staaten. Sie war es auch noch nach Franklin D. Roosevelts Verzicht auf die Protektoratsrechte. Als der zweite Weltkrieg nahte, zog Südamerika mehr als

[155] Zum Beispiel von Mecham, A Survey of United States ... (s. o. Anm. 109), S. 459.

[156] Ob der Kanal in einem Raketenkrieg die gleiche militärische Bedeutung wie früher haben würde, ist strittig. S. Perkins, ebda., S. 152 f.

[157] Vgl. Ahrens, Der Karibische Raum ... (s. o. Anm. 138), S. 64.

früher die Aufmerksamkeit der USA auf sich. Um die lateinamerikanischen Staaten zu veranlassen, deutsche und italienische Militärmissionen aufzulösen, boten ihnen die USA die fast kostenlose Ausbildung lateinamerikanischer Offiziere auf nordamerikanischen Militärakademien an. Damit in Zukunft keine europäischen Waffen mehr gekauft zu werden brauchten, stellten sie den lateinamerikanischen Staaten ohne Bezahlung Rüstungsmaterial im Werte von 400 Millionen Dollar zur Verfügung. Der Subkontinent sollte an der Auseinandersetzung mit dem nationalsozialistischen Deutschland auf der Seite der Vereinigten Staaten teilnehmen, ihnen Stützpunkte einräumen und Rohstoffe liefern, die Infiltration von Agenten und Spionen aus dem Dritten Reich abwehren. Mit Ausnahme Chiles, das traditionell deutschfreundlich war und USA-feindlich blieb, und Argentiniens, dessen konservative und halbfaschistische Regierungen mit den italienischen, deutschen und spanischen Fachisten sympathisierten, arbeiteten die südamerikanischen Staaten zwischen 1939 und 1945 enger und freundschaftlicher als in früheren Epochen mit den USA zusammen; außer den fühlbaren Anstrengungen der Regierung Roosevelt mag dazu der Abscheu vor den Aggressionen und dem Terrorregiment des nationalsozialistischen Deutschlands beigetragen haben. Nach Japans Angriff auf Pearl Harbour erklärten die karibischen Staaten den Achsenmächten den Krieg. Eine nach der anderen folgten ihnen die südamerikanischen Regierungen – Perón allerdings erst kurz vor der Niederlage der Nationalsozialisten, aber noch rechtzeitig genug, um deutschen Besitz in Argentinien enteignen zu können. Mehrere Staaten internierten deutsche Nationalsozialisten (mitunter auch Deutsche, die keine engen Bindungen zu den Nationalsozialisten unterhielten) oder überstellten sie zur Internierung an die USA. Für die Dauer der Feindseligkeiten erhielten die Vereinigten Staaten in einigen Ländern Militärstützpunkte. Brasilien entsandte sogar ein Expeditionskorps auf den europäischen Kriegsschauplatz.

Weder die Good-Neighbor Policy noch die gemeinsamen Verteidigungsanstrengungen im zweiten Weltkrieg haben, was allerdings oft behauptet wird [158], dazu geführt, daß die Monroe-Doktrin ein multilaterales Instrument geworden wäre. Auch nach der Schaffung eines antikommunistischen Bündnissystems blieb die Doktrin, was sie schon bei ihrer Verkündung war: ein Werkzeug der Sicherheitspolitik der USA. In Lateinamerika wurde sie selten anders verstanden [159].

[158] S. 82 ff.; s. auch die dort angeführten Autoren.

[159] Lateinamerikanische Urteile über die Doktrin sind zusammengetragen bei Donald Marquand Dozer, The Monroe-Doctrine. Its Modern Significance, New York, 1965.

Alle amerikanischen Staaten bis auf Kanada schlossen nach dem Krieg – 1947 in Rio de Janeiro – einen gegenseitigen Beistandspakt ab. Darin verpflichteten sie sich, in ihren internationalen Beziehungen weder Gewalt anzuwenden noch mit Gewalt zu drohen, es sei denn im Einklang mit der Charta der Vereinten Nationen und den Vertragsbestimmungen [160]. Sie gelobten, inneramerikanische Konflikte friedlich zu regeln und interne Streitigkeiten vor jedem Appell an die Vereinten Nationen einer Lösung im Schoße der Organisation der Amerikanischen Staaten (OAS) zuzuführen. Ein bewaffneter Angriff auf einen Vertragspartner sollte als Angriff auf alle Unterzeichnermächte gelten und auf Grund des in der Charta der Vereinten Nationen verankerten Selbstverteidigungsrechts den Beistand aller nach sich ziehen.

Später vereinbarten die Vereinigten Staaten noch individuelle Beistandsabkommen mit 12 Republiken; in den Abkommen wurde u. a. die Lieferung von Kriegsmaterial zugesagt. Die USA unterhalten in fast allen lateinamerikanischen Staaten Militärmissionen – einige mit recht ansehnlichem Personalbestand. Einheiten ihrer Kriegsmarine veranstalten von Zeit zu Zeit gemeinsame Manöver mit den Flotten von Mitgliedsstaaten des Pakts von Rio. Vom Ende des zweiten Weltkriegs bis 1969 haben die USA den Ländern der westlichen Hemisphäre einschließlich Kanadas und der europäischen Besitzungen Militärhilfe für 1184 Millionen Dollar gewährt [161]: angesichts der Preise moderner Waffen und der hohen Militärausgaben der Vereinigten Staaten und der UdSSR in anderen Regionen der Erde ein bescheidener Betrag.

Das Widerstreben der USA, den lateinamerikanischen Verbündeten jeden Wunsch nach neuen Rüstungsgütern zu erfüllen, rief denn auch Frankreich auf den Plan. In jüngster Zeit hat es über Waffenkäufe mit Argentinien, Brasilien, Chile, Ekuador, Guatemala, Kolumbien, Panama, Peru und Venezuela verhandelt. Einige Geschäfte sind bereits zu einem günstigen Abschluß gelangt. Argentinien z. B. hat 1970 106 Mirage V Düsenflugzeuge gekauft [162]. Ende der sechziger Jahre hatte die kubanische Luftwaffe als die stärkste und bestausgerüstete in Lateinamerika gegolten (gleiches hatte man vom kubanischen Heer gesagt); es ist fraglich, ob sie es nach der argentinischen Neubeschaffung geblieben ist. Auch die brasilianische und die kolumbianische Luftwaffe

[160] Bibliographische Angaben für diesen und andere wichtige interamerikanische Verträge wie auch für die Protokolle der Interamerikanischen Konferenzen finden sich bei Gordon Connel-Smith, The Inter-American System, London/New York/Toronto, 1966, S. 347 ff.

[161] US Department of Commerce ..., Statistical Abstract ... 1970 (s. o. Anm. 1 zu Tabelle 1), S. 770.

[162] C. L. Sulzberger, »Arms and the Frenchman«, in: International Herald Tribune, Nr. 27404 vom 22. Februar 1971, S. 4.

holen auf. Die Heere einiger Länder werden mit neuen Panzerwaffen versorgt. Moderne Kriegsschiffe braucht fast jeder Staat, ob er sich nun an der Verteidigung des Südatlantik gegen die Rote Flotte beteiligen mag, oder wie Chile – auch und gerade unter dem Präsidenten Allende – eine lange Küste schützen muß, oder ob er auch nur eine 200-Meilen-Zone patroullieren will. Einschlägige Bestellungen sind außer in Frankreich und Italien, der Bundesrepublik, den Niederlanden und in England aufgegeben worden. Angesichts der europäischen Konkurrenz haben die Vereinigten Staaten aus wirtschaftlichen und politischen Überlegungen ihre Reserve aufgegeben. Im Sommer 1971 bat der Präsident den Kongreß, den auf 75 Millionen Dollar im Jahr begrenzten Betrag für Waffenverkäufe an Lateinamerika auf 150 Millionen zu erhöhen.

Den USA kommt es weniger auf die militärischen Anstrengungen ihrer Klienten an als auf »politische Aufrüstung«. Die lateinamerikanischen Länder sollen der Gefahr des kommunistischen »Umsturzes« begegnen, verhindern helfen, daß die Sowjet-Union auf dem amerikanischen Kontinent Fuß faßt [163]. Eben im Hinblick darauf wurden lateinamerikanische Offiziere in den USA in der Bekämpfung von Aufständen ausgebildet. Allgemein förderten die USA das Militär, weil sie in ihm die stärkste antikommunistische Institution zu sehen vermeinten.

Der Vertrag von Rio war eingebettet in das sogenannte interamerikanische System. Das dazu geschaffene organisatorische Gebilde heißt heute Organización de Estados Americanos oder auch Organization of American States.

Organisation der Amerikanischen Staaten

Vorläuferin der OAS war die Union amerikanischer Republiken, die ihre Gründung nordamerikanischer Initiative verdankte. Seit den achtziger Jahren des 19. Jahrhunderts waren die USA für die Schaffung eines panamerikanischen Staatenzusammenschlusses eingetreten; er sollte der Ausbreitung ihres Handels auf dem Subkontinent dienen und es ihnen leichter machen, den europäischen wirtschaftlichen und politischen Interessenten entgegenzutreten. Außerdem war der Union die Aufgabe zugedacht, für die friedliche Regelung innerlateinamerikanischer Konflikte zu sorgen und damit auf politische Stabilität hinzu-

[163] Vgl. Robert N. Burr, Our Troubled Hemisphere. Perspectives on United States – Latin American Relations, Washington, D.C., 1967, S. 38 ff.

wirken; wiederum sollte die angestrebte Stabilität dem USA-Handel zugute kommen und europäischen Interventionen jede denkbare Grundlage entziehen [164]. Die »Erste Internationale Konferenz Amerikanischer Staaten« gründete am 14. April 1890 die »Internationale Union Amerikanischer Republiken«, später in »Union der Amerikanischen Staaten« umbenannt. Das Büro der Union schlug seinen Sitz in Washington auf. Es nannte sich »Panamerikanische Union«. Seine Leitung besorgten jahrzehntelang Beauftragte des State Department.

Es blieb nicht bei der bloßen Förderung des Außenhandels der USA. Schon in der Phase ihres Daseins, die bis zum Regierungsantritt Franklin D. Roosevelts reichte, schritt die Union zu technischer Kooperation auf mehreren Gebieten fort: Emanzipation der Frau, Gesundheitswesen, Erziehung. Für einzelne Arbeitsbereiche wurden Unterorganisationen eingerichtet. Mehrere Schiedsverträge wurden zustande gebracht [165]. Die USA konnten erreichen, daß ihre Präsidenten anstelle europäischer Staatsoberhäupter um die Schlichtung von Konflikten zwischen lateinamerikanischen Ländern gebeten wurden. Um eine Lösung der wichtigsten ökonomischen und politischen Probleme des Kontinents konnte sich die Panamerikanische Union allerdings nicht bemühen: einer solchen Erweiterung ihres Aufgabenbereichs stimmten die Vereinigten Staaten nicht zu.

Als ideologischen Überbau der panamerikanischen Institutionen postulierten die USA gern etwas, was sie den »besonderen Beziehungszusammenhang der westlichen Erdhalbkugel« (Western Hemisphere special relationship) nannten. Die Union umfaßte aber gar nicht den gesamten Kontinent mitsamt den amerikanischen Besitzungen europäischer Mächte, sondern nur die USA und die iberoamerikanischen Republiken. Draußen blieb vor allem Kanada. Lateinamerikanische Regierungen hatten zwar die Aufnahme Kanadas immer wieder vorgeschlagen, waren aber auf den Widerstand der Vereinigten Staaten gestoßen. (Als nach dem zweiten Weltkrieg auch die USA den Beitritt Kanadas zu forcieren suchten, wollte Kanada nicht.) Schwerlich ließen sich die Länder der Union als geographische Einheit begreifen: nur wenige Verkehrsverbindungen zwischen ihnen waren auf dem Landwege herzustellen, und größere Entfernungen trennten manche dieser Länder voneinander als von Europa oder Afrika. Kulturell standen den Iberoamerikanern die Bewohner der Länder, aus denen sie

[164] S. Williams, The Roots ... (s. o. Anm. 51), S. 311, 327 f., und Connell-Smith, ebda., S. 39. Das Werk von M. Margaret Ball, The OAS in Transition, Durham, N.C., 1969, ist dem Verfasser erst nach Abschluß seines Manuskripts bekanntgeworden; es konnte nicht mehr berücksichtigt werden.

[165] S. Bailey, Latin America ... (s. o. Anm. 15), S. 69 ff.

gekommen waren, näher als die US-Amerikaner. Wirtschaftlich wurden sie zwar zunehmend enger an die USA gefesselt, aber für mehrere iberoamerikanische Länder war der Handel mit Europa immer noch von größerer Bedeutung. Die politischen Systeme der lateinamerikanischen Staaten schließlich, die im Sinne der Monroe-Doktrin dem USA-Modell hätten gleichen sollen, hatten zumeist mehr mit dem System gemeinsam, in dem Spanien zu Zeiten der pronunciamentos, der Militärrevolten und Cliquendiktaturen, gelebt hatte.

Sowenig also von einem »besonderen Beziehungszusammenhang« die Rede sein kann, so evident ist eine besondere Beziehung, die innerhalb des interamerikanischen Systems besteht: die Beziehung zwischen dem »Einen« und den »Zwanzig«. Den Vereinigten Staaten mit ihrer hochentwickelten Wirtschaft, ihrem stabilen Regierungssystem und ihrer modernen Rüstung stehen Länder gegenüber, die ihnen wirtschaftlich, politisch und militärisch unterlegen sind. Die USA haben die Union als ein Mittel zu dem Zweck benutzt, außerkontinentale Einflüsse auszuschalten und ihre eigene Herrschaft auszudehnen und zu festigen. Die Iberoamerikaner haben in ihr umgekehrt eine Apparatur sehen wollen, die der Eindämmung der Macht der USA nutzbar zu machen wäre, denn gerade die Macht der USA war ihrer Unabhängigkeit gefährlicher als der Einfluß europäischer Staaten. Wenn die lateinamerikanischen Länder innerhalb der Union eine Einheitsfront bildeten, so glaubten sie, die USA auf diese Weise daran hindern zu können, sich in ihre inneren Angelegenheiten einzumischen. Den kleineren Republiken boten die größeren einen gewissen Rückhalt. Argentinien kooperierte mit den USA meist nur widerwillig und in kühler Zurückhaltung. Seine engen wirtschaftlichen Beziehungen zu England, seine kulturellen Bindungen an Frankreich, dann in den dreißiger Jahren eine Sympathie für die Achsenmächte, aber auch die eigenen Hegemonialansprüche brachten Argentinien dazu, auf verschiedenen Interamerikanischen Konferenzen die Opposition gegen die Vereinigten Staaten anzuführen. In dieser Haltung wurde es durch die Rivalität mit Brasilien bestärkt, das wiederum an die USA freundschaftlicher herangerückt war als alle anderen südamerikanischen Länder. Entschieden und konsequent wehrte sich Mexiko gegen die Vormachtansprüche der USA auf dem Subkontinent. Mexiko hatte an die USA die Hälfte seines Territoriums verloren, nordamerikanische und europäische Militärinterventionen erlitten, schweren wirtschaftlichen und diplomatischen Druck aushalten müssen [166]. Seine Juristen formulierten völkerrecht-

[166] Im Vergleich zu Darstellungen anderer lateinamerikanischer Staaten ist die Literatur über Mexiko und besonders auch über die Beziehungen Mexiko/

liche Prinzipien der Nicht-Intervention, seine Regierungen achteten strengstens auf die Unverletzlichkeit der mexikanischen Souveränität, seine Diplomaten reagierten höchst empfindlich auf Verstöße gegen das Selbstbestimmungsrecht anderer Nationen, die nicht zu den mächtigsten gehörten [167].

Als die Union der amerikanischen Republiken das vierte Jahrzehnt ihrer Existenz vollendet hatte, war klar, daß die Hoffnungen der Lateinamerikaner nicht in Erfüllung gegangen waren. Die USA genossen alle völkerrechtlichen Vorrechte einer Großmacht und dazu noch die Sonderrechte, die sie auf dem amerikanischen Doppelkontinent unter Berufung auf die Monroe-Doktrin beanspruchten. Zum gewaltsamen Widerstand gegen die Nutzung solcher Rechte reichte die Kraft der lateinamerikanischen Staaten nicht. Meistens vermochten sie, wenn sie moralischen Druck ausüben wollten, nicht einmal, eine Gesamtfront aufzustellen: einige Staaten tanzten immer aus der Reihe, denn in ihnen regierten Strohmänner der USA. Sofern die USA ihre Allmacht walten ließen, entpuppte sich »der Vergleich mit zwischenstaatlichen Beziehungen in anderen Regionen der Erde, mit dem sich USA-Staatsmänner auf panamerikanischen Treffen gern schmeichelten, als unsinnig. Die Kluft zwischen Ideal und Wirklichkeit war [. . .] zu weit geworden, als daß sie mit Gemeinplätzen über interamerikanische Solidarität hätte zugedeckt werden können. Nur noch eine Änderung der USA-Politik hätte dem Panamerikanismus noch einen für die 20 übrigen Mitglieder des Systems akzeptablen Sinn verleihen können« [168].

Herbert C. Hoover hatte als Präsident der USA bereits größeres Verständnis für die möglichen Reaktionen der lateinamerikanischen

USA recht ergiebig. Eine zusammenfassende Darstellung aus USA-Sicht ist Howard F. Cline, The United States and Mexico, New York, 1963. Weniger apologetisch und tiefer: Frank Tannenbaum, Mexico. The Struggle for Peace and Bread, New York, 1962, allerdings nur für die Zeit bis zum zweiten Weltkrieg. Über den Konflikt ums Erdöl s. Lorenzo Meyer, México y Estados Unidos en el Conflicto Petrolero (1917–1942), Mexiko, 1968. Kommentierte Bibliographie der Veröffentlichungen über die Beziehungen zwischen Mexiko und den Vereinigten Staaten 1910–1940: Luis González unter Mitarbeit von Guadalupe Monroy, Luis Muro, Susana Uribe in Fuentes de la Historia Contemporánea de México. Libros y Folletos, II, Mexiko, 1962, S. 487 ff.; Detailnachweis der Zeitungs- und Zeitschriftenveröffentlichungen: Stanley R. Ross, in: Fuentes de la Historia Contemporánea de México. Libros y Folletos II, Mexiko, 1967.

[167] Vgl. Antonio Carrillo Flores, »La política exterior de México«; Mario Ojeda Gómez, »México en el ámbito internacional«; Antonio Gómez Robledo, »Directrices fundamentales de la política exterior mexicana«; Olga Pellicer de Brody, »México en la OEA«, sämtlich in: Foro Internacional, Vol. VI, Nr. 2–3, Oktober-Dezember 1965, Januar-März 1966. S. auch Jorge Castañeda, México y el Orden Internacional, Mexiko, 1956, S. 175 ff.

[168] Connel-Smith, The Inter-American System . . . (s. o. Anm. 160), S. 73.

Klienten an den Tag gelegt. Aber noch die Regierung Roosevelt, der die Expeditionen von Marineinfanteristen gewiß bedenklich vorkamen, zeigte auf der Siebten Interamerikanischen Konferenz (1933 in Montevideo) wenig Neigung, sich der Freiheit des Handelns ganz zu begeben. Auf der Konferenz wurde der amerikanische Außenminister Cordell Hull zur Zielscheibe wütender Angriffe auf die Monroe-Doktrin, der nachgesagt wurde, sie sei für die Lateinamerikaner erniedrigend. Er mußte leidenschaftliche Anklagen gegen den »lieben Verwandten« anhören, der, »während er das Selbstbestimmungsrecht der kleinen Völker proklamiert«, die »kleinen Nationen des Kontinents versklavt und verarmen läßt« [169]. Hull stimmte einer Vereinbarung zu, die besagte, daß kein Staat das Recht habe, »in die inneren oder äußeren Angelegenheiten eines anderen« einzugreifen, machte aber Einschränkungen unter Berufung auf frühere Erklärungen seiner Regierung und auf das »allgemeine Völkerrecht«; anders ausgedrückt: er bestand auf freier Hand für die USA für den Fall, daß sich das aus Lebensnotwendigkeiten der USA ergeben sollte [170]. Erst 1936, auf der Achten Konferenz, unterzeichneten die Vereinigten Staaten ohne Vorbehalt ein »Zusatzprotokoll«, das die unmittelbare und mittelbare Einmischung – gleich aus welchem Grund sie erfolgen würde – eines Signatarstaates in die inneren oder äußeren Angelegenheiten eines anderen Signatarstaates untersagte. Es verpflichtete die Vertragspartner zur gegenseitigen Konsultation im Falle einer Verletzung des Interventionsverbots [171].

Die Vereinigten Staaten akzeptierten mit dieser Erklärung ohne jeden Vorbehalt das Prinzip der Nichteinmischung. Vertragsbrüche sollten dafür in Zukunft nicht mit einseitigen Aktionen einer Macht, sondern mit Kollektivaktionen aller beantwortet werden. Das heißt: die lateinamerikanischen Staaten ihrerseits unterwarfen sich dem Prinzip der kollektiven Verantwortung. Hier ergab sich eine gewisse Übereinstimmung mit der mexikanischen Regierung, die das Zusatzprotokoll auf der Konferenz eingebracht und schon früher mehrfach für eine kollektive Sicherung des Friedens plädiert hatte [172]. Doch auch im

[169] So der Vertreter Haitis, zit. bei Connel-Smith, ebda., S. 88 f.

[170] Ebda., S. 87, 90.

[171] Im Original: »The High Contracting Parties declare inadmissible the intervention of any one of them, directly or indirectly, and for whatever reason, in the internal or external affairs of any other of the Parties. The violation of the provisions of this Article shall give rise to mutual consultation, with the object of exchanging views and seeking methods of peaceful adjustment.« Connell-Smith, ebda., S. 97.

[172] Mexikanische Bemühungen um kollektive Friedensaktionen gehen bis auf den von 1824 bis 1829 amtierenden Präsidenten Guadalupe Victoria (eigentlich: Miguel Fernández y Félix) zurück. Vgl. Genaro Fernández MacGregor,

Rahmen einer gemeinsamen Aktion hielt Mexiko weder damals noch später die Besetzung eines Landes für gerechtfertigt. Als verschiedener Interpretation zugänglich erwies sich bald der Begriff der Einmischung. Die USA wollten ihn strikt auf bewaffnetes Eingreifen beschränkt wissen; die Lateinamerikaner wandten ihn auf jede Art von Einflußnahme und Druckausübung an.

In der Epoche der Good-Neighbor Policy schuf die OAS neue Organe der wirtschaftlichen und technischen Kooperation. Zu ihnen gehörte das 1945 ins Leben gerufene Wirtschafts- und Finanzkomitee, das später in einen Wirtschafts- und Sozialrat umgewandelt wurde. Als Aufgaben bekam es zugewiesen: Entwicklung der Landwirtschaft, Aufbau der Industrie, Hebung des Lebensstandards [173].

Für die wirtschaftliche Zusammenarbeit der lateinamerikanischen Staaten, die wissenschaftliche Durchleuchtung der lateinamerikanischen Probleme und die Aufstellung von Entwicklungsplänen wie auch anderseits für die Ausbildung von Technikern und Beamten wurde die »Wirtschaftskommission der Vereinten Nationen für Lateinamerika« geschaffen, die auf Vorschlag Chiles 1947 ins Leben trat. Von ihr – nicht von der OAS – ging der Anstoß zur Bildung der lateinamerikanischen Freihandelszone und der zentralamerikanischen Wirtschaftsgemeinschaft aus. Dieser UN-Wirtschaftskommission gehörten neben den lateinamerikanischen Republiken die USA, Großbritannien, Frankreich und die Niederlande an. Aber die USA waren nicht für die Einsetzung einer solchen Kommission; sie sahen in ihr lange eine Konkurrenzorganisation für die OAS und verdächtigten sie dirigistischer und sozialistischer Neigungen. Überhaupt standen die Vereinigten Staaten anfänglich der wirtschaftlichen Integration Lateinamerikas reserviert gegenüber: sie schien mit ihren eigenen wirtschaftlichen Interessen zu kollidieren.

Die Umbenennung der Union der Amerikanischen Staaten in Organisation amerikanischer Staaten, die Reorganisierung [174] der Gemeinschaft und eine programmatische Charta [175] beschloß die Neunte Konferenz der Amerkanischen Staaten (1948 Bogotá). Eines der wichtigsten Organe der Vereinigung ist der Interamerikanische Wirtschafts- und

»Las Relaciones Exteriores de México y el Derecho Internacional«, in: México y la Cultura (Hrsg. Secretariá de Educación Pública), Mexiko, 1961, S. 963 ff.

[173] Connell-Smith, ebda., S. 266 f.

[174] Organisationsmodelle der OAS bei Bailey, Latin America . . . (s. o. Anm. 15), S. 79 f., und O. C. Stoetzer, Panamerika. Idee und Wirklichkeit. Die Organisation der Amerikanischen Staaten, Hamburg, 1964, S. 151 f. Die ausführlichste deutsche Darstellung der OAS bei Gerhard Kutzner, Die Organisation der Amerikanischen Staaten (OAS), Hamburg, 1970.

[175] Text bei Bailey, S. 185 ff., deutsch bei Stoetzer, S. 84 ff.

Sozialrat geworden. Artikel 63 der Satzung der OAS gab ihm die Aufgabe, »die wirtschaftliche und soziale Wohlfahrt der amerikanischen Staaten zu fördern durch wirksame Zusammenarbeit für die bessere Nutzung ihrer natürlichen Hilfsquellen, die Entwicklung ihrer Landwirtschaft und Industrie und die Hebung des Lebensstandards ihrer Völker« [176]. Auf der Konferenz von Punta del Este 1961 wurde festgestellt, daß der Wirtschafts- und Sozialrat diese Aufgabe auch im Rahmen der Allianz für den Fortschritt erfüllen sollte. Nach einiger Zeit stellte sich heraus, daß er ein ständiges Leitungsorgan benötigte, und daß die Allianz eines Koordinierungsgremiums bedurfte. So vereinbarte man Ende 1963, einen »Interamerikanischen Ausschuß der Allianz für den Fortschritt« zu gründen (üblicherweise CIAP genannt, als Abkürzung des spanischen Namens Comité Interamericano de la Alianza para el Progreso), dessen Wahlorgan der Wirtschafts- und Sozialrat sein würde [177]. CIAP entwickelte sich bald zum Lenkungsorgan des Wirtschafts- und Sozialrats. Seine zehn Mitglieder sind lateinamerikanische Minister und hohe Staatsbeamte, der Leitende Sekretär ist ein Beauftragter der USA. Der Interamerikanische Ausschuß, bzw. seine Unterausschüsse überprüfen Entwicklungspläne lateinamerikanischer Staaten (es sind in der Regel Zwei-Jahrespläne) und befinden, welche finanziellen Mittel für die Ausführung der Pläne erforderlich sein würden. Bevor er seine Empfehlungen abgibt, berät der Ausschuß mit Repräsentanten des Landes, das um Hilfe im Namen der Allianz nachsucht, und mit Vertretern internationaler Organisationen wie der Weltbank, des Internationalen Währungsfonds, der Organisation der Vereinten Nationen für Ernährung, Landwirtschaft und Forstwesen, der Interamerikanischen Entwicklungsbank und der Wirtschaftskommission der Vereinten Nationen für Lateinamerika.

In Lateinamerika beklagte man die Abhängigkeit der Allianz für den Fortschritt von der Hegemonialmacht. CIAP hat unter anderem den Zweck, »multilaterale Entscheidungsprozesse« in Gang zu bringen. Gemäß einem Beschluß des US-Kongresses von 1966 dürfen Kredite der Vereinigten Staaten im Rahmen der Allianz nur noch vergeben werden, wenn sie für Entwicklungsprojekte verwandt werden, die der Interamerikanische Ausschuß geprüft und gebilligt hat. Die letzte Entscheidung über Wirtschaftshilfe der USA verbleibt freilich beim Kongreß.

Die meisten Projekte technischer Unterstützung der Vereinigten Staaten für Lateinamerika werden seit eh und je unter Heranziehung

[176] Übersetzung von Kutzner, ebda., S. 262.

[177] Zum Interamerikanischen Ausschuß der Allianz für den Fortschritt s. Kutzner, ebda., S. 265 ff.

der OAS (bzw. ihrer Vorgängerorganisation) durchgeführt. Bei der Hilfeleistung entstehen manchmal Schwierigkeiten [178], die das eine Mal den fremden Fachleuten, das andere Mal den Verhältnissen des Landes, in dem sie tätig sein sollen, zugeschrieben werden. Im großen und ganzen aber haben die Anstrengungen der Vereinigten Staaten auf diesem Gebiet sowohl den Klienten als auch dem Ansehen der Hegemonialmacht genützt. Allerdings kann die Zusammenarbeit in der OAS nicht darüber hinwegtäuschen, daß ungeachtet des »besonderen Beziehungszusammenhangs der westlichen Erdhälfte« Europa, der Nahe und der Ferne Osten für die USA von ebenso großem, wenn nicht von größerem politisch-strategischem Interesse sind als Lateinamerika. In Präsident Nixons Bericht über die Lage der Nation im Februar 1971 heißt es; wenn die Vereinigten Staaten ein Gebäude des Friedens auf der Zusammenarbeit vieler Nationen gründen wollten, dann müßten ihre Beziehungen zu Westeuropa der Eckpfeiler sein [179].

In ihren Artikeln 15–17 verbot die Charta der OAS jede Einmischung und Druckausübung, so daß fortan auch durch Nötigung erwirkte Sonderrechte ungültig sein sollten: »No territorial acquisitions or special advantages obtained either by force or by other means of coercion shall be recognized.« [180] Aber auch nach der Verabschiedung der Statuten der OAS übten die Vereinigten Staaten vielfach wirtschaftlichen Druck auf ihre Klienten aus, mischten sie sich direkt und indirekt in deren innere und äußere Angelegenheiten, wandten sie offenen und versteckten wirtschaftlichen Zwang an. Selbst das Verbot bewaffneter Intervention haben sie nicht immer beachtet. Die Abwehr des Kommunismus schien ihnen den Bruch der feierlichen Versprechung von 1936 und der Statuten der OAS zu rechtfertigen.

[178] S. George Wythe, The United States and Inter-American Relations. A Contemporary Appraisal, Gainsville, 1964, S. 149 ff. Vgl. aber auch die Ausführungen Wythes über die kulturelle Zusammenarbeit der USA mit den lateinamerikanischen Republiken, die gegen Ende des 19. Jahrhunderts begann und seit 1938 verstärkt wurde. Ebda., S. 165 ff. In vielen nordamerikanischen Schulen wird Spanisch gelehrt; die Universitäten der USA widmen Lateinamerika besondere Aufmerksamkeit. Die Vereinigten Staaten gewähren lateinamerikanischen Schulen und Hochschulen technische und finanzielle Unterstützung. Sie organisieren und bezahlen den Austausch von Schülern, Studenten und Professoren.

[179] Richard M. Nixon, »United States Foreign Policy for the 1970's. Building for Peace. A Report to the Congress by Richard Nixon, President of the United States, February 25, 1971«, in: The Department of State Bulletin, Vol. LXIV, No. 1656, 22. März 1971, S. 349.

[180] Bailey, ebda., S. 187.

Die USA konnten in den fünfziger Jahren zwar darauf bauen, daß die lateinamerikanischen Staaten in den Vereinten Nationen auf ihrer Seite gegen den Sowjetblock stehen würden, aber in der OAS brachten sie bindende gemeinsame Erklärungen gegen den Kommunismus nur unter Schwierigkeiten zuwege. Auf der Interamerikanischen Konferenz von 1954 (die Interamerikanischen Konferenzen sind Vollversammlungen der OAS: diplomatische Konferenzen, keine Parlamente) mußte John Foster Dulles das volle ökonomische und politische Gewicht der Vereinigten Staaten einsetzen, um bei Stimmenthaltung Mexikos und Argentiniens und gegen die Stimme Guatemalas eine Resolution durchzudrücken, die die Beherrschung oder Kontrolle [domination or control] des Staatsapparats eines lateinamerikanischen Landes durch den internationalen Kommunismus zum »Angriff« im Sinne des Vertrages von Rio machte. Einerseits hofften die Konferenzteilnehmer – vergeblich –, daß ihnen die Annahme der Entschließung USA-Wirtschaftshilfe einbringen werde; anderseits argwöhnten sie, daß ihnen zugemutet wurde, eine von den Vereinigten Staaten geplante Aktion zum Sturze der Regierung Guatemalas im voraus zu legitimieren [181].

Nach einer hundertjährigen Geschichte blutiger Diktaturen und härtester Unterdrückung der indianischen Unterschicht hatte Guatemala 1946–1951 in Juan José Arévalo seinen ersten Präsidenten, der demokratisch amtierte und soziale Reformen in Angriff nahm. Unter seinem Nachfolger Jacobo Arbenz gewann die bis dahin verbotene Kommunistische Partei rasch Anhänger; sie eroberte die noch äußerst schwachen Gewerkschaften und drang in den Staatsapparat ein. Der Frau des Präsidenten, die sich politisch betätigte, und mehreren seiner Freunde und Mitarbeiter (Ernesto Guevara gehörte zu ihnen) wurden »linksextreme Neigungen« oder die Mitgliedschaft in der Kommunistischen Partei nachgesagt. Beim Tode Stalins im März 1953 ehrte ihn das guatemaltekische Abgeordnetenhaus mit einer Minute Schweigen. Und ganz aus der Luft gegriffen war die Vermutung von USA-Stellen nicht, daß sich die UdSSR in Guatemala gern einen Stützpunkt verschaffen würde. Die Vereinigten Staaten sahen nicht nur ihre Sicherheit, sondern auch handfeste Wirtschaftsinteressen bedroht: der United Fruit Company gehörten in Guatemala Ländereien, die sich über

[181] Connell-Smith, The Inter-American System ... (s. o. Anm. 160), S. 161 ff.

1 866 000 Hektar[182] erstreckten, ein nicht unbeachtlicher Teil der Konzernanlagen[183]. Arévalo war aus Anlaß einer Auseinandersetzung mit dem Konzern, der vor seinem Regierungsantritt einen erheblichen Einfluß auf staatliche Entscheidungen ausgeübt hatte, in ernste Schwierigkeiten mit dem Botschafter der Vereinigten Staaten geraten. Unter Arbenz wurden Besitzungen der United Fruit Company im Rahmen einer größeren Agrarreform ohne eine angemessene Entschädigung enteignet. Als das Oberste Gericht das Reformgesetz für verfassungswidrig erklärte, setzte das Parlament die Richter ab. Im Mai 1954 wurde die Nachricht verbreitet – ob sie richtig war, ist nie geklärt worden –, in Guatemala seien 2000 Tonnen Waffen aus der Tschechoslowakei eingetroffen.

Den Sturz der Regierung Arbenz führte im Juni 1954 ein Expeditionskorps herbei, das ein ehemaliger Oberst der Armee Guatemalas unter Beteiligung der CIA und, wie behauptet wird, mit der Unterstützung der Pan American Airways in Honduras aufgestellt hatte. (Auch Honduras lag im Einflußbereich der United Fruit Company, und im Mai 1954 war dort ein Streik von Bananenarbeitern ausgebrochen, die Verbindungen zu Guatemala unterhielten[184].) Waffen, Flugzeuge und Piloten lieferten die USA über die von ihnen stark beeinflußten Regierungen Honduras' und Nikaraguas. Hier waren auch die Flugzeuge stationiert, die Puerto Barrios und Guatemala City bombardierten. Für den Fall eines Bedarfs an Militärreserven wurde in nahen Gewässern Marineinfanterie konzentriert. Als die Regierung Guatemalas an die Vereinten Nationen appellierte (auf die OAS verließ sie sich nicht, obschon flagrante Verstöße gegen OAS-Satzung und Rio-Vertrag vorlagen), verhinderten die USA im Sicherheitsrat eine Behandlung der Beschwerde; nach ihrer Darstellung handelte es sich um eine inneramerikanische Angelegenheit, die laut UN-Charta vor die Regionalorganisation gehörte. Arbenz fand nur halbherzige Unterstützung bei seiner Armee; er mußte die Prä-

[182] Nach Stacy May und Galo Plaza, La United Fruit Company en América Latina, Mexiko, 1959, S. 86, betrug der Grundbesitz der United Fruit (vom Verfasser in 1000 ha berechnet): in Kostarika 2011, in Honduras 1315, in Panama 611, in Ekuador 777, in Kolumbien 405, an anderen Stellen noch einiges dazu. May/Plaza geben auch Zahlen über den Anteil der United Fruit an der Gesamtanbaufläche der einzelnen Länder (in Guatemala fast ein Sechstel) und anderseits des Bananenanbaus an der gesamten landwirtschaftlichen Nutzfläche (in Guatemala fünf Achtel).

[183] Außer Bananenplantagen und anderen landwirtschaftlichen Unternehmungen betrieb die United Fruit Eisenbahn- und Schiffahrtslinien, Hafenanlagen, Telegramm- und Telefongesellschaften, eine eigene Verkaufsorganisation und auch noch Einzelhandelsgeschäfte; s. Alfonso Bauer Paiz, Cómo opera el Capital Yanqui en Centroamérica, Mexiko, 1956, S. 188 ff.

[184] Perkins, The United States ... (s. o. Anm. 153), S. 132.

sidentschaft abgeben. (Später, nach dem Sieg Castros, ließ er sich in Kuba nieder.) An seine Stelle trat eine Offiziersjunta. Da aber dem US-Botschafter John E. Peurifoy – der schon manches Komplott gegen Arbenz mitgemacht hatte – auch der Vorsitzende der Junta nicht genehm war, wurde für Ablösung gesorgt [185].

Guatemala fiel wieder seiner alten herrschenden Klasse und den traditionellen Militärs anheim. Ihnen fehlte aber die Unterstützung der breiten Volksschichten, die hinter Arévalo und – in geringerem Maße – auch hinter Arbenz gestanden hatten. Die Unfähigkeit der konservativen Gruppen, die wirtschaftlichen Probleme des Landes zu lösen, und das Ausbleiben gründlicher Eingriffe in die überkommenen Gesellschaftsstrukturen schufen die Voraussetzung für das Emporkommen von Guerillas . Auf sie antwortete unbarmherziger weißer Terror, dem zahllose am Partisanenkampf unbeteiligte Menschen zum Opfer fielen. Die Guerilleros wieder meinten, die Mordkampagnen reaktionärer Geheimgesellschaften rechtfertigten die Ermordung von Großgrundbesitzern und Diplomaten – und sie riefen neuen blind wütenden Terror hervor.

Der USA-Diplomat Peurifoy spielte in den Tagen des Regierungswechsels in aller Offenheit den Herrn des Landes. Er trat mit einem Gefolge von Marineinfanteristen auf. Als er zu einer Besprechung mit dem Vorsitzenden der Junta ging, steckte er ostentativ eine Pistole in den Schultergurt. Den – gewählten – Präsidenten Arbenz gestürzt zu haben, rühmte er sich später selbst, und der Außenminister, John Foster Dulles, beglückwünschte ihn dann auch zu der »großartigen Arbeit« [magnificent job], die er geleistet habe [186]. Dazu erklärte Dulles auch noch am 30. Juni 1954, drei Tage nach dem Rücktritt des Präsidenten Arbenz, in einer Rundfunk- und Fernsehansprache an die Bürger der Vereinigten Staaten, die Ereignisse der vergangenen Tage und Monate hätten der großen Tradition der Staaten Amerikas ein neues und ruhmvolles Kapitel hinzugefügt [187]. Nach Ansicht der Lateinamerikaner freilich war das nur, wie Connell-Smith bemerkt, ein neues Kapitel in der Tradition der Einmischung der USA in ihre inneren und

[185] Für eine billigende Beurteilung der Entscheidungen der Regierung der Vereinigten Staaten und des Verhaltens von Botschafter Peurifoy s. Eleanor Lansing Dulles, American Foreign Policy in the Making, New York/ Evanston/ London, 1968, S. 243 ff.

[186] S. Flora Lewis, »Ambassador Extraordinary: John Peurifoy«, in: The New York Times Magazine, Nr. 35239 vom 18. Juli 1954, S. 9.

[187] »The events of recent months and days add a new and glorious chapter to the already great tradition of the American States.« John Foster Dulles, »International Communism in Guatemala«, abgedruckt in: Dozer (Hrsg.), The Monroe-Doctrine . . . (s. o. Anm. 159), S. 171.

äußeren Angelegenheiten [188]. Eines der hervorstechenden Merkmale der Intervention in Guatemala war in den Augen mancher Iberoamerikaner eine viele Jahre zurückliegende angebliche Verbindung zwischen der United Fruit Company und den Chefs der USA-Außenministeriums und der CIA, John Foster und Allen W. Dulles. Bevor sie in den Staatsdienst traten, hatten die beiden Brüder der New Yorker Anwaltsfirma Sullivan und Cromwell angehört. Es wird behauptet, das Anwaltsbüro, und damit John Foster und Allen W. Dulles seien juristische Berater des Bananenkonzerns gewesen [189]. Tatsächlich hatte keiner der beiden Brüder je die United Fruit Company vertreten [190]. Selbst wenn es zutreffen sollte, daß Sullivan und Cromwell Anwälte des Konzerns gewesen sind, kann als sicher unterstellt werden, daß nicht solche alten Freundschaften, sondern in jedem Fall die antikommunistische Überzeugungen der Brüder Dulles und anderer hoher Beamter für das, was in Guatemala geschehen ist, den Ausschlag gegeben hatten.

Die Regierung der USA mußte ihr Vorgehen in Guatemala teuer bezahlen. Als Castro eine revolutionäre Ordnung errichtete, die das vollbrachte, was Arbenz nur geplant haben sollte, zögerten die USA, Truppen zu schicken, denn die Empörung gegen das Unternehmen in Guatemala war noch frisch in aller Erinnerung. Die spätere Invasion in der Schweinebucht (April 1961) wurde zwar von der CIA – schlecht – organisiert, vom Pentagon gebilligt, von Eisenhower im Vorbereitungsstadium und von Kennedy, als es soweit war, genehmigt, aber die Exil-Kubaner, die sie ausführten, bekamen weder direkt noch über einen abhängigen Staat eine Luftflotte zugeteilt, und es wurde für sie auch keine Marineinfanterie als Reserve bereitgestellt. Daß die Vereinigten Staaten auch später vor einer eigenen bewaffneten Intervention auf der Insel zurückschreckten, war keineswegs nur Chruščevs Drohung zuzuschreiben, die UdSSR werde Kuba im Falle eines Angriffs militärischen Beistand leisten.

Für die USA war die Etablierung des Castro-Regimes das wesentlichste Ereignis in Lateinamerika seit dem Erwerb des Panama-Kanals

[188] Connell-Smith, ebda., S. 164.

[189] Boris Goldenberg, Lateinamerika und die kubanische Revolution, Köln/Berlin, 1963, S. 94, und Manuel Galich (Außenminister von Guatemala unter Präsident Arbenz), Por qué lucha Guatemala. Arévalo y Arbenz: Dos Hombres Contra un Imperio, Buenos Aires, 1956, S. 333, machen sich diese Behauptung zueigen (der Erstgenannte nur in bezug auf John F. Dulles).

[190] Nach einer Auskunft von Eleanor Lansing Dulles, der Schwester von John Foster und Allen W. Dulles, in einem Brief vom 12. März 1971 an den Verfasser: »I telephoned to Mr. Arthur Dean, Senior Partner of Sullivan and Cromwell. He confirmed my understanding that neither Foster nor Allen ever represented the United Fruit Co. In fact I understand Sullivan and Cromwell did not represent them.«

und der Verdrängung Großbritanniens als Hegemonialmacht. Ein Land des engeren Herrschaftsbereiches machte sich selbständig, gerade das Land, das die USA – neben den Nachbarn Kanada und Mexiko – schon immer erheblich interessiert hatte. Die Insel hatte so viel nordamerikanisches Kapital wie Brasilien angezogen, mehr als alle übrigen Länder Lateinamerikas mit Ausnahme des Erdölproduzenten Venezuela [191]. Kubas Wirtschaft war enger mit der Wirtschaft der USA verbunden, als die irgendeines anderen Staates. Gegen Ende der fünfziger Jahre gehörte beinahe die Hälfte des kubanischen Zuckers nordamerikanischen Firmen [192] – und mehr als zwei Drittel des Wertes der Ausfuhr Kubas bestand aus dem Erlös von Zucker [193]. Die meisten Viehzuchtbetriebe, wie auch die Telefon- und Kraftwerke befanden sich in nordamerikanischer Hand. Führende Konzerne der USA hatten erhebliche Beträge in der Mangan- und Nickelerzeugung, der Rohölveredelung, der Reifenindustrie und der Tabakproduktion investiert. New Yorker Großbanken und Versicherungsgesellschaften besaßen Niederlassungen in Havana [194].

Von der anderen Seite betrachtet, war gerade die enge Verflechtung der kubanischen Wirtschaft mit USA-Interessen explosionsträchtig. Die wirtschaftliche Abhängigkeit wurde in Kuba von manchen Intellektuellen als ausbeuterisches Verhältnis interpretiert. Havana mit seinen eleganten und kostspieligen Nachtlokalen, Spielkasinos und Bordellen, die sich überwiegend in der Hand von Gangstersyndikaten aus New York und Chicago befanden, war zum amerikanischen Vergnügungszentrum geworden. In bestimmten städtischen Kreisen trug das Treiben der Wochenendtouristen zur schwelenden Anti-Yankee-Stimmung bei. Solange die USA die Protektoratsrechte nicht aufgegeben hatten, waren direkte und indirekte Eingriffe in die kubanische Politik eine tägliche Erscheinung. Lange Zeit herrschte gutes Einvernehmen zwischen Washington und Fulgencio Batista, einem ehemaligen Feldwebel, der die Macht mit sozialreformerischen Absichten angetreten und fast ununterbrochen von 1934 bis 1958 grausam regiert hatte: sei es aus dem Hintergrund, sei es als Präsident. Für manche Kubaner war der große Nachbar der Unterdrücker oder der Bundesgenosse und Schirmherr von Unterdrückern. Castro konnte als Fort-

[191] S. o. Tabelle 6, S. 62.

[192] Der Höhepunkt des Einflusses von USA-Kapital in der kubanischen Zuckererzeugung war damals bereits überschritten, erheblicher Plantagenbesitz aus nordamerikanischen in kubanische Hände übergegangen.

[193] J. Wilner Sundelson, »A Business Perspective«, in: John Plank (Hrsg.), Cuba and the United States. Long Range Perspectives, Washington, D.C., 1967, S. 99.

[194] Ebda., S. 100 f.

führer der kubanischen Unabhängigkeitsbewegung erscheinen, die das 19. Jahrhundert hindurch gegen Spanien gekämpft hatte – allerdings mit USA-Geld und USA-Waffen. Aber auch Castro selbst hatte für den Kampf gegen Batista Geld und Waffen aus USA erhalten (während die Waffenlieferungen an die kubanische Regierung eingestellt wurden), und sein Sieg war von weiten Kreisen, auch von Politikern in den Vereinigten Staaten, als Sieg von Demokraten und Sozialreformern über einen Diktator gefeiert worden.

Es kann dahingestellt bleiben, ob Castro sich schon in der Sierra Madre oder erst unter dem Eindruck der Pressionen, denen seine Regierung von Washington aus ausgesetzt war, dem »Marxismus-Leninismus« (von dem er bis heute nicht viel weiß) zugewandt hat [195]. In die wirtschaftliche Abhängigkeit von der UdSSR hat ihn wohl zu guter Letzt das rigorose Embargo gepreßt, das die USA 1960 über Kuba verhängten. Zum Militärbündnis mit der Sowjet-Union hätte er auch als Nicht-Kommunist verleitet werden können: das Bedürfnis, dem kleinen Inselland Schutz vor dem benachbarten Riesen zu verschaffen, war groß genug. (Castros Absicht, Waffen in England zu kaufen, wurde von den USA vereitelt.) Mit der Allianz zwischen Kuba und der Sowjet-Union hörte die Karibische See in der Tendenz auf, Binnenmeer der USA zu sein, und dies in einer Zeit hoher internationaler Spannung, in der sich die Vereinigten Staaten akuter als in jeder früheren Epoche ihrer Geschichte mit einem anderen politischen System, mit einer anderen Militärmacht konfrontiert sahen. Sowjetoffiziere berieten nun die kubanische Armee, Sowjetschiffe brachten Waffen zu der Insel, auf der die USA nach wie vor den im spanisch-amerikanischen Krieg gewonnenen Marinestützpunkt Guantánamo unterhielten. Damit nicht genug: Castros Auflehnung gegen die Vereinigten Staaten schmälerte deren Macht, verletzte ihr Prestige. Daß es dem kleinen Kuba gelungen zu sein schien, die Herrschaft des großen Nachbarn abzuschütteln, rief einerseits in den USA ein Gefühl der Demütigung hervor und gab anderseits auf dem ganzen Subkontinent antiamerikanische Tendenzen verschiedener Schattierung Auftrieb. Castro und seine Anhänger hatten ein Zentrum geschaffen, von dem aus revolutionäre Ideen verbreitet werden; diese Ideen fanden auch in Kreisen Anklang, denen die russi-

[195] Über die Entwicklung in Kuba von Castros Landung bis zur »sozialistisch-totalitären Revolution«, s. Goldenberg, ebda., S. 209 ff. S. auch Boris Goldenberg und Klaus Eßer, Zehn Jahre Kubanische Revolution (Forschungsinstitut der Friedrich-Ebert-Stiftung, Vierteljahresberichte: Sonderheft 4), Hannover, o.J. Einige von Castros eigenen, widerspruchsvollen Äußerungen über seine marxistischen Neigungen sind aufgeführt bei George Volsky, »Cuba«, in: Tad Szulc (Hrsg.), The United States and the Caribbean, Englewood Cliffs, N.J., 1971, S. 102.

sche Fasson des Kommunismus mißfiel. Die kubanische Revolution mit ihrem Reiz des Abenteuerlichen fesselte die Phantasie vieler Lateinamerikaner [196]. Fidel Castro, später auch sein Mitstreiter Ernesto Guevara, wurden für Studenten und Intellektuelle zu Symbolen sozialer und nationaler Erhebung. Sie kamen auch dem Bedürfnis nach Führer-Verehrung entgegen, aus dem sich in hispanoamerikanischen Republiken seit den Unabhängigkeitskriegen immer wieder caudillo-Herrschaft genährt hat. Von Castros Zentrum aus wurde die Bildung von Gruppen gefördert, die der kontinentalen Vorherrschaft der USA gefährlicher zu werden drohten als die traditionellen Moskau-hörigen Kommunistischen Parteien.

Ein politisches System schien sich auf Kuba zu behaupten, das die Vereinigten Staaten als fremdes, unamerikanisches begriffen (wenngleich es sich in Wirklichkeit von den Systemen der europäischen kommunistischen Staaten unterschied). Auf den Antillen schien die Sowjet-Union militärisch Fuß zu fassen. War das nicht ein »Einbruch« in die Monroe-Doktrin? Die USA hatten sich bemüht, Lateinamerika zwar an den Westen zu binden, aber doch aus der weltweiten Konfrontation mit der UdSSR herauszuhalten: es gab und gibt für den Doppelkontinent keine eigene NATO mit integriertem Verteidigungssystem. Darin wären ihnen ihre Klienten gern gefolgt. Nun aber zog sich die Front des kalten Krieges durch den amerikanischen Kontinent.

Die USA begegneten der Herausforderung. Als Castro im Frühjahr 1959 eine Agrarreform eingeleitet hatte, die nordamerikanischen Besitz in Mitleidenschaft zog, hatte der Botschafter der Vereinigten Staaten in Havana erklärt, daß seine Regierung »gesunde« Bodenreformen befürworte und das Recht Kubas anerkenne, Enteignungen zu verfügen, für die es angemessene Entschädigungen leiste. Auf »wilde« Besetzungen von Viehzucht-Farmen und andere Angriffe auf nordamerikanisches Eigentum, die Castros Behörden außerhalb des Reformgesetzes unternahmen, antwortete Washington mit Protesten. Im Mai 1960 verlangte Castro von den kubanischen Raffinerien ausländischer Trusts, daß sie Rohöl aus der Sowjet-Union veredelten. Die Konzerne wiesen die – technisch-wirtschaftlich schwer zu erfüllende – Forderung zurück, woraufhin ihre Anlagen beschlagnahmt wurden. In den ersten Julitagen verabschiedete der Kongreß der USA ein Gesetz, das den Präsidenten ermächtigte, mit sofortiger Wirkung den Anteil Kubas an der Zuckereinfuhr der Vereinigten Staaten herabzusetzen; die entsprechende Verfügung Eisenhowers hatte das Ergebnis, daß

[196] Vgl. Tad Szulc, »Exporting the Cuban Revolution«, in: Plank (Hrsg.), Cuba and the United States . . ., S. 69 ff.

Kuba in jenem Jahr nur noch eine geringe Menge seines Hauptausfuhrprodukts in den Vereinigten Staaten verkaufen konnte. Am 6. Juli wurde auf der Insel ein Gesetz erlassen, das die praktisch entschädigungslose Verstaatlichung nordamerikanischen Eigentums erlaubte. Viel stärker aber als über die Enteignungen waren die USA über das Heranrücken Kubas an die UdSSR erschreckt. Im Dezember 1959 hatte Kuba einen Handelsvertrag mit der Volksrepublik China, Anfang 1960 Handelsverträge mit der Sowjet-Union, der DDR, Polen und der Tschechoslowakei geschlossen. Bald darauf hatte Castro diplomatische Beziehungen mit der UdSSR, Polen und der Tschechoslowakei aufgenommen (diplomatische Beziehungen mit anderen kommunistischen Ländern wurden in der zweiten Jahreshälfte angeknüpft). Im Juli bezeichnete Chruščev die Monroe-Doktrin als »tot«; er drohte, im Falle einer nordamerikanischen Intervention würde Sowjet-Artillerie die Vereinigten Staaten mit Raketen beschießen. Es folgte ein Austausch von scharfen Erklärungen und Gegenerklärungen der Regierungen der USA und der UdSSR zur Monroe-Doktrin und zu Kuba. Auf der Insel begannen Waffen aus Ostblockländern einzutreffen. Das bereits erwähnte Verbot, Erzeugnisse der USA, ausgenommen Nahrungsmittel und Medikamente, nach Kuba zu liefern, wurde in Washington am 19. Oktober erlassen. Am 2. Januar 1961 forderte Castro die Vereinigten Staaten auf, binnen 48 Stunden das Personal der Botschaft in Havana von über 100 auf 11 Beamte zu verringern [197]. (Elf war die Zahl der kubanischen Diplomaten in Washington.) Eisenhower antwortete am 3. Januar – es war seine letzte Amtshandlung – mit dem Abbruch der diplomatischen Beziehungen [198].

Wenig später fand die mißglückte Invasion in der Schweinebucht statt. Die USA versuchten auch, die übrigen iberoamerikanischen Staaten für Kollektivaktionen gegen das Castro-Regime zu gewinnen. Sie begegneten der neuen Gefahr auch mittelbar, indem sie vermehrte Propaganda für ihre eigenen ökonomischen, sozialen und politischen Glaubenssätze entfalteten, mit sozialkonservativen Kreisen auf dem Subkontinent Bündnisse schlossen und kommunistische oder des Kommunismus verdächtige Gruppen und Regierungen verschärft bekämpften.

[197] Die Angaben über den Personalbestand der US-Botschaft in Havana vor dem Abbruch der Beziehungen variieren. Lateinamerikanische Quellen geben Zahlen an, die bis zu 300 reichen.

[198] S. die Chronologie der wichtigsten Ereignisse in den Beziehungen zwischen den USA und Kuba 1957–1962, die das State Department für den Senator Wayne Morse zusammengestellt hat. United States of America, Congressional Record. Proceedings and Debates of the 87th Congress, Second Session. September 18, 1962, to September 27, 1962, Vol. 108, Part 15, S. 20462 ff.

Nur zaudernd fanden sich die meisten Iberoamerikaner bereit, den Vereinigten Staaten gegen Castro beizustehen [199]. Würden nicht die USA aus jeder gemeinsamen Aktion ein generelles Interventionsrecht ableiten, wie sie es bis 1936 in Anspruch genommen hatten? Als die USA im Januar 1962 einen Beschluß der OAS über Sanktionen gegen Kuba herbeiführen wollten, widersetzten sich Mexiko, Argentinien, Brasilien, Chile, Bolivien und Ekuador, sechs Staaten, die zusammen weit mehr als die Hälfte der Bevölkerung des Subkontinents vertraten. Die Vereinigten Staaten mußten sich mit dem Ausschluß Kubas aus der OAS begnügen. Auch dafür fanden sie nur nach komplizierten Verhandlungen die satzungsmäßig erforderliche Zweidrittelmehrheit. Ende 1962 aber solidarisierten sich die Klienten mit der Hegemonialmacht angesichts der Gefahr der Verwandlung Kubas in einen Militärstützpunkt der UdSSR.

Bei der Krise um die Sowjetraketen auf Kuba trat deutlich zutage, daß der lateinamerikanische Subkontinent in das »Mächtegleichgewicht« eingegliedert worden war [200]. Im Oktober 1962 erfuhr Kennedy, daß die Sowjet-Union auf Kuba Mittelstreckenraketen mit einer Reichweite von 1000–1500 km installiert hatte und dabei war, für sie und für Raketen von doppelter Reichweite Abschußrampen zu bauen. Die Mittelstreckenraketen konnten Zentralamerika (mit Panama-Kanal), Washington und Caracas treffen. Der Radius der größeren Raketen hätte nördlich bis Kanada und südlich bis Lima gereicht. Die Vorwarnzeit für diese Geschosse war, so hieß es, erheblich geringer als für Interkontinentalraketen. Den USA war vorher bekannt, daß zu dem Rüstungsmaterial, das Kuba erhalten hatte, Boden-Luftraketen und Raketen mit einer Reichweite von 10–15 km zählten; sie ließen sich als harmlose Verteidigungswaffen für einen lokal begrenzten Krieg hinstellen. Nun brachte aber die UdSSR Offensivwaffen nach Kuba, die nur für einen Konflikt zwischen ihr und den USA von Nutzen sein konnten. Ob diese Waffen das militärische Kräfteverhältnis erheblich verändert hätten, ist fraglich [201]. Auf keinen Fall aber wollten es die Ver-

[199] Für eine Analyse der brasilianischen Kuba-Politik – Brasilien versuchte bis 1964, unter den Präsidenten Juscelino Kubitscheck, Janio Quadros und João Goulart zwischen den USA und Kuba zu vermitteln – s. Jon Rosenbaum, »Brazil's Foreign Policy and Cuba«, in: Inter-American Economic Affairs, Vol. XXIII (1969), Nr. 3 (Winter), S. 25 ff.

[200] Zum Verlauf und zur Analyse der »Raketenkrise« s. Heinz Pächter, Chruschtschow, Kennedy, Castro. Die Oktoberkrise 1962 und ihre Folgen, Köln/Berlin, 1963.

[201] Vgl. Knud Krakau, Die kubanische Revolution und die Monroe-Doktrin. Eine Herausforderung der Außenpolitik der Vereinigten Staaten, Frankfurt a. M./Berlin, 1968, S. 172 ff., und die dort angegebene Literatur.

einigten Staaten hinnehmen, daß die Sowjet-Union sie auch nur Spaßes halber von Kuba aus mit Raketen bedrohte.

Die wichtigste Forderung, die Kennedy mit der Verhängung eines Quarantänegürtels um die Insel zur Absperrung jeder Waffenzufuhr verband, war die Zerstörung der Rampen, die kontrollierte Rückführung der Raketen und die Zusicherung, daß auch in Zukunft keine Waffen solcher Art auf Kuba installiert werden würden. Er bestand nicht auf einem Abzug der in Kuba stationierten Sowjet-Truppen [202]; er verlangte auch nicht die Beseitigung des Castro-Regimes, sondern sagte zu, daß die Vereinigten Staaten die Insel, solange sie nicht zum Sprungbrett für eine Offensive gegen die USA gemacht werde, nicht angreifen würden. Dank solcher Enthaltsamkeit konnte der Rat der Organisation Amerikanischer Staaten sich dem Begehren nach sofortigem Abzug aller Raketen und sonstigen »Offensivwaffen« aus Kuba anschließen und den Mitgliedstaaten empfehlen, »mit allen Mitteln«, einschließlich »bewaffneter Gewaltanwendung«, zu verhindern, daß Kuba weiterhin Rüstungsmaterial erhalte, das »den Frieden und die Sicherheit des Kontinents« gefährden könnte [203]. Brasilien, Mexiko und Bolivien allerdings nahmen nur den ersten Teil der Entschließung an, wandten sich also gegen die militärische Präsenz der UdSSR auf dem Kontinent, enthielten sich aber der Stimme beim zweiten Teil; sie erklärten, daß sie einer Besetzung Kubas nicht zustimmen könnten.

Die Vereinigten Staaten hatten die lateinamerikanischen Regierungen erst konsultiert, als sie sich bereits für die Quarantäne entschieden hatten. Sie warteten mit deren Verhängung, bis die Billigung der OAS eingeholt war. Sie hätten sie aber auch bei einem (freilich unwahrscheinlichen) gegenseitigen Votum verhängt [204]: es ging um ihre Auseinandersetzung mit der Sowjet-Union. Die OAS wurde auch nicht in die Verhandlungen Kennedys mit Chruščev eingeschaltet.

Sowohl auf Grund innenpolitischer Verschiebungen als auch aus Sicherheitserwägungen haben sich seitdem mehrere lateinamerikanische Staaten mit größerem Nachdruck als früher gegen Kuba gewandt. Einige von ihnen, darunter der größte, Brasilien, sind unter die Herrschaft von Offizieren mit radikal antikommunistischer Einstellung geraten. (Die Ablösung der zivilen Regierungen durch Militärs kann u. a. auch aus der Reaktion konservativer Gruppen auf die Geschehnisse

[202] Hanson W. Baldwin, »A Military Perspective«, in: Plank (Hrsg.), Cuba ..., S. 205, meint, daß die militärischen Einheiten der Sowjet-Union in Kuba (einschließlich Ausbildungsoffiziere und Spezialisten verschiedener Waffengattungen) vorübergehend 30–40 000 Mann stark gewesen seien; für Ende 1963 schätzt er sie auf mindestens 5000, möglicherweise aber 12 000 Mann.

[203] Connell-Smith, The Inter-American System ... (s. o. Anm. 160), S. 257.

[204] Ebda., S. 258.

in Kuba und auf die Propagierung des Fidelismo abgeleitet werden.) Auch Staaten mit demokratischer Ordnung sahen ihre sozialen und politischen Institutionen durch Terroristengruppen bedroht, denen Castro unter die Arme griff: Venezuela rief 1963 die OAS an, weil Kuba Venezueler als Guerillas ausbildete und ihnen Waffen gab. Dazu kam, daß die Regierungen weniger Rücksicht auf die öffentliche Meinung zu nehmen brauchten als früher: angesichts Castros sinnwidriger Wirtschaftsmaßnahmen und der Verschärfung seines Terrorregimes schwanden manche – nicht alle – Sympathien, mit denen die kubanische Revolution begrüßt worden war. Bis auf Mexiko brachen alle lateinamerikanischen Republiken die diplomatischen Beziehungen zu Havana ab, ohne daß freilich jede von ihnen eine Beseitigung der Castro-Regierung durch Druck von außen für legitim gehalten oder gar eine Invasion auf Kuba gewünscht hätte. In den späten sechziger Jahren erwogen mehrere Staaten die Wiederentsendung von Botschaftern. Unter ihnen befand sich Chile. Aber erst der im September 1970 gewählte Präsident Salvador Allende, der Castro seinen Freund nannte, nahm die diplomatischen Beziehungen zu Kuba wieder auf.

Kennedys Ultimatum an Chruščev zeigte, daß die USA-Führung gewillt war, allein zu handeln, wenn es in ihrem Sicherheitsinteresse lag. Ihrerseits sollte 1965 die Intervention in der Dominikanischen Republik zeigen, daß die Vereinigten Staaten im Rahmen der Globalauseinandersetzung mit der Sowjet-Union auch ohne den Anlaß einer unmittelbaren Sicherheitsbedrohung in die inneren Angelegenheiten eines karibischen Staates einzugreifen bereit sind. Die Vorstellung dabei ist, daß »Anfängen gewehrt« werden sollte.

In der Zeit, da die Vereinigten Staaten Santo Domingo besetzt hielten, hatten sie eine dominikanische National-Garde geschaffen, die später zur Armee wurde; als Befehlshaber der National-Garde hatten sie 1927 Rafael Leónidas Trujillo eingesetzt. In einer Wahlfarce riß er 1930 die Präsidentschaft der Dominikanischen Republik an sich. Sein Regime wurde eines der grausamsten der lateinamerikanischen Geschichte. Er errichtete eine terroristische Einparteienherrschaft mit ausgedehntem Spitzelwesen, der er die staatliche Verwaltung und das gesamte öffentliche Leben unterwarf. Unzählige seiner Gegner, mitunter auch deren Frauen, ließ er durch Polizei- und Militäroffiziere, die er auf diese Weise als Mittäter an sich fesselte, foltern und ermorden [205]. Neben vermeintlichen politischen Gegnern wurden Personen

[205] Die Schätzungen über die Zahl der Opfer gehen auseinander. Sie reichen bis zu 500 000 Toten – bei einer Bevölkerung von weniger als 3 Millionen eine übertrieben erscheinende Zahl.

getötet, deren Güter Trujillo oder seine Verwandten begehrten. Der Diktator (er stammte wie Batista aus den unteren Bevölkerungsschichten) raubte ein unermeßliches Vermögen zusammen. Am Ende seiner Regierungszeit gehörten seiner Familie bereits rund zwei Drittel der Zucker-, Milch-, Weizen- und Mehlerzeugung, verschiedene Industrieunternehmungen, auch die führenden Zeitungen, Rundfunk- und Fernsehsender. Mehrere hundert Millionen Dollar hatten die Trujillos in schweizerischen Banken deponiert; davon leben heute Angehörige der Familie in Spanien.

Trujillo hatte sich feierlichst zum Vorkämpfer der Demokratie in Amerika ernannt. Ihm wurde der Segen des Kardinals Spellman zuteil. Er hatte beredte (möglicherweise auch bezahlte) Bewunderer im Kongreß der USA [206]. Die Protektion, wenn nicht gar das Wohlwollen, der Regierungen Hoover, Roosevelt, Truman und Eisenhower war ihm ziemlich sicher. Enthüllungen in der amerikanischen Presse über seine Regierungsmethoden schadeten zwar der Freundschaft, aber erst 1960 ließen sich die Vereinigten Staaten von lateinamerikanischen Ländern dazu bewegen, kollektiven Sanktionen der OAS gegen das Trujillo-Regime zuzustimmen. Sie konnten sich nicht länger widersetzen, wenn sie von den Ländern Lateinamerikas Solidarität gegenüber Castro verlangten.

Trujillo wurde im Mai 1961 von Generalen erschossen. Die Regierung Kennedy trat tatkräftig – z. B. mit einer Flottendemonstration vor Santo Domingo – für die Übertragung der Macht an demokratische Gruppierungen ein. Aus einer von der OAS beaufsichtigten Wahl ging im Dezember 1962 Juan Bosch, ein unter Trujillo exilierter Schriftsteller als Präsident hervor. Seine Regierung nahm wirtschaftliche und soziale Reformen in Angriff, um den überaus niedrigen Lebensstandard der dominikanischen Bauern und Arbeiter zu heben und die auf der Insel chronische Arbeitslosigkeit und Unterbeschäftigung zu bekämpfen. Außenpolitisch lehnte sie sich eng an die Vereinigten Staaten an. Doch brachte Bosch, in der praktischen Politik wenig erfahren, gleichzeitig Militär, Kirche und Kaufleute gegen sich auf. Nur bis Mitte 1963 konnte er sich im Amt behaupten. Die Militärs, die ihn stürzten, übertrugen die Regierung einem konservativen Triumvirat. Die diplomatischen Beziehungen zur Dominikanischen Republik wurden von Kennedy abgebrochen, von Johnson wieder angeknüpft.

Am 24. April 1965 begann in Santo Domingo eine Erhebung mit dem erklärten Ziel – die Aufständischen nannten sich constitucionalistas –, die unter Bosch verabschiedete Verfassung von neuem in Kraft zu

[206] Vgl. Rippy, Globe and Hemisphere ... (s. o. Anm. 79), S. 213 ff.

setzen und Bosch in sein Amt zurückzuholen. Organisatoren der Rebellion waren einige junge Offiziere und Anhänger der Bosch-Partei; ihnen schlossen sich kleine politische Gruppen, Gewerkschaftler, Studenten an. Die arbeitende Bevölkerung der Hauptstadt schien mit den Aufständischen zu sympathisieren. Nach zwei Tagen trat die Diktatur-Regierung zurück. Aber reaktionäre Generale, die enge Verbindung zu den Militärattachés der USA unterhielten, führten ihre Truppen gegen die constitucionalistas. Führer der Aufständischen wandten sich zwischen dem 25. und dem 27. April mehrere Male an die Botschaft der Hegemonialmacht und baten, zwischen ihnen und den Generalen zu vermitteln. Ihr Ersuchen wurde abgelehnt; Angehörige der Botschaft forderten sie auf, sich zu ergeben [207]. Am 28. April bildeten die konterrevolutionären Militärs – angeblich auf Anraten der CIA – eine Junta, die sich zur Regierung machte. Deren Vorsitzender, ein Oberst, forderte USA-Waffenhilfe an. Die Anregung zum Ersuchen um Waffenhilfe hatte er aus der Botschaft der Vereinigten Staaten erhalten.

Am selben Tag ordnete der USA-Staatschef Johnson mehrere Hundert Marineinfanteristen nach Santo Domingo ab. Er sagte nichts anderes, als was seine Vorgänger um die Jahrhundertwende in ähnlichen Situationen gesagt hätten: unbedingt müsse das Leben von Bürgern der Vereinigten Staaten und anderen Ausländern geschützt werden. Nachdem die Truppen gelandet waren, appellierte Johnson an die Organisation Amerikanischer Staaten (deren Satzung er gebrochen hatte); vorher sei das aus Zeitmangel nicht möglich gewesen. Die OAS delegierte ihren Generalsekretär und eine Vermittlungskommission nach Santo Domingo.

Tatsächlich waren Anschläge auf das Leben von Ausländern vor der Landung der Marineinfanterie nicht bekanntgeworden. Eine zweite Erklärung des Präsidenten der USA am 2. Mai besagte, die Vereinigten Staaten seien zwar im dominikanischen Bürgerkrieg neutral, müßten aber intervenieren, weil Kommunisten an der Revolution teilnähmen. Die Erhebung habe als »demokratischer Volksaufstand für Demokratie und soziale Gerechtigkeit« begonnen, sei jedoch schnell in die Hände einer »Bande kommunistischer Verschwörer« geraten [208]. Dazu gab die CIA eine Liste von vierundfünfzig »kommunistischen Revolutionären«

[207] Über die Unterstützung, die Angehörige der nordamerikanischen Botschaft den Generalen gewährten, gibt es zahlreiche Berichte. S. vor allem José A. Moreno, Barrios in Arms. Revolution in Santo Domingo, Pittsburgh, 1970, S. 32 ff. und passim. Schilderungen der Ereignisse in Santo Domingo auch in Connell-Smith, The Inter-American System . . . (s. o. Anm. 160), S. 336 ff., und Krakau, Die kubanische Revolution . . . (s. o. Anm. 201), S. 144 ff. Bei Moreno finden sich Angaben über zusätzliche Quellen.

[208] Ausführlicher zit. bei Connell-Smith, ebda., S. 338 f.

aus. Mehrere der Genannten – nicht alles Kommunisten – kämpften tatsächlich auf seiten der Aufständischen, andere hielten sich abseits, wieder andere waren im Ausland oder tot. Die kleine Kommunistische Partei [209] der Dominikanischen Republik hatte sich ursprünglich gegen eine Erhebung ausgesprochen, aber schon am 25. April ihre Meinung geändert. Einige ihrer Mitglieder, wie auch Angehörige anderer extremistischer Gruppen wurden im Verlaufe der Kämpfe auf Kommandoposten gestellt. Aber weder die Kommunistische Partei noch die Organisation der Castro-Anhänger wollte die Leitung des Aufstandes übernehmen.

Die USA verstärkten ihr modern bewaffnetes Expeditionskorps auf 20 000 Mann (die Hauptstadt Santo Domingo hatte weniger als 480 000 Einwohner; im Landesinneren fanden keine Kämpfe statt). In der OAS forderten sie, daß auf der Insel zusätzlich eine »interamerikanische Friedenstruppe« stationiert werde, in die sie die eigenen Formationen einzugliedern versprachen. Sie trafen auf starke Opposition. Zu Regierungen, die Interventionen prinzipiell verurteilten, gesellten sich andere, die den USA-Eingriff in diesem besonderen Falle für ungerechtfertigt hielten. Sollten die Streitkräfte der OAS über die Privataktion der USA ein Mäntelchen breiten? Eine Zweidrittelmehrheit war schwer zu erreichen. Sie kam nur dadurch zustande, daß die Stimme der dominikanischen Regierung, die am zweiten Tag der Revolution zurückgetreten war, mitgezählt wurde. Mexiko, Chile, Peru, Uruguay, Ekuador stimmten gegen die Entsendung von OAS-Streitkräften, Venezuela enthielt sich der Stimme. (Argentinien nahm seine Zustimmung bald wieder zurück.) Für das OAS-Friedenskorps stellten das von Militärs beherrschte Brasilien und die diktatorisch regierten, mehr oder minder USA-hörigen Länder El Salvador, Honduras und Nikaragua kleine bewaffnete Kontingente zur Verfügung. Kostarika beteiligte sich mit zivilem Hilfspersonal.

Die militärisch stärkeren USA-Truppen schoben sich zwischen die Fronten der dominikanischen Bürgerkriegsparteien. Sie blieben dann mit den anderen Expeditionstruppen, die offiziell ein brasilianischer Offizier kommandierte, mehrere Monate im Land. USA-Beauftragte versuchten nun, zwischen den Konstitutionalisten und den konservativen Generalen zu vermitteln und eine »politische Lösung« zu finden. Das hinderte nicht, daß nach ihrem Abzug ehemalige Trujillo-Hand-

[209] Genaue Mitgliederzahlen liegen nicht vor. Die Moskautreue Kommunistische Partei dürfte 5000–7000, die Pekingfreundliche 200–300 Mitglieder gehabt haben. Eine mit Castro sympathisierende »Bewegung des 14. Juni« fand Anhang unter Intellektuellen und Studenten; sie war vermutlich stärker als die Kommunisten beider Richtungen.

langer, die sich der Exekutive bemächtigten, viele constitucionalistas ums Leben brachten. Die Dominikanische Republik ist ein durch scharfe soziale und politische Konflikte zerrissenes Land geblieben. Sie hat nach der Niederschlagung des Aufstandes mehrere Wellen des Armee- und Polizeiterrors erlebt. Noch 1970 sind ehemalige constitucionalistas zur Vergeltung für ihre Beteiligung an der Erhebung von 1965 ermordet worden.

In Santo Domingo schuf die Einmischung den Vereinigten Staaten neue Feinde und trieb so manchen constitucionalista ins kommunistische Lager. Bosch, der bis dahin als pro-amerikanisch galt, ist zum Gegner der USA geworden [210]. Anstelle seiner früheren »linksdemokratischen« Vorstellungen hängt er heute der Idee einer »Diktatur mit Unterstützung des Volkes« an, ohne allerdings erläutern zu können, was er unter diesem Begriff versteht. Bosch lebt in Spanien im Exil. Seine Partei ist durch den Bürgerkrieg und die Wirren, die auf ihn folgten, geschwächt worden.

Im übrigen Lateinamerika wurde die Intervention heftiger abgelehnt als seinerzeit der Staatsstreich in Guatemala und die Invasion in der Schweinebucht. Den Anhängern Castros lieferte sie Stoff für die Behauptung, daß jede Bewegung für eine tiefgreifende Veränderung der gesellschaftlichen Verhältnisse in Lateinamerika am kombinierten Widerstand der einheimischen Militärs und der USA scheitern müsse, es sei denn, sie bereite von vornherein die gewaltsame Machtübernahme vor, errichte unverzüglich eine revolutionäre Diktatur und stelle sich unter den Schutz der Sowjet-Union. Auch in demokratischen Kreisen gewann die Meinung an Boden, daß die Vereinigten Staaten zum mindesten im karibischen Raum jede Erhebung gegen die konservativ-autoritären Regimes vereiteln würden, wenn eine solche Erhebung auf eine radikale Demokratisierung von Gesellschaft und Staat ausginge.

In Wirklichkeit beruhte die Intervention offenbar darauf, daß der Präsident der Vereinigten Staaten von der Botschaft in Santo Domingo und von der CIA, die beide gute Beziehungen zu dominikanischen Rechtskreisen unterhielten, falsch informiert worden war. Anfänglich muß Johnson in der Tat geglaubt haben, der Aufstand werde von Kommunisten gegängelt. Vielleicht hätte er keine Marineinfanterie nach Santo Domingo expediert, wenn ihm klargewesen wäre, wie gering anfangs die Rolle der Kommunisten bei der Erhebung war. Was Johnson und seine Berater Thomas C. Mann und Dean Rusk auf die Diplomaten-, Militär- und Geheimdienstberichte hin unternahmen, ergab

[210] S. sein Pamphlet: Juan Bosch, El Pentagonismo. Sustituto del Imperialismo, Madrid, o. J. [1968].

sich nicht zwingend aus der traditionellen Lateinamerika-Politik der USA.

Eins allerdings steht fest: die USA werden nicht dulden, daß auf Hispaniola oder im kontinentalen Mittelamerika ein kommunistisches Regime errichtet wird. Nach der mißlungenen Invasion auf Kuba 1961 hatte Kennedy erklärt, daß das interamerikanische Prinzip der Nichteinmischung kein Vorwand für eine Politik des Nichtstuns sein dürfe. Wenn andere amerikanische Völker ihrer Verpflichtung nicht nachkämen, dem Eindringen des Kommunismus aus dem Ausland zu wehren, seine Regierung würde nicht zögern, ihrer ersten Pflicht zu genügen, und die bezöge sich auf die Sicherheit der Nation [211]. Noch weniger mißverständlich drückte sich Johnson in einem Satz aus, den Norman Bailey zu den Ergänzungsinterpretationen der Monroe-Doktrin zählt. Als Johnson die Landung in Santo Domingo mit den angeblich kommunistischen Umtrieben rechtfertigte, sagte er: »Die amerikanischen Völker können, dürfen und werden nicht zulassen, daß auf der westlichen Hemisphäre ein weiteres kommunistisches Regime errichtet wird.« [212]

Nicht nur die USA-Regierung, sondern auch Senatoren und Abgeordnete, rechtsstehende wie liberale, bestanden nach der Etablierung des Castro-Regimes wiederholt und mit großem Nachdruck darauf, daß die Monroe-Doktrin ihrem Lande das Recht gebe, in Gemeinschaft mit den Nachbarn oder allein in die Angelegenheiten ihrer Klienten – gleichsam um der »Freiheit« willen – einzugreifen. Sie äußerten damit eine weitverbreitete Auffassung [213].

Ist nun nach alledem das Selbstbestimmungsrecht der Südamerikaner im selben Maße aufgehoben wie das der Bewohner des karibischen Raumes? Der Handlungsspielraum eines Einzelstaates richtet sich nach seiner Größe, seiner wirtschaftlichen Entwicklung, seiner politischen Stabilität und seiner geographischen Lage. Wer wird Ma-

[211] »Should it ever appear that the inter-American doctrine of noninterference merely conceals or excuses a policy of nonaction – if the nations of this hemisphere should fail to meet their commitments against outside Communist penetration – then I want it clearly understood that this Government will not hesitate in meeting its primary obligations, which are to the security of our Nation.« »The Lesson of Cuba.« Address by President Kennedy, in: The Department of State Bulletin, Vol. XLIV, 1, Nr. 1141, 8. Mai 1961, S. 659.

[212] Im Original: »The American nations cannot, must not, and will not permit the establishment of another Communist Government in the Western Hemisphere.« Bailey, Latin America . . . (s. o. Anm. 15), S. 184.

[213] Als Beispiel für die Ansicht mancher amerikanischer Gelehrter sei Thomas W. Palmer, Jr., Search for a Latin American Policy, Gainesville, 1962, S. 140, zitiert: »The United States must stand ready, if necessary, to intervene unilaterally, or perhaps with the aid of only a few Latin American nations.«

rineinfanterie nach Südamerika expedieren, nur um Rohstoffquellen zu sichern oder Investitionen zu verteidigen? Ein Staat, der ohne zureichende Kompensation den Besitz von USA-Firmen enteignet, setzt sich anderen Sanktionen aus: er kann USA-Wirtschaftshilfe und vielleicht USA-Kunden verlieren. Doch er mag auch »ungestraft« bleiben. Die Militärhilfe für Ekuador ist gesperrt, die für Peru aber nur herabgesetzt worden, obwohl auch es nordamerikanische Fischereifahrzeuge beschlagnahmte [214]. Auch die Wirtschaftshilfe für Peru wurde nicht gestrichen, obgleich es ohne zufriedenstellende Entschädigung die Niederlassung eines Öltrusts verstaatlichte, zwei Bergwerke aus nordamerikanischem Besitz übernahm [215] und zudem eine Agrarreform einleitete, der USA-Eigentum zum Opfer fiel. Bolivien nationalisierte 1969 aus innenpolitischen Gründen – die Regierung des Generals Alfredo Ovando wollte ihre sozialistische und »antiimperialistische« Gesinnung unter Beweis stellen – zum zweiten Mal Anlagen eines nordamerikanischen Petroleumkonzerns. Das Unternehmen, die Gulf Oil Company, war in den fünfziger Jahren ins Land gerufen worden, nachdem sich ergeben hatte, daß das staatliche Nachfolgeunternehmen der Standard Oil allein nicht in der Lage war, die bolivianischen Ölvorkommen zu erforschen und zu erschließen. Nach der neuerlichen Verstaatlichung fand sich monatelang kein Abnehmer für Petroleum aus den Quellen, die der Konzern in Bolivien erschlossen hatte; selbst die Nachbarländer wollten nicht kaufen. Auch die Gewährung eines internationalen Bank-Darlehens, das Bolivien für den Bau einer Erdgas-Leitung nach Argentinien beantragt hatte, und das aus den Erträgen der Gulf-Bohrungen hatte getilgt werden sollen, wurde suspendiert. Schließlich erklärte sich eine spanische Firma willens, den Vertrieb des Erdöls zu übernehmen – sie war eine Filiale der Gulf Oil Company. General Ovando und der für die Erdölgewinnung zuständige Minister (er war auch für die Enteignung zuständig gewesen) trafen mit den »Spaniern« eine Vereinbarung, die den Markt wieder öffnete, aber das Petroleum langsamer fließen ließ als vor der Nationalisierung. Die Regierung der USA hat, soweit bekannt, in diese Geschäfte nicht eingegriffen. Der Amtsnachfolger Ovandos, Juan José Torres, betonte seinen Nationalismus noch stärker als Ovando. Er stützte sich auf weit

[214] United States Information Service, Amerika Dienst, berichtet am 25. März 1971, daß die Vereinigten Staaten vor dem zuständigen Ausschuß der Vereinten Nationen auf Reform des Seerechts »drängen«. Die Vorlage der USA deutet Kompromißbereitschaft in Hinsicht auf die Forderung der südamerikanischen Pazifikstaaten nach einer Erweiterung der Fischereizonen an.

[215] Im Februar 1971 hat ein mexikanisches Finanzkonsortium der peruanischen Regierung für die beiden Kupferminen Kredite in Höhe von 500 Millionen Dollar angeboten. Neue Zürcher Zeitung, 192. Jg., Nr. 55 vom 26. Februar 1971,

links stehende politische und gewerkschaftliche Gruppierungen. Bolivien hatte im Herbst 1969 für die Aufnahme der Volksrepublik China in die Vereinten Nationen gestimmt. Die Botschaft der UdSSR in La Paz konnte unter Torres ihr Personal erheblich vermehren und ihre Aktivitäten verstärken [216]. Neben der Sowjet-Union bemühten sich die Tschechoslowakei und die DDR nicht ohne Erfolg um enge wirtschaftliche Zusammenarbeit mit Bolivien. Wenn die Vereinigten Staaten dennoch weder wirtschaftlichen noch politischen oder gar militärischen Druck auf General Torres auszuüben schienen, so mag das auf seine wiederholten öffentlichen Beteuerungen zurückzuführen sein, er sei kein Kommunist und wolle in Bolivien kein kommunistisches Regime errichten.

Es ist etwas anders, wenn in Südamerika eine fidelistische oder orthodox-kommunistische Revolution ausbricht, mit der die bedrohte Regierung nicht fertig wird. In einem solchen Fall sähen sich die Vereinigten Staaten zur Intervention verpflichtet: eine so erhebliche Schwächung ihrer Position könnten sie schwerlich hinnehmen. Ob die USA südlich von Panama gegen eine frei gewählte linksextreme Regierung mit Waffengewalt vorgehen würden, bleibt trotzdem fraglich.

Im April 1964 wurde der sozialistischer Neigungen verdächtigte, aber auf legalem demokratischem Wege an die Regierung gelangte brasilianische Präsident João Goulart von Offizieren aus dem Amte entfernt. Unter seiner Präsidentschaft – wie auch schon unter seinem Vorgänger – hatte Brasilien eine den USA gegenüber ziemlich selbständige Politik getrieben. Und Goularts Schwager, der gewählte Gouverneur des Bundesstaates Rio Grande do Sul, hatte sogar ein USA-Kapitalisten gehörendes Elektrizitätswerk verstaatlicht. Der Sturz Goularts wurde von der USA-Regierung offen begrüßt. Das verfassungsmäßige Staatsoberhaupt, bei dem ihr Botschafter akkreditiert war, war noch, ohne seinen Rücktritt erklärt zu haben, im Lande und in Freiheit, als das militärische Nachfolgeregime auch schon die diplomatische Anerkennung aus Washington erhielt. Die Geschwindigkeit, mit der Washington reagiert hatte, ließ die Vermutung aufkommen, daß nicht nur Brasilianer am Sturz Goularts beteiligt gewesen seien. Aus der über-

S. 18. Die Offerte zeigt eine bemerkenswerte Entwicklung an: den Transfer erheblicher privater Kapitalien von einem lateinamerikanischen Land in das andere. Bereits im 19. Jahrhundert hatten z. B. chilenische Privatkapitalisten im bolivianischen Bergbau investiert.

[216] Nach einem Bericht der Frankfurter Allgemeinen Zeitung befanden sich im Februar 1971 40–60 Sowjetdiplomaten in der bolivianischen Hauptstadt. Harry Hamm, »Bolivien zwischen Ost und West«, in: Frankfurter Allgemeine Zeitung für Deutschland, Nr. 51, D 2954 A, vom 2. März 1971, S. 2.

eilten Reaktion ließ sich der Schluß ziehen, daß die Hegemonialmacht es auch den südamerikanischen Völkern nur mit Einschränkungen zubillige, ihre Regierungen souverän zu wählen.

Die Wahl Salvador Allendes im September 1970 jedoch ist von den USA ohne jeden Versuch einer Einmischung hingenommen worden. Allende hatte für eine Koalition kandidiert, der die Kommunistische Partei Chiles – die stärkste des Kontinents – angehörte. Er ernannte Kommunisten zu Ministern und gab Kommunisten Posten in der Staatsverwaltung. Allende bezeichnet sich nicht bloß als Freund Castros, sondern auch als Marxist. Er sucht die Zusammenarbeit mit der UdSSR, den kommunistischen Staaten Osteuropas, der DDR und der Volksrepublik China – wenngleich er vom eigenen, chilenischen, demokratischen Weg zum Sozialismus spricht. Als seine Regierung Nationalisierungspläne bekanntgab, von denen vor allem USA-Kapitalanlagen betroffen waren, äußerten Beamte des State Department Besorgnis in bezug auf die Höhe der zu erwartenden Kompensation.

Nixon gratulierte Allende nicht zur Wahl, wie dies unter amerikanischen Staatsoberhäuptern üblich ist. Doch im Bericht über die Lage der Nation vom Februar 1971 erklärte er die Bereitschaft seiner Regierung, ihre Beziehungen mit Chile so zu gestalten, wie die Regierung Allende ihre Beziehungen mit dem USA zu gestalten wünschte [217]. Indes dürfte ein Satz in derselben Botschaft, der an Kuba gerichtet war, auch ein indirekter Hinweis an die Adresse Chiles (außerdem vielleicht an die Adresse Boliviens) gewesen sein: die Bemerkung, daß Regierungen, die unablässig ihre Feindseligkeiten gegenüber den USA an den Tag legten, von ihnen keine Unterstützung erwarten könnten [218]. Allende seinerseits hatte schon mehrere Wochen zuvor zu verstehen gegeben, daß seiner Regierung an normalen Beziehungen zu den Vereinigten Staaten liege – darin unterschied er sich von Castro, der bereits in den ersten Monaten nach seiner Machtergreifung den USA gegenüber ein betont aggressives Benehmen zur Schau getragen hatte. Im Sommer 1971 nahm der chilenische Präsident ein Darlehen von 5 Millionen Dollar im Rahmen der USA-Militärhilfe an – nachdem er die USA gerade beschuldigt hatte, in Lateinamerika ein Wettrüsten zu entfesseln. Nordamerikanische Wirtschaftshilfe allerdings beantragte Chile unter seiner Regierung nicht, und hat es keine erhalten. Kredite, um die Santiago die staatliche Export-Import-Bank of Washing-

[217] »We are prepared to have the kind of relationship with the Chilean Government that it is prepared to have with us . . . We do not seek confrontations with any government.« Nixon, United States Foreign Policy for the 1970's. Building for . . . (s. o. Anm. 179), S. 362.

[218] » . . . display unremitting hostility cannot expect our assistance.« Ebda.

ton gebeten hatte, wurden verweigert, bevor nicht die Entschädigungszahlungen für die nationalisierten Kupferbergwerke gesichert seien.

Daß die USA keinen Versuch unternommen haben, sich direkt in die Politik Chiles einzumischen, mag damit zusammenhängen, daß ihre Beziehungen zu dem Land weit im Süden nie so eng waren wie zu Brasilien, vielleicht auch damit, daß in Chile, anders als 1964 in Brasilien, weder die Armee noch eine politische Partei auf einen Staatsstreich hinarbeiten. Wo starke Kräfte an Ort und Stelle fehlen, deren sich die Vereinigten Staaten bedienen können, ist die gewaltsame Entfernung einer von der Mehrheit des Volkes getragenen Regierung ein Wagnis. Eines der größeren Länder Südamerikas oder etwa Mexiko könnten auch die USA nicht längere Zeit besetzt halten. Wahrscheinlich steht aber ein Eingriff in Chile auch aus einem anderen Grund gar nicht zur Debatte: Mehrere Erklärungen Nixons deuten darauf hin, daß seine Regierung das politische Engagement der Vereinigten Staaten in Lateinamerika verringert [219]. Das würde im Einklang stehen mit allgemeinen außenpolitischen Tendenzen des Präsidenten und mancher führender Mitglieder der Republikanischen Partei. Im besonderen aber mag der stetig wachsende Nationalismus der Lateinamerikaner die Erkenntnis gefördert haben, daß eine Verringerung des Engagements zumindest südlich von Panama im Interesse der USA liegt. Aber wohl nur südlich von Panama: die Gewässer um Haiti wurden nach dem Tod von François Duvalier im April 1971 von Kriegsschiffen der Vereinigten Staaten überwacht.

Daß die karibischen Länder anderthalb Jahrhunderte nach der Emanzipation von Spanien geringeres Selbstbestimmungsrecht genießen als die einstigen europäischen Kolonien in Asien und Afrika, daß ihr außenpolitischer Handlungsspielraum eng begrenzt ist, hängt nicht nur mit der Schwäche dieser Staaten, mit wirtschaftlichen Interessen und dem Sicherheitsbedürfnis der USA zusammen, sondern auch mit Faktoren, die im ideologischen Bereich liegen.

[219] »Grundsatzerklärung Präsident Nixons. Wortlaut der Rede, die Präsident Richard M. Nixon am 31. Oktober in Washington vor dem Interamerikanischen Presseverband gehalten hat«, in: United States Information Service, Amerika-Dienst, 3. November 1969. (Original in: The Department of State Bulletin, 17. November 1969, Vol. LXI, Nr. 1586, S. 409 ff.); Richard M. Nixon, »United States Foreign Policy for the 1970's. A New Strategy for Peace«, in: A Report by the President of the United States to the Congress, February 18, 1970, S. 28 ff.

Die Überzeugung, ihrem Volk sei eine besondere Mission aufgegeben: den Kontinent bis an die Ufer des Pazifik zu besiedeln, erfüllte Staatsmänner der USA seit der Gründung ihrer Republik [220]. Neben der Sicherheit vor äußeren Angriffen hielten sie die kontinentale Expansion für das vordringlichste Interesse des Staates. Verbot die Monroe-Doktrin europäischen Mächten, in Amerika Besitzungen zu erwerben, so postulierte sie umgekehrt, ohne es zu sagen, den Anspruch der USA auf Ausdehnung ihrer Grenzen.

Die Bezeichnung Manifest Destiny – »offensichtliche Schicksalsbestimmung« – für das Gebot, unter dem die Nation zu stehen glaubte, wurde 1845, auf dem Höhepunkt der territorialen Expansion geprägt, als Texas annektiert wurde und sich der Krieg mit Mexiko abzeichnete. Die These, daß die Sendung der USA nicht nur in der Erschließung des dünn besiedelten Westens bestehe, sondern auch darin, den ganzen Kontinent zu kolonisieren und die englische Sprache bis nach Feuerland zu tragen, fand damals noch nicht allgemeine Zustimmung. Das angerufene Schicksal schien aber die Einverleibung der nördlichen Hälfte Mexikos, dazu der nördlichen Pazifik-Küste und wohl auch noch Kubas und Kanadas vorzuschreiben. Mit dem Gedanken, die »Perle der Antillen« zu annektieren, haben bis zum Bürgerkrieg die meisten Präsidenten gespielt. Daß Kuba in den fünfziger Jahren von der Eroberung verschont blieb, verdankte es in erster Linie dem Interesse der Südstaatler: die von ihnen geforderte Ausbreitung der Zone der Sklavenwirtschaft rief den entschiedenen Widerstand des Nordens und des Westens wach. Der Sezessionskrieg und die Besiedlung des Fernen Westens beendeten die erste Phase der Ausdehnung der USA. Von nun an zielte die Expansion selten noch auf Landerwerb, vielmehr auf Errichtung indirekter Herrschaft. Als die frontier bis an den Pazifik vorgetragen worden war, begann auch eine neue Ära der Manifest Destiny.

Weinberg hat die Theorien analysiert, mit denen die USA die Expansion in ihren verschiedenen Phasen vor sich und anderen rechtfertigten, die Ideologien, die ihnen halfen, selbstsicher und oft recht aggressiv aufzutreten [221]. In den vierziger Jahren des 19. Jahrhunderts

[220] S. u. a. Bemis, The Latin American Policy ... (s. o. Anm. 138), S. 48 ff., 73 ff.

[221] Albert K. Weinberg, Manifest Destiny. A Study of Nationalist Expansionism in American History, Gloucester, Mass., 1958 (Erste Auflage 1935).

wurde der Expansionsdrang, nachdem er bereits auf andere Weise begründet worden war, mit dem Gedanken der wirtschaftlichen und der politischen Freiheit verbunden [222]. Das neu zu erwerbende Land sollte kolonisiert werden, so hieß es, damit seine Besitzer persönliche Freiheit gewönnen und damit die Institutionen des demokratischen Staates weitergetragen würden. Wenn Farmer die Öffnung überseeischer Märkte verlangten, verknüpften sie ihre Forderung mit der Vorstellung, daß freie Märkte die Sphäre allgemeiner Freiheiten vergrößern würden [223]. Nach der Beendigung der territorialen Expansion, als die USA die Vorherrschaft im Pazifik und in Lateinamerika anstrebten, verquickte sich kriegerischer Nationalismus mit humanitärem Pathos [224]. Die Einmischung in die Auseinandersetzung Spaniens mit seiner Kolonie Kuba erfolgte unter Anrufung freiheitlicher Ideale; nach dem Sieg über Spanien wurde Kuba dann auch nicht zu einer Kolonie, wohl aber zu einem Protektorat der Vereinigten Staaten gemacht [225].

In der Expansionspropaganda dieser Zeit lassen sich gewiß Ausstrahlungen der drei Wirtschaftskrisen des ausgehenden 19. Jahrhunderts ableuchten. Ausdrücklich wurde die Expansion allerdings weniger als Heilmittel für wirtschaftliche Strukturleiden denn als Sendung des Angelsachsentums propagiert [226]. Neben der Wirtschaftskrise hatte die Einwanderung von slawischen und jüdischen Osteuropäern, keltischen Iren, romanischen Südeuropäern und Frankokanadiern alteingesessene Kreise beängstigt, die ihre Unsicherheit als ethnischreligiösen Nationalismus nach außen wandten [227]. Schon während des Krieges mit Mexiko, als das Verlangen, das gesamte Territorium dieses Landes den USA einzuverleiben, weiten Widerhall fand, hatte die Ideologie der »Schicksalsbestimmung« vom Gefühl der eigenen Überlegenheit gezehrt. Jetzt wurde unter dem Mantel der Wissenschaft der Nachweis versucht, daß es die Aufgabe der angelsächsischen (hie und da auch: der germanischen) Völker sei, das ganze Amerika, ja die Welt zu beherrschen [228]. Die Mission wurde religiös und politisch verstanden. John W. Burgess, angesehener Gelehrter und Gegner der Sklave-

222 Ebda., S. 101 ff.

223 Williams, The Roots . . . (s. o. Anm. 51), insbesondere S. 15, 87, 268, 271, 372.

224 Weinberg, ebda., S. 285 ff.

225 Ebda., S. 421.

226 Hans-Ulrich Wehler, »Sendungsbewußtsein und Krise. Studien zur Ideologie des amerikanischen Imperialismus (Strong-Burgess-Fiske-Hosmer-Adams-Kidd)«, in: Jahrbuch für Amerikastudien, Bd. 13 (1968). S. dort auch die Auseinandersetzung mit der irrigen These von den Vereinigten Staaten als »Weltmacht wider Willen«.

227 Ebda., S. 112 f., 116 f.

228 Ebda., S. 111, 115 f., 118, 120 ff., 124 ff., 127, 133 und passim.

rei, der wie manche seiner Kollegen in Deutschland studiert hatte, sah sogar die germanischen Nationalstaaten dazu berufen, ihre »politische Zivilisation« auf die von »unpolitischen und barbarischen Völkern« bewohnten Teile der Welt auszudehnen, d. h. Kolonialpolitik zu treiben [229].

Burgess' Schüler Theodore Roosevelt war konkreter: er wollte Lateinamerikaner, die die »Bande der zivilisierten Gesellschaft« abgestreift hatten, unter die Vormundschaft der Vereinigten Staaten stellen und Lateinamerika mit einem dicken Knüppel (big stick) traktieren. Die Ansicht, daß es das Recht und die Pflicht einer starken Nation sei, einer schwachen und zurückgebliebenen die Segnungen guten Regierens aufzuzwingen, folgte weitverbreiteter Überzeugung. Roosevelts Entschluß, Großmachtpolitik zu treiben und die Anerkennung seines Landes als Großmacht durchzusetzen, folgte einem Trend, der vor seinem Regierungsantritt begonnen hatte. Wehler geht wohl zu weit mit der Behauptung, die Vereinigten Staaten hätten im Pazifik schon damals eine »planvolle, beharrliche Hegemonialpolitik« getrieben [230]. Indes zeigte sich in der Pazifik-Expansion von neuem, daß die Monroe-Doktrin kein Instrument interamerikanischer Solidarität, sondern ein Mittel der Interessenvertretung für die USA war: auf Verlangen des Kongresses (Frühjahr 1894) dehnte der USA-Außenminister, als 1896 ein Konflikt mit Japan drohte, den Geltungsbereich der Doktrin bis nach Hawaii aus [231].

Manifest Destiny schien der Monroe-Doktrin erhöhte Weihe zu geben. Aber in Wirklichkeit stand Roosevelts Ausspruch, über lateinamerikanische Staaten Polizeigewalt auszuüben, in Widerspruch zu Monroes These, daß es für Europa wie für die Vereinigen Staaten das beste sei, revolutionäre Völker sich selbst zu überlassen [232]. Roosevelt hielt Interventionen zivilisierter Staaten in Ländern, die nicht willens oder nicht fähig waren, »recht« zu handeln, ganz allgemein für legitim

[229] »Again, another conclusion from our proposition in reference to the mission of the Teutonic nations must be that they are called to carry the political civilization of the modern world into those parts of the world inhabited by unpolitical and barbaric races; i. e. they must have a colonial policy.« John W. Burgess, Political Science and Comparative Constitutional Law, Bd. I, Boston/London, 1893, S. 45. S. auch ebda., S. 39, S. 43 f., S. 46 ff. Die Teutonic nations waren für Burgess in erster Linie die Anglo-Amerikaner und Deutschen. Vgl. Wehler, »Sendungsbewußtsein . . .«, S. 116, und »Nachwort zu ›Uncle Sam‹ von John W. Burgess«, in: Jahrbuch für Amerikastudien, Bd. 8 (1963), S. 261 ff.

[230] Hans-Ulrich Wehler, »Sprungbrett nach Ostasien: Die amerikanische Hawaipolitik bis zur Annexion von 1898«, in: Jahrbuch für Amerikastudien, Bd. 10 (1965), S. 153.

[231] Ebda., S. 173.

[232] Weinberg, ebda., S. 429.

und für notwendig – und er beanspruchte für die USA die Kontrolle in Lateinamerika [233]. Der Griff nach Iberoamerika schien ebenso durch die Qualitäten der Nordamerikaner wie durch den desolaten Zustand des Missionsgebietes gerechtfertigt zu sein. Der Durchschnittsbürger der Vereinigten Staaten stellte sich den Subkontinent als eine Gegend tropischer Urwälder, schmutziger Hütten und gefährlicher Krankheiten vor, in der dunkelhäutige Bauern, faule Banditen, verführerische señoritas, korrupte Politiker und schlecht rasierte Generale hausten [234]. Auch das Lateinamerika-Bild der Staatsoberhäupter, Minister und Parlamentarier der USA deckte sich durchaus nicht immer mit der Wirklichkeit. Sogar Diplomaten waren oft genug außerstande, gedanklich zu erfassen, was in Lateinamerika vor ihren Augen lag. Die Wertsysteme der Bevölkerung in den Ländern, in denen sie wirkten, stimmten so wenig mit ihrem eigenen Wertsystem überein, daß sie leicht meinen konnten, Lebensweise und Verhalten der Iberoamerikaner seien nicht im Einklang mit den Normen einer zivilisierten Gesellschaft.

Unverständnis resultierte indes nicht bloß aus mannigfaltigen Unterschieden zwischen den Kulturen, sondern oft auch aus individuellen Schranken des Denkvermögens und der Ausbildung. Die Kenntnis der Geschichte, ja der Sprachen Spanisch- oder Portugiesisch-Amerikas blieb manchem Diplomaten trotz langem Aufenthalt am Ort verwehrt – und die meisten Beamten wurden alle zwei Jahre versetzt. Der Subkontinent war eine Region, in der die Vereinigten Staaten (und nicht nur sie) gewöhnlich die unfähigeren unter den Mitgliedern ihres auswärtigen Dienstes unterbrachten; dorthin wurden Beamte strafversetzt [235]. Schlimmer noch: zu Missionschefs ernannte man beinahe ausschließlich mittlere Unternehmer (die großen gingen nach London, Paris, Berlin): zur Belohnung für Wahlspenden oder sonstige treue Dienste; einige Gesandte hatten vorher selbst Politik (häufig Lokalpolitik) gemacht, und viele trieben in den Ländern, in denen sie die USA vertraten, private Geschäfte. Das State Department mußte sich bei seinen Entscheidungen auf die Berichte solcher Diplomaten stützen, und dieselben Personen, die es unzureichend oder falsch informiert hatten, führten dann die Entscheidungen aus [236]. Wenn ein Missionschef vom Gefühl der Überlegenheit der Angelsachsen über die latinos durchdrungen war und ihnen gegenüber mit Anmaßung auftrat, ent-

[233] Ebda., S. 414 ff., 426 ff.

[234] Einige Bemerkungen zum Südamerika-Bild der USA bei Palmer, Search for a Latin American Policy . . . (s. o. Anm. 213), S. 2 f.

[235] Connell-Smith, The Interamerican System . . . (s. o. Anm. 160), S. 18 ff.; Munro, Intervention and Dollar-Diplomacy . . ., (s. o. Anm. 141), S. 20 ff.

[236] Munro, ebda., S. 544.

stand leicht der Eindruck, daß die Handlungen der USA und ihrer Vertreter böswillig waren, während sie doch nur auf Torheit und Korruption beruhten. Je kleiner ein Staat, desto unzulänglicher waren in der Regel die Vertretungen der USA besetzt; desto abhängiger war er aber auch von den USA; um so schlimmere Auswirkungen mußten Fehlentscheidungen des Außenministeriums in Washington nach sich ziehen.

Die Überzeugung, die Vereinigten Staaten seien zur Herrschaft über Lateinamerika auserwählt, erfaßte nie die gesamte Öffentlichkeit. Von Anfang an standen ihr entschieden deutlich artikulierte antiimperialistische, expansionsfeindliche Traditionen entgegen. Die USA waren gerade erst selbständig geworden, als sich die Hispanoamerikaner gegen das Mutterland erhoben: Im Norden verfolgte man die Kämpfe des Südens mit großer Anteilnahme (ohne sich freilich kompromittieren zu wollen – die USA erkannten die neuen Staaten erst an, als ihr Sieg über Spanien gesichert erschien). Auch wenn man die Monroe-Doktrin als Proklamation zum Nutzen der USA begreift, hört man aus ihren Formulierungen die Ablehnung der monarchischen Systeme der Heiligen Allianz, die Zurückweisung spanischer Kolonialherrschaft heraus. Die Idee der »offensichtlichen Schicksalsbestimmung« war nicht nur Verbrämung des Expansionsdranges: in ihr spiegelte sich auch die echte Überzeugung von der demokratischen Sendung der Vereinigten Staaten. Einwanderer und Söhne von Einwanderern, die aus wirtschaftlicher Not oder unter politischem Druck Europa verlassen hatten, sahen in der neuen Heimat das Land, das der Welt Freiheit und Fortschritt bringen mußte. Walt Whitman hat es so ausgedrückt:

»... Have the elder races halted?
Do they droop and end their lesson, wearied over there
beyond the seas?
We take up the task eternal, and the burden and the lesson,
Pioneers! O pioneers! ...« [237]

Die frühen Pläne, Kuba und die Dominikanische Republik in die Vereinigten Staaten einzugliedern, scheiterten, wie mehrfach erwähnt, am Widerstand im eigenen Lande. Auch daß man noch im Zuge der Expansion in den karibischen Raum nur Puerto Rico und einige kleinere Inseln übernahm, sonst aber vor Annexionen zurückschreckte, hing mit antikolonialistischen Tendenzen zusammen. Ihnen war schließlich zuzuschreiben, daß die Vereinigten Staaten in ihren Protektoraten

[237] »Pioneers! O Pioneers!«, in: The Complete Writings of Walt Whitman. Leaves of Grass, Bd. I, New York, o. J. (1902), S. 279.

keine eigenen Verwaltungen aufbauten, daß sie, da sie nicht die Rechte einer Kolonialmacht ausüben wollten, es aber auch meistens versäumten, die besetzten Gebiete zu erschließen und zu entwickeln.

Der »Dollar-Imperialismus« der Jahrhundertwende wurde im Lande selbst von einflußreichen Gruppen, namentlich aus der Geschäftswelt, mißbilligt. Die auf den ersten Weltkrieg folgende Ernüchterung versetzte der Missionsideologie empfindliche Schläge. Die Kriegskonjunktur hatte sich auf die Dauer nicht halten lassen. Internationale Verwicklungen erschienen als wirtschaftlich ruinös. Schon die Regierungen der zwanziger Jahre legten sich im Verkehr mit den Klienten Zurückhaltung auf. Die Good-Neighbor Policy Franklin D. Roosevelts kam nicht unvermittelt. Sie hatte in der Lateinamerika-Politik Abraham Lincolns und Woodrow Wilsons entfernte Vorläufer[238]. Aber natürlich hielten sich nationalistische Vorurteile auch in der liberaldemokratischen Ära der dreißiger und frühen vierziger Jahre. Theodore Roosevelt hatte einmal gedroht, er würde den »Dagos«[239] schon beibringen, sich anständig zu benehmen[240]. Sein Anverwandter, Franklin D. Roosevelt, Gegner des Imperialismus und Stifter der Good-Neighbor Policy wollte gewiß keinen Knüppel schwingen, aber er hat von oben herab geäußert: »Sie meinen, sie seien so gut wie wir, und viele von ihnen sind's auch wirklich.«[241]

Die neue Epoche der Entfaltung des amerikanischen Sendungsbewußtseins begann mit dem Ausbruch des »Kalten Krieges«. Interventionistische Absichten brauchten nun nicht mehr mit antikolonialistischen Traditionen in Widerstreit zu liegen. Sie fanden ihre Rechtfertigung in einem politischen Programm: die Bestrebungen der UdSSR, ihren Machtbereich zu erweitern und ihre Staatsideologie zu verbreiten, mußten um jeden Preis abgewehrt werden. Angesichts der Expansionstendenzen des kommunistischen Systems schienen Interventionen, mit denen lateinamerikanische Länder vor dem Kommunismus

[238] Allerdings hatte nicht Theodore Roosevelt, sondern der erklärte Gegner des Imperialismus, Woodrow Wilson die »Polizeigewalt« über Lateinamerika am häufigsten ausgeübt. Er intervenierte in Haiti, der Dominikanischen Republik und Mexiko. Dabei sah er die Vereinigten Staaten als Vorkämpfer der Demokratie, als Land mit humanitärer Mission.

[239] Dago (vom spanischen Eigennamen Diego abgeleitet) war in den Vereinigten Staaten und Kanada zur Zeit Theodore Roosevelts ein Scheltname für Personen spanischer oder portugiesischer Geburt oder Abstammung; heute sind damit hauptsächlich Italiener gemeint.

[240] ». . . show those Dagos that they will have to behave decently«. Zit. nach Hubert Herring, A History of Latin America. From the Beginnings to the Present, New York, 1963, S. 800.

[241] »They think they are just as good as we are and many of them are.« Zit. nach Connell-Smith, ebda., S. 16.

bewahrt werden sollten, legitim zu sein: zur Verteidigung der nationalen Interessen der Vereinigten Staaten und zum Schutze der Freiheit der bedrohten Völker. Im Gegensatz zum Zeitalter der Kanonenboot-Diplomatie leitete sich das Gebot der Einmischung jetzt nicht aus einer nationalistisch-paternalistischen, sondern aus einer demokratischen politischen Lehrmeinung her. Gewiß verletzte die kubanische Revolution wirtschaftliche Interessen der USA und beraubte sie einer geliebten Domäne im Karibischen Meer. Aber eigentliche Empörung riefen nicht diese Eingriffe hervor, sondern die wirkliche oder vermeintliche Gefährdung der Sicherheit der Vereinigten Staaten durch das Vordringen der sowjetischen Militärmacht auf die westliche Erdhalbkugel – und Castros Verstöße gegen angelsächsische gesellschaftliche und politische Normen. Anstelle einer repräsentativen Demokratie, wie er sie versprochen hatte, die es freilich schon vor der Revolution auf der Insel nur in beschränktem Sinne und nur während kurzer Perioden gegeben hatte, errichtete er die eigene allmächtige Diktatur eines einzelnen. Den tiefsten Abscheu erweckten die Einrichtung von Konzentrationslagern, die im kubanischen Fernsehen vorgeführten Massenexekutionen, die Hysterie des paredón, des »An-die-Wand-Stellens«. In ihrer Kuba-Politik brauchte die Regierung der USA nicht mehr – wie einige Präsidenten des 19. Jahrhunderts – auf antiimperialistische Tendenzen der Bürger Rücksicht zu nehmen; sie war im Gegenteil im Hinblick auf die inernationale Konstellation gezwungen, vorsichtiger vorzugehen, als es viele verlangten. So forderten Mitglieder des Kongresses die Exekutive im Herbst 1962 wiederholt auf, das Castro-Regime zu beseitigen [242], und ein Teil der Presse stimmte ihnen zu. Die Monroe-Doktrin hatte plötzlich wieder einen fast sakralen Charakter angenommen. Man sprach von der geheiligten Lehre, stellte sie auf eine Stufe mit der Verfassung [243].

Seit der kubanischen Revolution scheint das neue Sendungsbewußtsein auf ein unabdingbares Ziel ausgerichtet. Die Invasion in der Schweinebucht ging von der Voraussetzung aus, daß für den Sturz Castros der leichteste Anstoß hätte genügen müssen. Nachdem die Invasion mißlungen war, redete man sich auch noch weiterhin ein, daß Castros Regime auf schwachen Füßen stehe. Das waren, das bleiben fromme Wünsche. Der kubanische Ministerpräsident hat es zwar bisher vermieden, sich in Wahlen der Entscheidung der Bürger zu stellen, aber viele Berichte stimmen in der Beobachtung überein, daß weite

[242] S. die Hinweise bei Krakau, Die kubanische Revolution . . . (s. o. Anm. 201), S. 162 f.
[243] Ebda., S. 199.

Kreise der Kubaner die jetzigen Lebensverhältnisse, so beengt sie sein mögen, den früheren vorziehen und das Regime oder den »obersten Führer« einstweilen akzeptieren. Wenn das zutrifft, wird es zweifelhaft, ob sich Sanktionen gegen Kuba aus den demokratischen Prinzipien herleiten lassen, denen sich die USA verpflichtet fühlen.

Im Zeichen des Kampfes gegen den Kommunismus ist es wiederholt geschehen, daß die USA die Regierung eines fremden Landes zu Fall zu bringen suchten, die den Menschen in einem solchen Staat zum mindesten nicht unrecht war, und gleichzeitig Regierungen förderten, von denen niemand vermutete, daß die ihnen unterworfenen Bürger sie billigten. Die USA ließen sich mit Diktatoren ein, deren Herrschaft grausamer war als das Castro-Regime, die aber die Unantastbarkeit von Kapitalanlagen garantierten, strategische Positionen der USA sicherten und in der Abwehr kommunistischer Tendenzen, so bedeutungslos sie sein mochten, verläßliche Mitstreiter waren (oder zu sein schienen).

Das ließ sich zwar mit engherzigen Interessen der Vereinigten Staaten vereinbaren, aber nicht mit der freiheitlichen Sendung, die sie zu erfüllen meinten. Während der Kennedy-Regierung profitierte die Lateinamerika-Politik der USA von der Einsicht, daß Bundesgenossen nicht nur unter antikommunistischen Gesichtspunkten ausgesucht werden sollten. Unter Johnson verlor sich diese Einsicht, und es wurde auch nicht mehr zu gründlich danach geforscht, aus welchen sozialen Ursachen denn wohl kommunistische Bewegungen oder kommunistische Erhebungen entstehen könnten.

Oft wird in den Vereinigten Staaten unreflektiert von »kommunistischer Infiltration« gesprochen. Aber die sozialrevolutionären Bewegungen sind nicht von außen nach Lateinamerika hineingetragen worden. Zweifellos hat die Kommunistische Partei der Sowjet-Union ihre Tochterparteien finanziell und mit Kaderausbildung unterstützt. Aber Agenten ost- und mitteleuropäischer Herkunft würden von Iberoamerikanern schnell erkannt und in die Heimat zurückgeschickt werden. Natürlich wäre chinesischen Emissären dasselbe Schicksal beschieden, sollte die Volksrepublik China auf die Idee kommen, ihre Propaganda, die bisher über die geistige Befruchtung kleiner Studenten- und Professorenzirkel mit Mao-Bibeln kaum hinausgelangt ist, wesentlich auszudehnen. Anders verhält es sich mit fidelistischen Einflüssen. Castro hat seinen Anhängern auf dem Festland intensive Förderung zuteil werden lassen: aus Kuba kamen Ideen, Waffen und Sendboten. Eine fremde, »unamerikanische« Bewegung ist der Kommunismus jedoch weder in seiner traditionellen noch in seiner fidelistischen Spielart. Sozialistische Vereine hatten sich in Lateinamerika im 19. und beginnenden 20. Jahrhundert gebildet, zum Teil durch europäische Vorbilder angeregt, zum Teil ohne Anstoß von jenseits der Meere. Das große Ereignis der russischen Oktober-Revolution weckte Sympathien in all diesen Vereinen, und mehrere Gruppen entschieden spontan für den Bolschewismus, ohne viel von ihm zu wissen und ohne je einem Agenten aus dem Sowjetland zugehört oder einen gesehen zu haben. Kommunistische und fidelistische Parteien existieren in Lateinamerika, weil gesellschaftliche Verhältnisse und das Bedürfnis nach fester Orientierung in der Auflehnung gegen bestehende Zustände sie hervorbringen.

Aus dem Mangel an Verständnis für die Ursachen sozialrevolutionärer Bewegungen resultierte die durch nichts zu erschütternde Fehleinschätzung, die USA-Diplomaten und USA-Behörden immer wieder an den Tag legten, wenn sie kommunistische Gefahrenquellen zu identifizieren suchten. Seit eh und je faßten sie den Begriff »Kommunismus« sehr weit. So wurden 1926 antiklerikale Maßnahmen der mexikanischen Regierung und ihr Plan, ausländischen Landbesitz unter indianische Bauern aufzuteilen, in den USA als »bolschewistisch« entlarvt; daß Mexiko die Liberale Partei Nikaraguas unterstützte, galt als Beweis dafür, daß es Zentralamerika beherrschen wollte. Von Intellektuellen und einer »radikal-nationalistischen, radikal-sozialreformerischen, radikal-demokratischen« [244] Studentenbewegung emporgetragen und von den Kommunisten bekämpft, galt der Medizinprofessor Ramón Grau San Martín, der von September 1933 bis Januar 1934 Kubas gewählter Präsident war, den USA-Behörden als Kommunist oder mindestens als unzuverlässig; unter dem Druck einer USA-Flottendemonstration mußte er, wie schon gesagt, seinen Platz räumen. Daß in einer für die USA schwierigeren Situation, wie sie sich nach dem Weltkrieg in der Ära der generellen Bekämpfung des Kommunismus herausgebildet hatte, störende oder einfach neue politische Gruppen noch schneller und leichtfertiger als »kommunistisch« angeprangert wurden, ist nicht verwunderlich. Wenn man im eigenen Land gegenüber Mitbürgern leicht Verdacht faßte, wie sollte man da Fremden trauen, deren Verhaltens- und Denkweise lauter Rätsel aufgab?

Nicht alle an politischen Entscheidungen in den Vereinigten Staaten beteiligten Gruppen und Individuen teilten die Meinung, daß soziale Reform gleichbedeutend mit Kommunismus sei oder eine Vorstufe zu ihm darstelle. Einige private Organisationen und manche Behörden bemühten sich um die Förderung sozialreformerischer Bestrebungen

[244] Goldenberg, Lateinamerika und die kubanische Revolution . . . (s. o. Anm. 189), S. 154.

in Lateinamerika, wenn sie es oft auch nur taten, um dem Kommunismus entgegenzuwirken. Von demokratischen Gruppen in den Vereinigten Staaten wurden verschiedentlich offene und versteckte Interventionen kritisiert, deren Opfer dazu auch noch, soweit man feststellen konnte, gar keine Kommunisten waren. Aber die Förderer sozialer Reform richteten auch Schaden an. So hatte es z. B. seine Folgen, daß der USA-Gewerkschaftsbund AFL/CIO dank seiner finanziellen Übermacht die nord- und lateinamerikanische Sektion des Internationalen Bundes Freier Gewerkschaften ORIT (Organización Regional Interamericana de Trabajadores) unter seine Kontrolle brachte. Da George Meany, der Vorsitzende der AFL/CIO, und eine Reihe seiner Freunde reichlich undifferenzierten »Antikommunismus« betrieben, der bisweilen dem State Department zu weit ging, wurde ORIT in Lateinamerika scheel angesehen. Unter anderem hatte das Büro der ORIT sogar die Entsendung der Marineinfanterie nach Santo Domingo in einer öffentlichen Verlautbarung begrüßt. Solche Vorfälle setzten es dem Verdacht aus, dem »Yankee-Imperialismus« hörig zu sein. Auch der ORIT angeschlossene Gewerkschaften in Lateinamerika kamen in solchen Verdacht, was ihre Position gegenüber radikaleren Arbeiterorganisationen empfindlich schwächte. Von den USA-Gewerkschaften hieß es, sie seien dabei, iberoamerikanische Arbeiterführer zu bestechen, um deren Organisationen zu Werkzeugen der Vereinigten Staaten zu machen. Diese Beschuldigung stützte sich u. a. auf Erfahrungen mit dem Instituto Americano para el Desarrollo del Sindicalismo Libre (Amerikanisches Institut für die Förderung einer freien Gewerkschaftsbewegung), in dem Funktionäre der AFL einträchtig mit USA-Besitzern von lateinamerikanischen Unternehmungen zusammenarbeiteten. Das Institut veranstaltete auf dem Subkontinent Schulungskurse für Gewerkschaftler, und es war freigebig. Zu seinen Geldgebern gehörte die Central Intelligence Agency. Auch wenn es zutriffft, daß die Spenden der CIA nicht mit geheimdienstlichen Aufträgen verbunden waren, daß die Vertreter der Konzerne im Instituto Americano eine Stärkung demokratischer Gewerkschaften für wünschenswert hielten, und daß in jedem Fall die Beauftragten der AFL antigewerkschaftliche Vorhaben vereitelt hätten, mußte die Allianz, zu der man sich im Institut vereinigt hatte, vielen lateinamerikanischen Arbeiterführern verdächtig erscheinen.

Außer Gewerkschaften hat die Central Intelligence Agency in Lateinamerika auch Jugend- und Parteiorganisationen und Kulturverbände mit Mitteln versorgt. Die USA nehmen angesichts des Propagandaaufwands der UdSSR und ihres Beitrags zur Finanzierung kommunistischer Parteien für sich das Recht in Anspruch, Gruppen zu stützen, die in der Auseinandersetzung mit den Kommunisten auf ihrer Seite stehen. Was die Verteilung von Geldern der Vereinigten Staaten zu einer anrüchigen Sache machte, war die Finanzierungsart. Mit Geldern, die der Kongreß für den Geheimdienst bewilligte, wurden »Stiftungen« organisiert, die dann als Geldgeber in Erscheinung traten. Als die Praxis der CIA publik wurde [245], beklagten sich viele Subsidienempfänger über arglistige Täuschung, weil sie über die Herkunft der Gelder nicht informiert worden waren; zugleich kamen echte Stiftungen ins Zwielicht, weil ihnen nun nachgesagt wurde, auch ihre Mittel flössen aus Korruptionsfonds. Natürlich hatte der Geheimdienst den Zugang zu demokratischen Kreisen, den er über die Tarnstiftungen bekam, für nachrichtendienstliche Zwecke ausgenutzt. Was die Sache noch zwielichtiger machte, war, daß die CIA an manchen Stellen die Beschaffung von Informationen, die freilich auch nicht immer legal war, mit der Vorbereitung und Durchführung bewaffneter Einmischung in die inneren Angelegenheiten anderer Staaten verband und zugleich auch noch die geistige Abwehr des Kommunismus, d. h. parteiische Propaganda betrieb. Daß die Verlegung auch der Propaganda in illegale Kanäle sie zu einer undemokratischen, ja der Demokratie schädlichen Operation machte, überstieg den Horizont der Geheimdienstplaner. Im Detail seiner Arbeit geht der Geheimdienst weitgehend unabhängig von der politischen Führung vor, was er tut, wird oft auch nicht mit den offiziellen Auslandsvertretungen der Vereinigten Staaten abgesprochen.

Seit den dreißiger Jahren wählen die USA ihre Diplomaten für Lateinamerika sorgfältiger aus als in der Zeit der »Dollar-Diplomatie«. Trotzdem kann es passieren, daß sich der Präsident der USA von Männern wie John E. Peurifoy informieren und vertreten läßt. Und das State Department erlaubt, daß der Botschafter in Managua die Rolle, die er – wie auch andere Missionschefs im karibischen Raum – als Prokonsul spielt, noch demonstrativ hervorhebt: fern von den anderen Mitgliedern des diplomatischen Korps und vom Volk von Nikaragua unterhält er seine Residenz hoch auf einem Hügel oberhalb der Stadt; sein Haus liegt in der Nähe der Paläste des Präsidenten und des Ober-

[245] Das finanzielle Gebaren der CIA ist von einem ihrer früheren Mitarbeiter enthüllt und in der USA-Presse, vor allem in The New York Times, ausführlich erörtert worden. Die Angaben der Zeitungen mußten nach anfänglichen Vertuschungsversuchen von fast allen Geldempfängern bestätigt werden. Über die Tätigkeit der CIA (und deutscher Stellen) in einem einzelnen Land, Chile, berichtet Eduardo Labarca Goddard, Chile Invadido. Reportaje a la Intromisión Extranjera, o. A. (Santiago, 1968). Der Verfasser ist Kommunist, verfolgt seine Parteilinie und stellt mancherlei Behauptungen auf, die im einzelnen nicht nachprüfbar sind. Dennoch vermittelt sein Material einen gewissen Eindruck von der Vielfalt der Operationen, denen diverse USA-Apparate in Lateinamerika nachgehen.

befehlshabers der Streitkräfte, und er ist mit ihnen zusätzlich durch direkte Telefonleitungen verbunden.

In der Regel sind indes die Auslandsvertretungen mit gut ausgebildeten Beamten besetzt, die sich in zivilen Formen zu bewegen wissen und mit geringeren Verständigungsschwierigkeiten zu kämpfen haben als ihre Vorläufer. Zu Missionschefs werden nicht nur Geschäftsleute, sondern auch Berufsdiplomaten und hin und wieder sogar erfahrene Journalisten oder Wissenschaftler ernannt. Unter ihnen lassen sich inzwischen echte Diplomaten finden, die, ohne die Interessen ihres Landes hintanzustellen, die Mühe nicht scheuen, auch dem Lande, in dem sie tätig sind, Nutzen zu bringen.

Zu dem Personal der Botschaften kommt allerdings noch eine andere Art von Beamten: die Militärattachés mit ihren Stäben; in der Regel ist jede Waffengattung durch einen besonderen Beobachter vertreten. Zwischen den Streitkräften der USA und denen der iberoamerikanischen Republiken bestehen Verbindungen, die in einem Land enger, im anderen lockerer, am trautesten wohl im karibischen Raum sind. Die USA verschenken Waffen und bilden Offiziere aus, namentlich für die Bekämpfung von Partisanen. Sie veranstalten gemeinsame Manöver mit den Klienten. Ihre Militärmissionen beraten die einheimischen Armeen. Die Tätigkeit der nordamerikanischen Offiziere birgt Gefahren in sich: sie kann dazu führen, daß die Militärfachleute in die inneren Angelegenheiten des Landes eingreifen, das sie nur beobachten oder beraten sollen. Wenn es eine solche Einmischung gibt, die sich natürlich nach militärischen Maßstäben richtet, mag sie zwar mit dem Verteidigungsministerium der Vereinigten Staaten vereinbart sein, aber es kommt vor, daß das Außenministerium in Washington und der zuständige Missionschef überhaupt nicht im Bilde sind. Außer der eigenartigen Sonderdiplomatie der CIA gibt es die Diplomatie der Offiziere.

Den meisten Lateinamerikanern bleibt die relative Unabhängigkeit des Verteidigungsministeriums, der Central Intelligence Agency, des Außenministeriums und noch anderer Dienststellen in Washington verborgen. Deshalb erscheinen ihnen die Gegensätze zwischen ihnen und die Widersprüche in ihrer Tätigkeit als Beweis für Unaufrichtigkeit und Doppelzüngigkeit der Hegemonialmacht. Auch der, dem die Mehrgleisigkeit bewußt wird, kennt nicht ihre Gründe, weiß nichts vom Rückhalt des Verteidigungsministeriums oder der CIA beim Kongreß, hat keine Vorstellung von der Machtstellung des Präsidenten, kann die parlamentarischen Stärkeverhältnisse, das Eigengewicht der Bürokratien, den Einfluß von Lobbies nicht beurteilen. Iberoamerikaner glauben daran, daß wenigstens in Fragen der auswärtigen Beziehungen die politische Entscheidungsgewalt in allen Ländern von einer Person, dem Staatsoberhaupt, ausgeübt wird. Wenn sie auf die widerspruchsvollen Tendenzen in der Lateinamerika-Politik der pluralistischen USA stoßen, neigen sie dazu, nur eine der Tendenzen als die wahre zu betrachten. Sie haben ihre geschichtliche Erfahrung: lange Abhängigkeit von Spanien und Portugal, dann von England, heute von den Vereinigten Staaten, nachteilige Entwicklungen seit dem Bruch des Abkommens von 1936 und der Charta der OAS. Sie rechnen sich aus, daß die Tendenz die wirkliche ist, von der man annehmen kann, daß sie den USA am augenfälligsten nutzt. Altruistische Impulse der USA, deren Hilfsbereitschaft in Europa im Hoover-Hilfswerk, in Care-Aktionen und im Marshall-Plan ihren Niederschlag gefunden hatten, sind auch in Lateinamerika spürbar: da gibt es die weitgespannten Unterstützungsprogramme im Gesundheits-, im Erziehungs-, im Ernährungssektor, da gibt es die Allianz für den Fortschritt. Manchen Iberoamerikanern kommen solche Dinge jedoch wie profitable Veranstaltungen zum Besten der USA selbst vor. Was immer die USA von ihrer »Mission« der Bekämpfung des Kommunismus halten mögen, in Lateinamerika treffen ihre Absichten auf instinktives und überlegtes Mißtrauen.

Den nichtkommunistischen sozialreformerischen Gruppen ist die Kennedy-Regierung in Erinnerung als kurzes Intermezzo, das Hoffnungen erweckt, aber keine Folgen hinterlassen hat. Für das authentische Zeugnis der Absichten der USA halten viele Anhänger dieser Gruppen nicht die Erklärungen Washingtons und seiner diplomatischen Vertretungen, sondern die dunklen Verbindungen der Militärs, die Kontakte der USA mit rechtsstehenden Politikern und die durchsichtigen Versuche, demokratische Kreise indirekt zu korrumpieren. Aus diesen Vorstellungen heraus ist in den letzten Jahren der Nationalismus der Reformer gewachsen. Er war bei ihnen auch ohnehin seit jeher viel stärker ausgeprägt als bei europäischen Sozialisten.

Fünftes Kapitel

Lateinamerikanische Nationalismen

Iberoamerika empfing kulturellen Einfluß aus Europa in verschiedenen Phasen seiner Geschichte auf verschiedene Weise. In der Kolonialzeit verbreiteten die Eroberer und neue Einwanderer Religion, Sprachen und Normen Spaniens und Portugals. Die kulturelle Anpassung war aber nicht allumfassend. Auf der einen Seite vermochten größere Indianervölker einige ihrer alten Gebräuche und ihre Sprachen zu verteidigen, und in ländlichen Wohngebieten bewahren sie sie bis heute. Auf der anderen Seite steuerten nicht nur die Ureinwohner selbst, sondern auch die aus Afrika eingeführten Sklaven Elemente ihrer Lebensgewohnheiten zu den Kulturen der neuen Nationen bei, die aus der Mischung zwischen ihnen und den Iberern hervorgehen sollten.

Die Führer der Feiheitskämpfe gegen die spanische Krone hatten Ideen der Aufklärung, der Französischen und der Amerikanischen Revolution aufgesogen. Sie nannten sich patriotas und fühlten sich als »Amerikaner«. Ihr Patriotismus war nicht national, sondern kontinental, und öfter noch war er regional. Die Revolution hatte mehrere Zentren, und Visionen von der Einheit Hispanoamerikas verblaßten vor den kulturellen Besonderheiten, den wirtschaftlichen und politischen Interessengegensätzen der verschiedenen Regionen [246]. Der Patriotismus der Emanzipationsbewegung fällt – vielleicht mit Ausnahme des paraguayischen Selbständigkeitsbegehrens – kaum in die Rubrik »Nationalismus«, obschon die ehemaligen spanischen Verwaltungsbezirke mit der Unabhängigkeitsbewegung auch das Bedürfnis entwickelten, nach nationaler Identität zu streben und sich als gesonderte Nationen zu konstituieren. Natürlich bezeichnet das Wort Nationalismus mannigfaltige Erscheinungen [247], die da vom primitiven Fremdenhaß bis zur

[246] Manfred Kossok, »Der iberische Revolutionszyklus 1789–1830. Bemerkungen zu einem Thema der vergleichenden Revolutionsgeschichte«, in: Studien über die Revolution, Berlin (Ost), 1969, S. 217 f., und die dort angegebene Literatur.

[247] Vgl. z. B. zwei vor einigen Jahren veröffentlichte Bücher über Nationalismus In Lateinamerika: Arthur P. Whitaker und David C. Jordan, Nationalism in Contemporary Latin America, New York/London, 1966; Gerhard Masur, Nationalism in Latin America, New York/London, 1966. Die allgemeine Literatur über Nationalismus ist reich. Karl W. Deutsch, Nationalism and its Alternatives, New York, 1969, vermittelt Einblick in den gegenwärtigen Stand der Diskussion.

weltanschaulichen Doktrin reichen mögen. Man darf von ihnen im Plural sprechen. Das Augenmerk richtet sich zuvörderst auf Haltungen oder Handlungen, die einem tatsächlichen oder konstruierten Gegensatz zwischen der eigenen und fremden Nationen entspringen. Freilich wird dabei nicht verkannt, daß die Wendung nach außen oft die Funktion hat, innere Konflikte wirklich oder scheinbar aufzuheben. Es wird auch nicht vergessen, daß manche nationalistischen Erklärungen in Lateinamerika gar nicht nach außen, sondern bloß nach innen gerichtet sind: sie sollen helfen, ethnisch und kulturell verschiedene Bevölkerungsgruppen zu einer Nation zusammenzuführen.

Schon in der Zeit der Staatenbildung bemühten sich lateinamerikanische Schriftsteller, ihren Nationen eine eigene Richtung zu weisen [248]. Aber noch ein Jahrhundert lang wurden die meisten politischen Kämpfe, auch Kämpfe um persönliche Herrschaft oder wirtschaftliche Vorteile, in ideologischen Kategorien ausgetragen, die aus Europa importiert worden waren: Liberalismus, Positivismus, Konservativismus. Weltanschaulicher Streit griff auf internationale Beziehungen über. Der Diktator Rafael Carrera, ein frommer, konservativer indianischer Bauernführer, der Guatemala 1838–1865 unter seinem Joch (und dem der Großgrundbesitzer) hielt, führte zum Beispiel aus dem Grund Kriege gegen Nachbarstaaten, weil ihm ihre kirchenfeindlichen Regierungen mißfielen. Er half mit, liberale Staatsoberhäupter in Honduras und El Salvador abzusetzen. Konservative wie liberale Machthaber in Kolumbien und in Peru leisteten ihren Gesinnungsfreunden in Ekuador mehrmals Unterstützung. In den zwanziger Jahren unseres Jahrhunderts hielt Mexiko seine schützende Hand über Liberale in Nikaragua. Im Sommer 1971 zeichnete sich eine Entente der »linken« Regierungen Chiles, Perus und Boliviens ab, während die sozialreaktionären Machthaber Brasiliens Verbindung zu Gleichgesinnten in Mittelamerika aufnahmen. Die Offiziere in Buenos Aires freilich fragten jetzt nicht nach Ideologien (die Polizeimethoden der Kollegen in Rio hatten ihnen immer ferngelegen). Sie bemühten sich um gutes Einvernehmen mit den sozialistischen und halbsozialistischen Nachbarn, damit sie sich dem Vormachtstreben Brasiliens besser entgegenstemmen könnten.

Seit den Unabhängigkeitskämpfen stellten deutsche, englische, französische Immigranten neue Verbindungen zur Alten Welt her. Tiefe Wirkung hatte der Zustrom von fünf Millionen Italienern und Spaniern, die sich in der zweiten Hälfte des 19. und zu Beginn des 20. Jahrhun-

[248] Eine Übersicht über wichtigere frühe Schriften zur Bestimmung der Identität iberoamerikanischer Nationalitäten gibt Richard W. Weatherhead, »Traditions of Conflict in Latin America«, in: Joseph Maier und Richard W. Weatherhead (Hrsg.), Politics of Change in Latin America, New York, 1964, S. 23 f.

derts am Rìo de la Plata niedergelassen haben. Die Europäisierung beruhte indes nicht nur auf der Einwanderung; zu ihr trugen auch die Europa-Reisen von Angehörigen der Oberschichten bei. Universitätsstudium und Bücherimport vermittelten die Kenntnis von geistigen Auseinandersetzungen und technischem Fortschritt jenseits des Atlantiks.

Wichtiger als die Rezeption liberaler und konservativer Meinungsextrakte war für die zwischenstaatlichen Beziehungen die Verpflanzung sozialistischer Leitbilder. Sie begann in Chile und Argentinien zaghaft schon zu einer Zeit, als Politik dort beinah ausschließlich eine Angelegenheit der Aristokratie war. Einzelne Personen und kleine Gruppen bezogen aus der Lektüre der Frühsozialisten Anregungen zur Konstruktion von Plänen für die Veränderung der Gesellschaft. (Sie nahmen in gewissem Sinne vorweg, was heute Intellektuelle tun, die unter den Führern der revolutionären Parteien Lateinamerikas dominieren.) Gegen Ende des Jahrhunderts kamen Einwanderer mit anarchistischem Gedankengut aus Spanien, Italien, Frankreich. Sie bildeten Gewerkschaften und politische Zirkel, die zwar nicht zu Massenorganisationen anwuchsen, deren Spuren aber noch in der revolutionären Bewegung der Gegenwart sichtbar sind. Die erste sozialistische Partei des Subkontinents wurde 1895 in Buenos Aires unter maßgeblicher Beteiligung von Arbeitern aus Deutschland gegründet. Sie ist nie an die Mehrheit herangekommen: dazu verhalf ihr weder das allgemeine Wahlrecht, das 1912 eingeführt wurde, noch die Entstehung eines zahlenmäßig starken Industrieproletariats. Aber dank ihrer Agitation und der parlamentarischen Tätigkeit ihrer Abgeordneten hat sie eine Sozialgesetzgebung erreicht, die europäischen Modellen folgte.

Schon bei der Gründung der argentinischen Sozialisten-Partei ließen sich nationalistische Stimmen vernehmen. Die Arbeiterbewegung in West- und Mitteleuropa war in unabhängigen Staaten entstanden und konnte, auch wenn ihre Anhänger dem Einfluß der starken nationalistischen Strömungen der Zeit nicht entgingen, ihre Anstrengungen auf die Veränderung gesellschaftlicher Strukturen in den einzelnen Ländern richten, ohne feierliche Bekundungen der internationalen Solidarität des Proletariats auszuschließen. Die sozialistischen Gruppen Lateinamerikas wuchsen in wirtschaftlich und politisch abhängigen Staaten empor. Ihre Lage hatte gewisse Ähnlichkeit mit der Lage der Ukrainer, der Armenier, der polnischen und tschechischen, der jüdischen Sozialisten verschiedener Observanz in Osteuropa. Sie wandten sich bald mit besonderer Schärfe gegen ausländische Kapitalbesitzer: Engländer am Rìo de la Plata, US-Amerikaner im karibischen Raum. Sie griffen die einheimischen Oligarchien als vendepatrias an, käufliche

Vaterlandsverräter, und sagten ihnen nach, sie hätten sich mit den Ausländern zusammengetan, um das eigene Volk auszubeuten. (In der Tat hatte die enge wirtschaftliche Verbindung zwischen England und Argentinien in erster Linie der herrschenden Klasse, den Großgrundbesitzern, genutzt. [249]) Soziales Aufbegehren vermengte sich mit dem Verlangen nach wirtschaftlicher und politischer Unabhängigkeit. Aus diesem explosiven Gemisch kam später, als sich die revolutionäre von der reformistischen Bewegung trennte, die Sprengwirkung der verschiedenen kommunistischen, extrem antiamerikanischen Organisationen.

In Uruguay waren 1875 Schutzzölle auf Waren gelegt worden, die im Lande hergestellt werden konnten [250]. Sie hatten die Errichtung zahlreicher Betriebe der Nahrungsmittel-, der Leder-, Schuh- und Textilindustrie ermöglicht. In Montevideo bildete sich ein städtisches Proletariat heraus. Unter dem Präsidenten José Battle y Ordóñez (1903–1907 und 1911–1915) wurden in Uruguay sowohl die Institutionen des Staates demokratisiert als auch Koalitions- und Streikrecht gesichert, Gesetze über Mindestlöhne, Achtstundentag, Abfindungen, Renten- und Unfallversicherung erlassen. Der Staat gründete eine Hypotheken- und eine Versicherungsbank. Er baute eine Eisenbahn, die mit einer Bahn in britischem Besitz konkurrieren sollte. Telefon- und Kraftwerke – die Ausländern gehörten – wurden in Gemeineigentum überführt. Ihre Verstaatlichung, ja überhaupt der Eingriff des Staates in die Wirtschaft, der auf Modernisierung ausgerichtet war, sollte die ökonomische Unabhängigkeit Uruguays bewirken. Battle entwarf das Muster für die auch als »Nationalisierung« gedachten Sozialisierungen in Lateinamerika.

Auch zum kulturellen Nationalismus kontinentaler Zielrichtung lieferte Uruguay einen wichtigen Beitrag. Mit dem 1899 veröffentlichten Essay »Ariel« setzte José Enrique Rodó dem angeblich ungeistigen Utilitarismus und der groben Geschmacklosigkeit der Nordamerikaner die Geistigkeit und Poesie der Südamerikaner entgegen. Die einen wurden als traditionslos geschmäht, die anderen als die Erben Griechenlands und Roms, Frankreichs, Portugals und Spaniens gepriesen. Ariel, in Shakespeares »Sturm« ein hehrer Geist, wurde für Rodó zum Innbegriff idealistischer Lateinamerikaner, Caliban, der wilde und verkrüppelte Sklave, zum Prototyp materialistischer Nordamerikaner. Rodós Kritik an der angelsächsischen Kultur verflocht sich mit der Verteidigung der Lebensweise einer vorindustriellen aristokratischen Ge-

[249] S. Ferns, Britain and Argentina . . . (s. o. Anm. 46), passim.
[250] Glade, The American Economies . . . (s. o. Anm. 38), S. 413 ff.

sellschaft; ihre Normen waren zu bewahren vor dem Ansturm eines unaufhaltsam vordringenden kapitalistischen Wirtschaftssystems. Schon vor der Veröffentlichung des Essays, ja seit den Tagen der Befreiungskriege hatten manche Südamerikaner in den USA eine beunruhigend unbegreifliche Macht gespürt; andere wieder schenkten dem großen Nachbarn im Norden ihr Vertrauen; manchem Gegner der einheimischen Diktatoren waren die USA das Vorbild und die Hoffnung einer lateinamerikanischen Demokratie. Die Überzeugung, daß man sich gegen den Koloß jenseits des Rîo Grande behaupten müsse, bemächtigte sich weniger der Liberalen als der Konservativen, die schon früh für einen Nationalismus bodenständiger Prägung anfällig waren. Im Erscheinungsjahr des »Ariel« hatte sich der Herrschaftswille der Vereinigten Staaten einprägsam angemeldet: im Ultimatum an Chile, in der Einmischung in Brasilien, zuletzt im spanisch-amerikanischen Krieg. Bald sollte die Lostrennung Panamas von Kolumbien Iberoamerika tief erschrecken. Ein neues geistiges Klima zog herauf: die kulturelle Kriegserklärung aus Uruguay fand genug Leser, die Neuauflagen abnahmen.

Die Hervorhebung der »Latinität«, wie sie Rodó betonte, fand nicht überall Anklang. Mancherorts wurde bald umgekehrt das Charakteristische der nationalen Kulturen in den Vordergrund gestellt oder sogar – so in Mexiko – die Bindung an eine gemeinsame europäische Tradition verworfen, an deren Stelle eine romantisierte indianische Vergangenheit trat. Zu den Wegbereitern der mexikanischen Revolution von 1910–1917 gehörten kleine anarchistische Kreise, und in die am Ende des Kampfes beschlossene Verfassung ging eine Reihe von Forderungen des europäischen Sozialismus ein. Gar nicht europäisch waren dagegen die Heere des Bürgerkriegs: landhungrige Bauern. Aus mexikanischen Verhältnissen erwuchsen die Hauptziele der Umwälzung: Sturz der Diktatur des Porfirio Díaz, Bodenreform, Abwehr der eindringenden ausländischen (vornehmlich der US-amerikanischen) Wirtschaft. Das ging ohne fremde Vorbilder. In den Jahrzehnten, die folgten, pflegte Mexiko einen ausgeprägten kulturellen Nationalismus. Er wurzelte einmal in der Notwendigkeit, die Selbständigkeit des Landes in allen Bereichen gegen den übermächtigen Nachbarn zu verteidigen, zum andern in den Besonderheiten der Revolution. Das Erbe der Vorgeschichte – vor der spanischen Eroberung – wurde überbetont, vielleicht zum Ausgleich dafür, daß die indianische Bevölkerung am Rande der Gesellschaft belassen wurde.

Als Widerhall auf die Umwälzung in Mexiko entstanden auch im Süden neue Gruppierungen. Im mexikanischen Exil gründete der Peruaner Victor Raúl Haya de la Torre 1924 die Alianza Popular Revolucionaria

Americana (APRA). Haya de la Torre (später auch in Deutschland im Exil) übernahm zwar Marxsche Thesen und sozialdemokratische Zielsetzungen und ahmte kommunistische Organisationsformen nach, aber was er wollte, war eine eigenständige Bewegung für die Befreiung der Indios, für eine Union der »indoamerikanischen« Staaten, für gemeinsame Abwehr des »Yankee-Imperialismus«. (Neuerdings ist Haya de la Torre vom Anti-Yankee-Programm abgerückt.)

Hauptsächlich unter dem Einfluß der mexikanischen Revolution standen – trotz mancher Anleihen bei der europäischen Sozialdemokratie – auch die »populistischen« Parteien in Venezuela, Kostarika, Guatemala und der Dominikanischen Republik. Sie sind in den vierziger Jahren entstanden und seitdem kürzere (so die Partei Boschs) oder längere Zeit an der Regierung gewesen. Sie stehen der kommunistischen Theorie und Praxis skeptisch gegenüber. Sie haben soziale Reformen eingeleitet und kämpfen für die Demokratisierung der politischen Institutionen. Ihr Nationalismus ist gemäßigt. Nicht zuletzt dank freundschaftlicher Beziehungen, die aus den Zeiten des gemeinsamen Exils stammten, gelang ihnen gute Zusammenarbeit untereinander, mit der APRA und mit den paraguayischen Febreristas.

Dem mexikanischen Vorbild folgte die kubanische Revolution insofern, als sie sich hauptsächlich an die Landbevölkerung wandte und gegen die Vereinigten Staaten eine harte Frontstellung bezog. Sicher wich sie von diesem Vorbild u. a. darin ab, daß sie sich auf ausländisches, das »marxistisch-leninistische« Leitbild verpflichten ließ, aber Castros Versuch, einen anderen Weg zu gehen als den Moskau-höriger kommunistischer Parteien, erinnerte wieder an den Unabhängigkeitswillen der mexikanischen Revolutionäre. Dagegen befolgten die in den meisten Ländern Lateinamerikas illegalen traditionellen kommunistischen Parteien ohne Abweichungen die von der Sowjet-Union vorgeschriebene Generallinie. An den »Säuberungen« der dreißiger Jahre hatten sie ebensowenig auszusetzen wie am Hitler-Stalin-Pakt oder am Einmarsch der Sowjettruppen in Budapest und in die ČSSR. Bei der Auseinandersetzung mit China blieben sie auf der Seite der UdSSR. (Aus Protest dagegen entstanden hier und da maoistische Zirkel.) Mit den Kubanern entzweiten sie sich, da sie, gegenüber putschistischen Abenteuern immer skeptisch, meinten oder auf Sowjetgeheiß zu meinen vorgaben, daß die Machteroberung unter in Lateinamerika obwaltenden innen- und außenpolitischen Umständen ausschließlich auf legale Weise anzustreben sei: auf dem Weg über Wahlen und Koalitionen mit »fortschrittlichen« bürgerlichen Parteien; das brachte sie in Gegensatz zu den Vorstellungen Castros, wonach der gewaltsame Umsturz der einzige Weg zum Sozialismus sei. Vor allem aus unterschiedlicher Beurteilung der revolutionären Strategie erklärt sich das Nebeneinanderbestehen fidelistischer und rechtgläubig-kommunistischer Gruppen. Beide Gruppen halten sich an ihre ideologischen Konzepte und ignorieren, daß Bedingungen und Chancen sozialer Reform und Revolution in jeder der zwanzig lateinamerikanischen Republiken anders sind. Castros Popularität hat einiges damit zu tun, daß er sich der Sowjet-Union nicht ganz ausgeliefert hat, obgleich er auf ihren Beistand angewiesen ist. Er profitiert auch davon, daß die »reformistische« Wendung der Kommunisten in weiten Kreisen auf ein Geheimabkommen zwischen UdSSR und USA über Aufteilung von Einflußzonen zurückgeführt wird.

Welche Ermunterung aus der Sowjet-Union die antiimperialistischen Tendenzen der verschiedenen populistischen, sozialistischen und kommunistischen Parteien auch erfahren haben mögen, einer importierten nationalistischen Ideologie entstammen sie nicht. Anders die rechtsgerichteten Gruppierungen, zu denen man vereinfachend neben sozialkonservativen auch manche sozialpolitisch orientierte Strömungen rechnen mag: hier schwingen überall nationalistische Vorstellungen europäischen Ursprungs mit. Bei sozialreformerischen und sozialrevolutionären Parteien war Nationalismus lange Zeit wichtig, ohne den Ausschlag zu geben: die Anti-USA-Haltung entstammte nicht bloß nationalistischen Emotionen, sondern dem grundsätzlichen Bekenntnis zum Selbstbestimmungsrecht der Nationen (auch in der leninistischen Variante) oder sehr konkret der Auflehnung gegen wirtschaftliche und politische Abhängigkeit, in der ein Hindernis für die Emanzipation der ausgebeuteten Klassen gesehen wurde. Erst in den späten fünfziger und den sechziger Jahren haben sich größere Gruppen von Studenten und Intellektuellen – Castro und viele seiner Anhänger sind ihnen zuzurechnen – in solch wütenden Haß gegen die USA gesteigert, bzw. gegen das Bild, das sie sich von den USA machen, daß sie nationalistischen Zielen mit gleichem Eifer nachgehen wie sozialistischen. Für die politischen Strömungen auf der Rechten war dagegen Nationalismus immer die übergeordnete Emotion. Sowohl die konservativen Nationalisten, die an den bestehenden sozialen Strukturen als den naturgegebenen festhalten wollen, als auch die modernistischen, die sich auch an untere Bevölkerungsschichten wenden, gründen ihre politische Philosophie auf das Idol eines allbeherrschenden Staates von spezifischer nationaler Prägung. Das Ziel ist nicht nur Unabhängigkeit gegenüber England und USA, sondern auch ein Machtvorrang gegenüber den Nachbarn oder gar die Vorherrschaft in einem regionalen Staatenverband. Der Nationalismus dieser Art appelliert nicht selten an den Fremdenhaß, der sowohl die Nachbarvölker als auch Europäer und US-Amerikaner trifft. Er findet großen Anklang unter Angehörigen der oberen und der mittleren Schichten: sie kämpfen gegen die wirtschaftliche Konkurrenz ausländischer Firmen oder europäischer Einwanderer; sie reagieren wütend auf die Einmischung fremder Diplomaten oder Unternehmer in die inneren Angelegenheiten ihrer Länder und kehren gegen sie das »nationale Prestige« heraus. In direkte Berührung mit offiziellen und inoffiziellen Vertretern der Hegemonialmacht kamen normalerweise Angehörige der herrschenden Gruppen; ihre Empfindlichkeiten waren am schnellsten herausgefordert. Überdies ist der Nationalismus der Rechten eine Ideologie der Offiziere. Nationalismus gibt dem militärischen Beruf eine höhere Weihe; er verträgt sich gut mit dem Denken in Prestige- und Machtkategorien, das in der Ausbildung der Offiziere gezüchtet wird.

Nationalismus als Kern der Weltanschauungen rechtsgerichteter Organisationen fand schon in der Namensgebung seinen Niederschlag. In Argentinien z. B. waren nacionalistas ohne jeden Zusatz eine klerikal-konservative Gruppierung, deren Anfänge bis in die siebziger Jahre des 19. Jahrhunderts zurückreichten; später von Charles Maurras und der Action Française beeinflußt, hatten sie eine nachhaltige Wirkung auf die argentinische Politik. Unter anderem hat Perón an ihren Nationalismus angeknüpft. Auch er kollaborierte anfänglich mit der Kirche, stützte sich aber nicht – wie die nacionalistas – auf die grundbesitzende Oberschicht, sondern auf Industrielle, Militärs, Landarbeiter und städtisches Proletariat. Die sozial-ökonomischen Grundstrukturen freilich stellte er nicht in Frage. Aber sein Nationalismus erschöpfte sich auch nicht in verbalen Attacken auf englischen und nordamerikanischen Imperialismus. Er trieb eine eigene Hegemonialpolitik; er trachtete danach, in den Nachbarländern Personen und Gruppen an die Macht zu bringen oder an der Macht zu halten, die mit ihm weltanschaulich übereinstimmten und seinem Führungsanspruch zugänglich waren. In Bolivien z. B. genossen seine Hilfe eine Offizierclique und das Movimiento Nacionalista Revolucionario, die sich zu einem Staatsstreich 1943 zusammenfanden. Boliviens nationalrevolutionäre Bewegung, die 1952 ihre zweite Diktatur errichtet hatte, verstaatlichte dann die drei großen Bergwerkskonzerne und verteilte auf die Bauern das Land der Latifundienbesitzer; in den programmatischen Äußerungen ihrer Anfangszeit war rabiater Nationalismus mit Anklängen an die NSDAP stärker als sozialreformerische Zielsetzungen.

Am deutschen Vorbild orientierten sich mehr oder weniger genau auch das Movimiento Nacional-Socialista Chiles, die mexikanischen Sinarquistas, die brasilianischen Integralistas und einige weniger bedeutende Parteien; das Rasseideal hätte sich allerdings der Zusammensetzung solcher Parteien schlecht anpassen lassen. Perón, Diktator eines Landes mit starkem italienischem Bevölkerungsanteil, eiferte eher Mussolini als Hitler nach. An den spanischen Faschismus lehnten sich in einigen Ländern die Falanges an. In den dreißiger und vierziger Jahren entdeckten altetablierte Gruppen wie die argentinischen nacionalistas ihre Vorliebe für die Achsenmächte. Deutsche Einwanderer und deren Nachkommen, auch einige spanische und italienische Priester förderten die profaschistischen Gruppen finanziell und ideell. Die Propaganda des Reiches und seiner Auslandsvertretungen in Lateinamerika tat ein übriges. Sowohl unmitelbar durch Rundfunksendungen mit Richtstrahlern nach Süd- und Mittelamerika [251] als auch mittelbar, etwa durch den getarnten Kauf lokaler Radiostationen und die Finanzierung von Journalisten und Zeitungen, beeinflußte Berlin die öffentliche Meinung Lateinamerikas.

Die Achsenmächte fanden organisierte und nichtorganisierte Bewunderer an manchen Stellen unter Mitgliedern der herrschenden Klasse, die in ihnen Beschützer vor dem Kommunismus sahen; unter Offizieren, die von deutschen und italienischen Militärmissionen ausgebildet worden waren; unter Anbetern von Macht und Gewalt, denen die militärische Stärke des Reiches imponierte. Man war den Achsenmächten gewogen, weil sie mit Großbritannien und den USA im Streit lagen. Deutschland, das in Lateinamerika nur sporadisch imperialistische Ambitionen betätigt hatte und dem man sich in traditioneller Freundschaft verbunden fühlte, sollte ein Gegengewicht sein gegen die alte und die neue Hegemonialmacht.

Die profaschistischen Tendenzen hatten eine antiimperialistische Komponente, ähnlich wie kommunistische Neigungen heute an USA-Feindschaft anknüpfen. Die politischen und sozialen Leitbilder, die ihnen als Kristallisationspunkte dienten, waren nicht nur Produkte der gesellschaftlichen Konstellation in den einzelnen Republiken, sondern häufig auch eine Antwort auf das, was fremde Länder taten. Die Sympathien für die Achsenmächte begannen zu schwinden, als die National-

[251] Manfred Kossok, » ›Sonderauftrag Südamerika‹. Zur deutschen Politik gegenüber Lateinamerika 1938 bis 1942«, in: Walter Markov (Hrsg.), Lateinamerika zwischen Emanzipation und Imperialismus. Studien zur Kolonialgeschichte und Geschichte der nationalen und kolonialen Befreiungsbewegung, Berlin (Ost), 1961, S. 247, berichtet, daß nach den Akten des Reichsaußenministeriums »die kostspielige, offizielle deutsche Kurzwellenpropaganda mit Richtstrahlern nach Mittel- und Südamerika auf die Dauer nicht den gewünschten politischen Erfolg zeitigte«. Er unterschätzt die Erfolge der Kulturpolitischen und der Rundfunkpolitischen Abteilung des Reichsaußenministeriums. Zumindest in Bolivien hatte der Deutschlandsender eine gewichtige, treuergebene Hörerschaft, die ihm weitgehend ihr Europabild verdankte.

sozialisten ein Land nach dem anderen überfielen und mehr über ihre Schreckensherrschaft in von ihnen besetzten Gebieten bekannt wurde. Solche Sympathien ebbten aber auch im Gefolge der Good-Neighbor Policy ab; sie flößte Vertrauen in die Absichten der USA ein und weckte bei vielen die Bereitschaft, die kontinentale Solidarität zu üben, die sich bis dahin in Redensarten erschöpft hatte. Linksbürgerliche und sozialreformerische Gruppen hatten auch schon vorher für die westlichen Demokratien Partei genommen. Von den frühen vierziger Jahren an stand die große Mehrheit der Bevölkerung auf der Seite der Alliierten.

Die militärischen Niederlagen des NS-Systems waren ein harter Schlag für die meisten profaschistischen Gruppen: sie verloren ihre Bedeutung gänzlich oder sie machten schmerzliche Wandlungsprozesse durch. In Bolivien führte die national-revolutionäre Bewegung Anfang der fünfziger Jahre die schon erwähnten sozialen Eingriffe durch – mit der Genehmigung und mit finanzieller Beihilfe der USA. In Argentinien verblieben dem Peronismus 1955 nach dem Sturz Peróns fast nur Arbeiter, die von den sozialpolitischen Maßnahmen des Perón-Regimes angezogen worden waren. Aus der chilenischen Falange, die sich einst von einer klerikal-konservativen Partei abgespalten hatte, ist der Partido Demócrata Cristiano hervorgegangen, dessen soziales Reformprogramm europäischen christlich-demokratischen Parteien als beinahe umstürzlerisch erscheint, aber den eigenen jüngeren Anhängern, die einen »nichtkapitalistischen Entwicklungsweg« erträumen, schon veraltet vorkommt. Nationalistische Haltungen sind auch den Christdemokraten nicht fremd, aber anstatt Hispanidad in Spanien zu suchen, erstreben sie gute wirtschaftliche und politische Beziehungen zur Bundesrepublik, aber auch zur UdSSR und zu anderen kommunistischen Staaten: auch damit soll größere Unabhängigkeit gegenüber den USA erreicht werden.

Das Verschwinden der meisten faschistischen Organisationen und der Popularitätsschwund konservativer Parteien haben den Nationalismus der Rechten nicht restlos zerstört. Whitaker [252] sieht den lateinamerikanischen Nationalismus heute nur noch mit dem Verlangen gekoppelt, wirtschaftliche, politische und kulturelle Institutionen zu modernisieren, damit eines Tages der Entwicklungsstand hochindustrialisierter Gesellschaften erreicht werde. Das bedarf einer Korrektur. Manche Nationalisten – Angehörige der industriellen und agrarischen Oberschichten ebenso wie konservative Militärs, die in fast allen

[252] Whitaker/Jordan, Nationalism in Contemporary Latin America . . . (s. o. Anm. 247), S. 10, 13, 202 und passim.

Armeen den Ton angeben und die beiden größten Staaten Südamerikas beherrschen – sind zwar im eigenen oder im Interesse des Staates wirtschaftlichen Neuerungen gegenüber aufgeschlossen, klammern sich jedoch hartnäckig an die bestehenden sozialen und politischen Machtverhältnisse. Der Modernisierungsdrang hat sich nur auf Institutionen gerichtet, die im Interesse der wirtschaftlichen Entwicklung relevant schienen, ohne andere Bereiche zu tangieren. Zur Bekämpfung des Analphabetentums auf dem Lande geschieht nur wenig, die Unterdrückung der Frau wird als etwas Selbstverständliches hingenommen, eine sehr heuchlerische Sexualmoral bleibt Element der geförderten nationalen Kultur.

Keine der nationalistischen Regierungen hat mehr als Teilbereiche der aufgeblähten, überbürokratischen, häufig korrupten und fast durchweg leistungsschwachen staatlichen Verwaltungsapparate modernisiert. Ohne Zweifel hat die Industrialisierung in den letzten dreißig Jahren in Mexiko, Argentinien, Brasilien, Chile, Peru ebenso Fortschritte gemacht wie das Kommunikationswesen; die Zahl der Schulen und Universitäten ist gestiegen. Sicher hat der Nationalismus diese Art Modernisierung beflügelt. Zugleich aber hat der lateinamerikanische Nationalismus Veränderungen verhindert: Er übersteigerte sich zu einer Haltung, die nur noch der wirtschaftlichen und politischen Abhängigkeit, nur noch den USA die Schuld an allem gab; man war dann die Verantwortung los und brauchte nichts mehr zu ändern.

Als mehr oder weniger spontane Haltungen finden sich die von politischen Parteien, Intellektuellen und Dichtern artikulierten nationalistischen Tendenzen in allen Klassen der städtischen Bevölkerung. Intensität und Auswirkung dieser Haltungen variieren mit den übrigen weltanschaulichen Bindungen; sie hängen von der ökonomischen und sozialen Interessenlage derer ab, die sie vertreten; sie unterscheiden sich von Land zu Land und innerhalb eines Landes von Schicht zu Schicht. Gemeinsam ist ihnen, daß das Verhältnis zu den USA das Verhältnis zu den Nachbarstaaten überschattet – und die Fixierung auf die USA hat viel zur Entwicklung eines subkontinentalen Nationalismus beigetragen, hat das Gefühl der Besonderheit und Zusammengehörigkeit der Lateinamerikaner gegenüber der restlichen Welt gestärkt. Aber die Einstellung der Kommunisten, Fidelisten, Trotzkisten und Maoisten ist eindeutig: für sie ist die Hegemonialmacht der Feind außen- und innenpolitisch. Ebenso klar ist die Haltung einiger Regenten kleinerer Länder: sie haben sich den USA vorbehaltlos ergeben.

Komplizierter ist das Verhalten anderer Gruppen. Konservative verschiedener Schattierung züchten zwar die Abneigung gegen die USA, aber die zunehmende soziale Unzufriedenheit in den Städten, die Radikalisierung der Professoren und Studenten und das Erwachen der Landbevölkerung lassen sie doch bei Caliban einen Halt suchen. Generale stützen sich trotz nationalistischem Prestigedenken auf Pentagon und Militärmissionen; sie bilden eine Internationale, deren Mitglieder nicht nur Guerillas, sondern auch schlechthin alle niederschlagen, die an Sozialreform und Demokratie denken. Nach dem Bündnis mit den USA, das die vorhandenen Besitz- und Machtverhältnisse und die überkommenen Wertsysteme bewahren könnte, trachten nicht nur traditionalistische Gruppen. Liberale, denen einerseits die demokratische Verfassung der USA ein Vorbild bleibt, die sich anderseits an der Politik und an Manieren der USA stoßen, lehnen sich an den großen Nachbarn an, damit die kubanische Revolution nicht auf den Subkontinent übergreife. Sogar radikal-demokratische und sozialreformerische Gruppen, denen die Zerreißung der Abhängigkeit von den USA als Ziel und als Vorbedingung der inneren Emanzipation erscheint, wenden sich gegen die USA nicht ganz so vehement wie die linksextremen Organisationen. Das soziale und politische Zukunftsbild der radikalen Demokraten entspricht eher den Vorstellungen der westlichen Demokratien als den Systemen der Sowjet-Union oder Chinas; auch die Zugehörigkeit zum europäischen Kulturkreis soll nicht aufgegeben werden.

Das gespannte Verhältnis zu den USA veranlaßt linksdemokratische und sozialreformerische Parteien und Regierungen, Alliierte in Europa zu suchen; ebenso halten die konservativen Nationalisten nach europäischen Verbündeten Ausschau, um sich nicht mit Haut und Haaren den USA ergeben zu müssen. Freilich wurden de Gaulles mit Latinität gespickte Annäherungsversuche nicht sehr ernst genommen: man bezweifelte ihre wirtschaftliche Solidität. Englands neuere (nicht hinausposaunte) Bemühungen, frühere Beziehungen wiederanzuknüpfen, finden wenig Widerhall: der Verdacht des Imperialismus hat sich noch nicht zerstreut. Die Bundesrepublik ist das Land, auf das sich die Aufmerksamkeit konzentriert, vor allem in Südamerika, wo Deutschfreundlichkeit zur Tradition gehört.

Zweifellos könnte die Bundesrepublik, wenn sie mit Lateinamerika eng zusammenarbeitete, manches Problem lösen helfen. Dazu aber gehören bestimmte Voraussetzungen: eine durchdachte Konzeption der Lateinamerika-Politik, außenpolitische Überlegungen bei der Auswahl von Botschaftern, Bereitschaft zur Übernahme größerer wirtschaftlicher Verpflichtungen. Ob die Bundesrepublik im Sinne lateinamerikanischer Vorstellungen ein Gegengewicht gegen die USA sein könnte, ist zweifelhaft. Sie muß jeden Anschein vermeiden, als ob sie nachahmen wollte, was der Nationalsozialismus in den dreißiger Jahren versucht hatte: Militärmissionen und Unternehmungen ähnlicher Art kommen nicht in Frage; die Gemeinsamkeit der Verteidigungsinteressen verbietet der Bundesrepublik ohnehin den rücksichtslosen Einfall in die Interessensphäre der USA.

Vermutlich käme ein starkes Engagement der Bundesrepublik in Lateinamerika in Kollision mit dem Komplex der Monroe-Doktrin. Die USA könnten wirtschaftliche Einbußen und auch eine Schmälerung ihres politischen Einflusses erleiden. Nur ihre strategischen Interessen blieben bei engeren Beziehungen zwischen der Bundesrepublik und den Nationen Lateinamerikas unangetastet. Denkbar ist indes, daß eine USA-Regierung auf Einsichten der Ära Kennedy zurückgriffe und ihre freiheitliche Sendung im Sinne einer Lockerung der Fesseln, gegen die sich Lateinamerika auflehnt, interpretierte. Wenn sich eine solche Haltung auch im Pentagon durchsetzte, wäre die Voraussetzung geschaffen für eine aktive Hilfeleistung der Bundesrepublik, gegebenenfalls im Zusammenwirken mit anderen europäischen Ländern. Keine wie immer geartete europäische Unterstützung könnte jedoch etwas daran ändern, daß in Lateinamerika zwanzig kleine und mittlere Staatsgebilde neben dem mächtigsten Staat der Erde leben müssen.

Literaturverzeichnis

Bücher, Aufsätze, Erklärungen

Ahrens, Dieter: Der Karibische Raum als Interessensphäre der Vereinigten Staaten von Amerika. Eine völkerrechtlich-politische Studie, Stuttgart/Berlin/Köln/Mainz, 1965.

Asher, Robert E.: Foreign Aid: The Postwar Record and Targets for the 1970's, Washington, D. C., 1970 [The Brookings Institution, Reprint 174, from Monthly Labor Review, Vol. 92 (1969), Nr. 11 (November)].

Bailey, Norman A.: Latin America in World Politics, New York, 1967.

Baldwin, Hanson W.: »A Military Perspective«, in: John Plank (Hrsg.), Cuba and the United States, Long Range Perspectives, Washington, D.C., 1967.

Ball, Margaret M.: The OAS in Transition, Durham, N.C., 1969.

Baltra Cortés, Alberto: Crecimiento Económico de América Latina. Problemas Fundamentales, Santiago de Chile, 1964.

Bauer Paiz, Alfonso: Cómo opera el Capital Yanqui en Centroamérica, Mexiko, 1956.

Behrendt, Richard F.: Soziale Strategie für Entwicklungsländer: Entwurf einer Entwicklungssoziologie, Frankfurt a. M., 1968.

Behrendt, Richard F.: »Die Zukunft der Entwicklungsländer als Problem des Spätmarxismus«, in: Futurum, Zeitschrift für Zukunftsforschung, III. Jg. (1970), Heft 4.

Bemis, Samual Flagg: The Latin American Policy of the United States. An Historical Interpretation, New York, 1943.

Beyhaut, Gustavo: Süd- und Mittelamerika, II. Von der Unabhängigkeit bis zur Krise der Gegenwart (Fischer Weltgeschichte, Bd. 23), Frankfurt a. M., 1965.

Bosch, Juan: El Pentagonismo. Sustituto del Imperialismo, Madrid, o.J. (1968).

Burgess, John W.: Political Science and Comparative Constitutional Law, Bd. I, Boston/London, 1893.

Burr, Robert N.: Our Troubled Hemisphere. Perspectives on United States – Latin American Relations, Washington, D.C., 1967.

Cameron, Juan: »Threatening Weather in South America«, in: Fortune, Vol. LXXX (1969), Nr. 5 (Oktober).

Cardozo, Efraím: Breve Historia del Paraguay, Buenos Aires, 1965.

Carrillo Flores, Antonio: »La política exterior de México«, in: Foro Internacional, Vol. VI, Nr. 2–3, Oktober-Dezember 1965, Januar-März 1966.

Castañeda, Jorge: México y el Orden Internacional, Mexiko, 1956.

Chase, Stuart: Latin America and the United States, New York/London, 1943.

Cline, Howard F.: The United States and Mexico, New York, 1963.

Connell-Smith, Gordon: The Inter-American System, London/New York/Toronto, 1966.

Dell, Sidney: A Latin American Common Market? London/New York/Toronto, 1966.

Deutsch, Karl W.: Nationalism and its Alternatives, New York, 1969.
Dozer, Donald Marquand: The Monroe-Doctrine. Its Modern Significance, New York, 1965.
Dulles, Eleanor Lansing: American Foreign Policy in the Making, New York/Evanston/London, 1968.
Fernández MacGregor, Genaro: »Las Relaciones Exteriores de México y el Derecho Internacional«, in: México y la Cultura (Hrsg. Secretaría de Educación Pública), Mexiko, 1961.
Ferns, H. S.: Britain and Argentina in the Nineteenth Century, Oxford, 1960.
Ferns, H. S.: Argentina, London, 1969.
Ferrer, Aldo: La Economía Argentina. Las etapas de su desarrollo y problemas actuales, Mexiko/Buenos Aires, 1965.
Fietze, Siegfried, Günter Flemig u. a.: Auswertung der Dokumentation der Welthandelskonferenz (Wissenschaftliche Schriftenreihe des Bundesministeriums für wirtschaftliche Zusammenarbeit), Stuttgart, 1966, Heft 1.
Galich, Manuel: Por qué lucha Guatemala. Arévalo y Arbenz: Dos Hombres Contra un Imperio, Buenos Aires, 1956.
Glade, William P.: The Latin American Economies. A Study of their Institutional Evolution, New York/Toronto/London/Melbourne, 1969.
Goldenberg, Boris: Lateinamerika und die kubanische Revolution, Köln/Berlin, 1963.
Goldenberg, Boris, und Eßer, Klaus: Zehn Jahre Kubanische Revolution (Forschungsinstitut der Friedrich-Ebert-Stiftung, Vierteljahresberichte: Sonderheft 4), Hannover, o.J.
Gómez Robledo, Antonio: »Directrices fundamentales de la política exterior mexicana«, in: Foro Internacional, Vol. VI, Nr. 2–3, Oktober-Dezember 1965, Januar-März 1966.
González, Luis, unter Mitarbeit von Guadalupe Monroy u. a.: Fuentes de la Historia Contemporánea de México. Libros y Folletos, II, Mexiko, 1962.
Grunwald, Joseph, und Philip Musgrove: Natural Resources in Latin American Development, Baltimore/London, 1970.
Gurland, A. R. L.: »Wirtschaft und Gesellschaft im Übergang zum Zeitalter der Industrie«, in: Propyläen Weltgeschichte. Eine Universalgeschichte, Bd. 8, Berlin/Frankfurt a. M./Wien, 1961.
Hamilton, Stanislaus Murray (Hrsg.): The Writings of James Monroe. Including a Collection of his Public and Private Papers and Correspondence, Now for the First Time Printed, 1817–1823, Vol. VI. New York/London, 1902.
Hamm, Harry: »Bolivien zwischen Ost und West«, in: Frankfurter Allgemeine Zeitung für Deutschland, Nr. 51, D 2954 A, vom 2. März 1971.
Hanson, Simon G.: Five Years of the Alliance for Progress. An Appraisal, Washington, 1967.
Hanson, Simon G.: »The Alliance for Progress: The Sixth Year«, in: Inter-American Economic Affairs, Vol. XXII (1968), Nr. 3 (Winter).
Hartmann, Hans-Joachim und Jürgen Westphalen: Europa auf Falschem Kurs? Lateinamerikanische EWG-Sorgen, Hamburg, 1963.
Hawgood, John A.: America's Western Frontiers, New York, 1967.
Heck, Heinz: »Industrieförderung auf Irrwegen. Zur Entwicklungspolitik in den siebziger Jahren«, in: Frankfurter Allgemeine, Zeitung für Deutschland, Nr. 138, vom 15. Juni 1971, S. 15.
Herring, Hubert: A History of Latin America. From the Beginnings to the Present, New York, 1963.

Hirschman, Albert O.: »The Political Economy of Import-Substituting Industrialization in Latin America«, in: The Quarterly Journal of Economics, Vol. LXXXII (1968), Februar.

Hirschman, Albert O.: »How to Divest in Latin America, and Why«, in: Essays in International Finance, Princeton, N. J., Nr. 76, November 1969.

Ireland, Gordon: Boundaries, Possessions, and Conflicts in South America, Cambridge, Mass., 1938.

Ireland, Gordon: Boundaries, Possessions, and Conflicts in Central and North America and the Caribbean, Cambridge, Mass., 1941.

Jaguaribe, Helio: »A Brasilian View«, in: Raymond Vernon (Hrsg.), How Latin America Views the U. S. Investor, New York/Washington/London, 1966.

Kaplan, Marcos: »La Crisis de la Asociación Latinoamericana de Libre Comercio«, in: Foro Internacional, Vol. IX (1968), Nr. 1 (Juli/September).

Kennedy, John F.: »The Lesson of Cuba«. Address by President Kennedy, in: The Department of State Bulletin, Vol. XLIV, Nr. 1141, 8. Mai 1961.

Kindleberger, Charles P.: American Business Abroad. Six Lectures on Direct Investment, New Haven/London, 1969.

Konetzke, Richard: Süd- und Mittelamerika, I. Die Indianerkulturen Altamerikas und die spanisch-portugiesische Kolonialherrschaft (Fischer Weltgeschichte, Bd. 22), Frankfurt a. M., 1965.

Kossok, Manfred: » ›Sonderauftrag Südamerika‹. Zur deutschen Politik gegenüber Lateinamerika 1938 bis 1942«, in: Walter Markov (Hrsg.), Lateinamerika zwischen Emanzipation und Imperialismus. Studien zur Kolonialgeschichte und Geschichte der nationalen und kolonialen Befreiungsbewegung, Berlin (Ost), 1961.

Kossok, Manfred: »Der iberische Revolutionszyklus 1789–1830. Bemerkungen zu einem Thema der vergleichenden Revolutionsgeschichte«, in: Studien über die Revolution, Berlin (Ost), 1969.

Krakau, Knud: Die kubanische Revolution und die Monroe-Doktrin. Eine Herausforderung der Außenpolitik der Vereinigten Staaten, Frankfurt a. M./ Berlin, 1968

Kraus, Herbert: Die Monroedoktrin in ihrer Beziehung zur amerikanischen Diplomatie und zum Völkerrecht, Berlin, 1913.

Kretzschmar, Winfried W.: Auslandshilfe als Mittel der Außenwirtschafts- und Außenpolitik. Eine Studie über die amerikanische Auslandshilfe von 1945 bis 1956 unter Berücksichtigung sowohl wirtschaftlicher als auch praktisch-politischer Gesichtspunkte, München, 1964.

Kutzner, Gerhard: Die Organisation der Amerikanischen Staaten (OAS), Hamburg, 1970.

Labarca Goddard, Eduardo: Chile Invadido. Reportaje a la Intromisión Extranjera, o. A. (Santiago 1968).

Lang, Gerhard: Boliviens Streben nach freiem Zugang zum Meer. Ein Beitrag zur Geschichte des neueren Völkerrechts und der Diplomatie, Hamburg, 1966.

Lewis, Flora: »Ambassador Extraordinary: John Peurifoy«, in: The New York Times Magazine, Nr. 35239, vom 18. Juli 1954.

Masur, Gerhard: Nationalism in Latin America, New York/London 1966.

Matzke, Otto: »Entwicklung durch Arbeitsbeschaffung. Schaffung von Arbeitsplätzen als Hauptproblem der Entwicklungshilfe«, in: Aus Politik und Zeitgeschehen. Beilage zur Wochenzeitung Das Parlament, B 7/71, 13. Februar 1971.

May, Stacy, und Plaza, Galo: La United Fruit Company en América Latina, Mexiko, 1959.
Mecham, John Lloyd: A Survey of United States-Latin American Relations, New York, 1965.
Meyer, Lorenzo: México y Estados Unidos en el Conflicto Petrolero (1917 bis 1942), Mexiko, 1968.
Moreno, José A.: Barrios in Arms. Revolution in Santo Domingo, Pittsburgh, 1970.
Munro, Dana G.: Intervention and Dollar-Diplomacy in the Caribbean 1900 bis 1921, Princeton, 1964.
Nixon, Richard M.: »Grundsatzerklärung Präsident Nixons. Wortlaut der Rede, die Präsident Richard M. Nixon am 31. Oktober in Washington vor dem Interamerikanischen Presseverband gehalten hat«, in: United States Information Service, Amerika-Dienst, 3. November 1969. (Original in: The Department of State Bulletin, Vol. LXI, Nr. 1586, 17. November 1969.)
»Quality of Life in the Americas. Statement by President Nixon and Text of the Rockefeller Mission Report«, in: The Department of State Bulletin, Vol. LXI, Nr. 1589, 8. Dezember 1969.
»United States Foreign Policy for the 1970's. A New Strategy for Peace«, in: A Report by the President of the United States to the Congress, February 18, 1970.
»United States Foreign Policy for the 1970's. Building for Peace. A Report to the Congress by Richard Nixon, President of the United States, February 25, 1971«, in: The Department of State Bulletin, Vol. LXIV, Nr. 1656, 22. März 1971.
Ojeda Gómez, Mario: »México en el ámbito internacional«, in: Foro Internacional, Vol. VI, Nr. 2–3, Oktober-Dezember 1965, Januar-März 1966.
Pächter, Heinz: Chruschtschow, Kennedy, Castro. Die Oktoberkrise und ihre Folgen, Köln/Berlin, 1963.
Palmer Jr., Thomas W.: Search for a Latin American Policy, Gainesville 1962.
Pellicer de Brody, Olga: »México en la OEA«, in: Foro Internacional, Vol. VI, Nr. 2–3, Oktober-Dezember 1965, Januar-März 1966.
Perkins, Dexter, Hands Off. A History of the Monroe Doctrine, Boston, 1941.
Perkins, Dexter: The United States and the Caribbean, Cambridge, Mass., 1966 (1. Aufl. 1947).
Pinto, Aníbal: »Condiciones Sociales e Integración Regional«, in: El Trimestre Económico, Vol. XXXVI (3), Nr. 143 (Juli/September 1969).
Platt, D. C. M.: »British Bondholders in Nineteenth Century Latin America: Injury and Remedy«, in: Marvin D. Bernstein (Hrsg.), Foreign Investment in Latin America. Cases and Attitudes, New York, 1966.
Rappaport, Armin (Hrsg.): The Monroe Doctrine, New York/Chicago/San Francisco/Toronto/London, 1964.
Rippy, J. Fred: Globe and Hemisphere. Latin America's Place in the Postwar Foreign Relations of the United States, Chicago, 1958.
Rippy, J. Fred: British Investments in Latin America, 1822–1949. A Case Study in the Operations of Private Enterprise in Retarded Regions, Minneapolis, 1959.
Rogers, William D.: The Twilight Struggle. The Alliance for Progress and the Politics of Development in Latin America, New York, 1967.
Rosenbaum, Jon: »Brazil's Foreign Policy and Cuba«, in: Inter-American Economic Affairs, Vol. XXIII (1969), Nr. 3 (Winter).

Ross, Stanley R.: Fuentes de la Histora Contemporánea de México. Libros y Folletos, II, Mexiko, 1967.
Schoenthal, Klaus: Amerikanische Außenpolitik. Eine Einführung, Köln/Berlin, 1964.
Stoetzer, O. C.: Panamerika. Idee und Wirklichkeit. Die Organisation der Amerikanischen Staaten, Hamburg, 1964.
Sulzberger, C. L.: »Arms and the Frenchman«, in: International Herald Tribune, Nr. 27404, vom 22. Februar 1971.
Sundelson, J. Wilner: »A Business Perspective«, in: John Plank (Hrsg.), Cuba and the United States, Long Range Perspectives, Washington, D.C., 1967.
Szulc, Tad: »Exporting the Cuban Revolution«, in: John Plank (Hrsg.), Cuba and the United States. Long Range Perspectives, Washington, D.C., 1967.
Tannenbaum, Frank: Mexico. The Struggle for Peace and Bread, New York, 1962.
Urquidi, Victor L.: Viabilidad Económica de América Latina, Mexiko/Buenos Aires, 1963.
Vernon, Raymond: »An Interpretation of the Mexican View«, in: Ders. (Hrsg.), How Latin America Views the U.S. Investor, New York/Washington/London, 1966.
Weatherhead, Richard W.: »Traditions of Conflict in Latin America«, in: Joseph Maier and Richard W. Weatherhead (Hrsg.), Politics of Change in Latin America, New York, 1964.
Wehler, Hans-Ulrich: »Nachwort zu ›Uncle Sam‹ von John W. Burgess«, in: Jahrbuch für Amerikastudien, Bd. 8 (1963).
Wehler, Hans-Ulrich: »Sprungbrett nach Ostasien: Die amerikanische Hawaiipolitik bis zur Annexion von 1898«, in: Jahrbuch für Amerikastudien, Bd. 10 (1965).
Wehler, Hans-Ulrich: »Handelsimperium statt Kolonialherrschaft. Die Lateinamerikapolitik der Vereinigten Staaten vor 1898«, in: Jahrbuch für Geschichte von Staat, Wirtschaft und Gesellschaft Lateinamerikas, Bd. 3 (1966).
Wehler, Hans-Ulrich: »Sendungsbewußtsein und Krise. Studien zur Ideologie des amerikanischen Imperialismus (Strong – Burgess – Fiske – Hosmer – Adams – Kidd)«, in: Jahrbuch für Amerikastudien, Bd. 13 (1968).
Weinberg, Albert K.: Manifest Destiny. A Study of Nationalist Expansionism in American History, Gloucester, Mass., 1958.
Whitaker, Arthur P., und David C. Jordan: Nationalism in Contemporary Latin America, New York/ London, 1966.
Whitman, Marina von Neumann: The United States Investment Guaranty Program and Privat Foreign Investment, Princeton, N. J., 1959.
Whitman, Walt: »Pioneers! O Pioneers!«, in: The Complete Writings of Walt Whitman. Leaves of Grass, Bd. I, New York, o.J. (1902).
Williams, William Appleman: The Roots of the Modern American Empire. A Study of the Growth and Shaping of Social Consciousness in a Marketplace Society, London, 1970.
Wionczek, Miguel S.: Economic Cooperation in Latin America, Africa, and Asia. A Handbook of Documents, Cambridge, Mass./London, 1969.
Wionczek: Lateinamerika und das ausländische Kapital, Hamburg, 1969.
Wood, Bryce: The United States and Latin American Wars 1932–1942, New York/London, 1966.
Wythe, George: The United States and Inter-American Relations. A Contemporary Appraisal, Gainsville, 1964.

Amtliche Veröffentlichungen und Statistiken

Survey of Current Business. A United States Department of Commerce Publication,
- Vol. 34 (1954), Nr. 11 (November).
- Vol. 41 (1961), Nr. 8 (August).
- Vol. 42 (1962), Nr. 8 (August).
- Vol. 47 (1967), Nr. 9 (September).
- Vol. 48 (1968), Nr. 10 (Oktober).
- Vol. 49 (1969), Nr. 10 (Oktober).
- Vol. 50 (1970), Nr. 10 (Oktober).

Unión Panamericana, Departamento de Estadística: América en Cifras 1967. Situación económica: 4, Balanza de pagos, productos e ingresos nacionales, y finanzas, Washington, D.C., 1968.

United States Information Service, Amerika Dienst, 25. März 1971.

United States Department of Commerce, Bureau of the Census:

Statistical Abstract of the United States, Washington, D.C., 1935, 1940, 1954, 1960, 1965, 1969, 1970.

Historical Statistics of the United States 1789–1945. A Supplement of the Statistical Abstract of the United States, Washington, D.C., 1949.

Historical Statistics of the United States. Colonial Times to 1957. A Statistical Abstract Supplement. Washington, D.C., 1960.

United States of America. Congressional Record. Proceedings and Debates of the 87th Congress, Second Session. September 18, 1962, to September 27, 1962, Vol. 108, Part. 15.

Vereinte Nationen:

Naciones Unidas, Comisión Económica para América Latina:

Boletín Económico de América Latina, Vol. XIV (1969), Nr. 1 (Primer Semestre).
- Boletín Económico de América Latina, Vol. XIV (1969), Nr. 2 (Segundo Semestre).
- La Economía de América Latina en 1969. Un Extracto del Estudio Económico de la CEPAL, o.O. (Santiago de Chile), 1970.
- Estudio Económico de América Latina 1966, New York, 1967.
- Estudio Económico de América Latina 1968, New York, 1969.
- El Desarrollo Económico y la Distribución del Ingreso en la Argentina, New York, 1968.

United Nations, Statistical Office of the United Nations, Statistical Yearbook 1969, New York, 1970.

Personenregister

Sachregister